한국 도서관 소장

한국출판 20세기 중국어 교재 목록

20世纪韩版汉语敎科书目錄

延世大學 孔子學院 中國研究院 研究叢書 003

한국 도서관 소장

한국출판 20세기 중국어 교재 목록

20世紀韩版汉语教科书目錄

김현철·김아영·이준섭·권순자 저

學古房

발간사

2013년 연세대학교 공자아카데미, 2015년 연세대학교 중국연구원이 개원한 이래, 연세대학교 내에서 중국 관련 연구가 본격적으로 시작되었습니다.

색다른 연구와 특색 있는 분야의 연구가 시대의 흐름에 걸맞게 고안되고 추진되어 세상에 빛을 보게 됩니다. 남들과 다른 길을 가는 사람들의 외로움을 사명감과 책임감으로 포장하며 지금이 아닌 미래의 이 땅의 주역들에게 남겨 줄 의미 있는 작업을 하고자 이 마당을 만들게 된 것입니다.

나무가 나무와 더불어 숲을 이루어 우리의 연구 영역을 이루려고 합니다.

인문, 사회과학 연구자가 더불어 잘 하면 누구도 생각지 못한 그림을 그릴 수 있다고 확신합니다. 아집과 편집과 고집은 책을 만들고 연구하는데 아무런 도움이 되질 않습니다. 진실한 연구는 반드시 따르는 후속 연구자가 있게 마련이고 바른 연구 풍토는 반드시 그 빛을 보게 될 날이 있음을 확신합니다.

우리가 책을 만들고 책이 연구를 대변하고 더불어 연구의 숲을 이루는 그 날까지 연세대학교 공자아카데미와 중국연구원은 계속해서 연구과제 총서를 만들어 나갈 것입니다.

남들과 조금이라도 다르게 생각하고 확고한 신념으로 갖자 맡은 일에 충실함으로써 새롭게 거듭나는 자랑스러운 연구 마당을 열어 나가겠습니다. 감사합니다.

연세대학교 공자아카데미, 연세대학교 중국연구원
김현철 드림

목 차

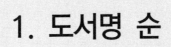

1. 도서명 순

도서명	발행/ 필사연도	저자	출판사	소장도서관	형태 사항	도서 유형
あたらしい中國語の學習	1956	実藤恵秀	東京 : 日本評論新社	성균관대학교 중앙학술정보관	201p	회화류
ポケット支那語辭典	1932	宮島吉敏, 矢野藤助 共著	東京 : 尙文堂	충남대학교	748p	사전류
やさしい中國語	1957	中國語友の會	東京 : 江南書院	성균관대학교 중앙학술정보관	1冊	종합서
ローマ字中國語初級	1960	倉石武四郎	東京 : 岩波書店	성균관대학교 중앙학술정보관	85p	회화류
簡明中國語文法	1956	香坂順一	東京 : 江南書院	성균관대학교 중앙학술정보관	188p	어법류
				한국외국어대학교 서울캠퍼스 도서관	188p	어법류
簡明中國語作文	1956	有田忠弘	東京 : 江南書院	성균관대학교 중앙학술정보관	107p	작문류
				한국외국어대학교 서울캠퍼스 도서관	107p	작문류
簡明中國語解析	1956	古屋二夫	東京 : 江南書院	성균관대학교 중앙학술정보관	3冊	어법류
簡易支那語會話教本	1941	岩井武男, 近藤子周	東京 : 螢雪書院	연세대학교 열운문고	105p	회화류
簡要支那語教程	1932	高木宣	東京 : 文淵閣	부산대학교	71p	회화류
			東京 : 文淵閣	서울대학교 중앙도서관 고문헌자료실	71p	회화류
簡易支那語會話篇	1936	秩父固太郎	大連 : 大阪屋號書店	계명대학교	216p	회화류
改訂官話指南	1907	鄭永邦, 吳啓太	東京 : 文求堂書店	국도관	230p	회화류
		鄭永邦, 吳啓太	東京 : 文求堂書局	국도관	230p	회화류
	1909	鄭永邦, 吳啓太 共著; 金國璞 改訂	東京 : 文永堂書局	고려대학교	230p	회화류
	1910	鄭永邦, 吳啓太; 金國璞 改訂	東京 : 文永堂書局	연세대학교 열운문고	230p	회화류
	1919	鄭永邦, 吳啓太 共著; 金國璞 改訂	東京 : 文永堂書局	인천대학교 학산도서관	230p	회화류
	1938	鄭永邦, 吳啓太 共著; 金國璞 改訂	東京 : s.n.	서울대학교 중앙도서관 고문헌자료실	230p	회화류
警務支那語會話	1940	櫻庭巖	東京 : 大阪屋號書店	연세대학교 열운문고	530p	회화류

도서명	발행/ 필사연도	저자	출판사	소장도서관	형태 사항	도서 유형
系統的支那語會話	1942	野口正之	東京 : 國華書籍株式會社	국도관	557p	회화류
高級中華通用門讀本	1931	神曲衡平 ; 淸水元助	東京 : 文求堂	국도관	1책	독해류
高級華語新集	1941	王化 編	東京 : 文求堂書店	단국대학교 천안캠	150p	회화류
				단국대학교 퇴계기념 중앙도서관죽전	150p	회화류
官話急就篇	1929	宮島大八	東京 : s.n.	서울대학교 중앙도서관 고문헌자료실	1v.	회화류
	1931	宮島大八	東京 : 文求堂	고려대학교	182p	회화류
官話急就篇/終	1929	宮島大八	東京 : 文求堂	건국대학교 상허기념도서관	182p	회화류
官話急就篇詳譯	1922	大橋末彦	東京 : 文求堂	연세대학교 열운문고	203p	회화류
官話類編	1898	狄考文	上海 : 美華書館	연세대학교 열운문고	160p	회화류
官話速成篇	1931	柳廷烈	京城 : 淸進書館	서울시립대학교 도서관	244p	회화류
官話新編	1925	常静仁	東京 : 尙文堂	건국대학교 상허기념도서관	122p	회화류
官話指南		吳啓太, 鄭永邦	東京 : 文求堂書店	연세대학교 열운문고	148p	회화류
	1881	吳啓太, 鄭永邦	[발행지불명] : [발행지불명]	서원대학교	1책	회화류
			日本 : [刊寫者未詳]	계명대학교	東裝1册	회화류
		吳啓太, 鄭永邦		장서각	4권1책	회화류
	1909	吳啓太, 鄭永邦	東京 : 文永堂書局	부산대학교	230p	회화류
	미상	미상	필사본	부산대학교	72장	회화류
官話指南鉛印	1881	吳啓太, 鄭永邦	[발행지불명]	고려대학교	1册148頁	회화류
官話指南精解	1939	木全德太郞	東京 : 文求堂	국도관	384p	기타
官話指南總譯	1905	吳泰壽 著	東京 : 文求堂	고려대학교	264p	기타
	1906	吳泰壽	東京 : 文求堂書店	국도관	264p	기타
	1911	吳泰壽	東京 : 文求堂書局	단국대학교 천안캠	264p	기타
	1932	吳泰壽 譯	東京 : 文求堂書店	경북대학교	264p	기타
教材中國語基礎完成	1956	遜雲 ; 金鄕 共著	서울 : 豊國學園	이화여자대학교 중앙도서관	206p	회화류

도서명	발행/ 필사연도	저자	출판사	소장도서관	형태 사항	도서 유형
國語の中に於ける漢語の研究	1940	山田孝雄	東京 : 寶文館	고려대학교	538, 35p	미분류
	1958	山田孝雄	東京 : 寶文館	영남대학교	504, 39p	미분류
			東京 : 寶文館出版	선문대학교	504p	미분류
國語の中に於ける漢語の研究訂正版	1958	山田孝雄	東京 : 寶文館	고려대학교	504p	미분류
國語科學講座. 4.8 : 國語學B : 漢語と國語	1935	岡井愼吾	東京 : 明治書院	고려대학교	1冊	기타
軍用支那語大全	1943	武田寧信, 中澤信三	東京 : 帝國書院	국도관	602p	회화류
		武田寧信, 中澤信三 共著	東京 : 帝國書院	경북대학교	602p	회화류
內鮮滿最速成滿洲語自通	1944	金松奎	경성 : 광한서림	경북대학교	160p	회화류
				대구가톨릭대학교	160p	회화류
短期支那語講座	1939	宮越健太郎, 靑水元助, 杉武夫 共監修	東京 : 外國語學院 出版部	성균관대학교 중앙학술정보관	1冊	회화류
	1940	宮越健太郎, 淸水元助, 杉武夫	東京 : 外國語學院	전남대학교	면수 복잡	회화류
臺灣語常用語彙	1957	王育德	東京 : 永和語學社	경북대학교	475p	어휘집
對譯實用支那語會話篇	1939	劉光	東京 : 文求堂	성균관대학교 중앙학술정보관	152p	회화류
大字典. 1941. 華語增補版	1941	上田萬年 等編	東京 : 啓哉社	단국대학교 천안캠	2812p	사전류
				단국대학교 퇴계기념 중앙도서관죽전	2812p	사전류
獨習漢語指南	1913	柳廷烈	京城 : 光東書局	연세대학교 중앙도서관	316p	회화류
		柳廷烈	京城 : 光東書局 : 唯一書館	서원대학교	316p	회화류
		柳廷烈	京城 : 光東書局 : 唯一書館	이화여자대학교 중앙도서관	316p	회화류
黎錦熙氏·周有光氏の著書を基とせる支那語文法詳解	1941	香坂順一	東京 : タイムス出版社	서울대학교 중앙도서관 고문헌자료실	247p	어법류
滿日銀行會話	1943	野副重勝 著	東京 : 巖松堂書店	동아대학교	237p	회화류
滿洲語のはなし	1931	今西龍	미상	국도관	40p	미분류
			京城 : 발행자불명	고려대학교	40p	미분류
滿州語講座	1933	張志暎	京城 : 朝鮮放送協會	연세대학교 열운문고	50p	회화류

도서명	발행/ 필사연도	저자	출판사	소장도서관	형태 사항	도서 유형
滿洲語口語基礎語彙集	1969	山本謙吾	東京：東京外國語大學	연세대학교 중앙도서관	234p	사전류
滿洲語基礎	1935	吉野美彌雄	大阪：甲文堂書店	국도관	286	회화류
	1937	吉野美彌雄	大阪：甲文堂書店	한일장신대학교	286p	회화류
滿洲語無師自通	1933	王小林	京都：新滿蒙社	경상대학교	1冊	회화류
滿洲語問答會話集	1931	金東淳	京城：實生活社	경북대학교	154p	회화류
	1935	金東淳	京城：實生活社	국도관	154p	회화류
滿洲語文語研究, 1	1969	朴恩用	大邱：螢雪出版社	연세대학교 중앙도서관	178p	미분류
滿洲語文典	1926	渡部薰太郎	大阪：大阪東洋學會	동국대학교 경주캠퍼스 도서관	1책	종합서
				연세대학교 중앙도서관	102p	종합서
				이화여자대학교 중앙도서관	102p	종합서
				동국대학교경주	1책	종합서
			大阪：대판동양학회	고려대학교	iv	종합서
		渡部薰太郎 編	大阪：大阪東洋學會	경북대학교	1v.	종합서
滿洲語速成會話講義錄	1935	李春一	京城：新滿蒙社	고려대학교	300p	회화류
滿洲語速成會話講義錄合本	1934	李春一	京城：新滿蒙社	국도관	1책	회화류
滿洲語俗語讀本	1930	渡部薰太郎	大阪 大阪東洋學會： 三島開文堂	서울대학교 중앙도서관 고문헌자료실	1v.	회화류
滿洲語一週間	1932	三科樂山	東京：內外社	국도관	172p	회화류
滿洲語綴字全書	1930	渡部薰太郎 編輯	大阪：大阪東洋學會	단국대학교 천안캠	1冊	기타
				단국대학교 퇴계기념 중앙도서관죽전	1冊	기타
滿洲語筆法	미상	미상	필사본	부산대학교	14장	기
滿和辭典	1937	羽田亨 編	京都：京都帝國大學 滿蒙調査會	숭실대학교 중앙도서관	viii, 478p	사전류
模範滿支官話教程	1939	宮越健太郎, 杉武夫	東京：外語学院出版部	서울대학교 중앙도서관 고문헌자료실	119p	회화류
模範支那語教程	1940	奧平定世	東京：開隆堂	연세대학교 열운문고	2책	회화류
蒙古語滿洲語教科書	1947	表文化	서울： 國學大學國學研究會	경북대학교	131p	회화류

도서명	발행/필사연도	저자	출판사	소장도서관	형태사항	도서유형
白水社中國語講座	1955	鐘ケ江信光	東京 : 白水社	경희대학교 국제C 중앙도서관	3冊133 ; 146;126p	회화류
	1957	鐘ケ江信光	東京 : 白水社	성균관대학교 중앙학술정보관	冊	회화류
	1960	鐘ケ江信光	東京 : 白水社	한국외국어대학교 서울캠퍼스 도서관	3冊	회화류
	1954-1957	鐘ケ江信光	東京 : 白水社	경북대학교	2v.	회화류
白話體支那語の手紙	1926	金堂文雄	上海 : 至誠堂	부산대학교	399p	기타
北京官話文法	1928	何盛三	東京 : 太平洋書房	국도관	1책	어법류
		何盛三	東京 : 太平洋書房	서울대학교 중앙도서관 고문헌자료실	2, 6, 2, 9, 360p	어법류
	1935	何盛三	東京 : 東學社	충북대학교	360p	어법류
		何盛三	東京 : 東學社	서울대학교 학과 및 연구소 중어중문학과	360p	어법류
北京語の發音	1941	Bernhard Karlgren	東京 : 文求堂	경상대학교	1책	음운류
		魚返善雄	東京 : 文求堂	전북대학교	72p	음운류
四個星里期中國語	1954	宮島吉敏, 鐘ケ江信光 共著	東京 : 大學書林	충북대학교	306p	회화류
三十月速成中國語自通	1954	동문사편집부	서울 : 東文社	건국대학교 상허기념도서관	104p	회화류
速成支那語全	1941	植松金枝 ; 鮫島宗範	大連 : 滿洲書籍	부산대학교	135p	회화류
速修漢語自通	1916	宋憲奭	京城 : 漢城書館	연세대학교 열운문고	142p	회화류
	1922	宋憲奭	京城 : 博文書館	고려대학교	142p	회화류
修正獨習漢語指南鉛印	1918	柳廷烈	京城 : 惟一書館	고려대학교	1冊	회화류
新しい中國語敎本	1960	伊地智善繼	東京 : 光生館	연세대학교 중앙도서관	84p	종합서
	1959-1960	伊地智善繼 等編	東京 : 光生館	성균관대학교 중앙학술정보관	4冊	종합서
新しい中國語單語	1957	中國語研究會 編	東京 : 江南書院	경북대학교	236p	어휘류
		中國語學研究會	東京 : 江南書院	국민대학교 성곡도서관	236p	어휘류
		中國語學研究會 編	東京 : 江南書院	계명대학교	236p	어휘류

도서명	발행/ 필사연도	저자	출판사	소장도서관	형태 사항	도서 유형
		中國語學硏究會 編	東京：江南書院	영남대학교	236p	어휘류
新らしい支那語を硏究せよ	1930	中谷鹿二	大連：大阪屋號書店	국도관	244p	미분류
新聞支那語の硏究	1943	有馬健之助	東京：外語學院出版部	서울대학교 중앙도서관 고문헌자료실	335, 10p	어법류
新法文支那語敎本	1939	神谷衡平, 有馬健之助 共編	東京：文求堂	경북대학교	v. : ill.	종합서
新法支那語敎本	1939	神谷衡平, 有馬健之助	東京：文求堂	서울대학교 중앙도서관 고문헌자료실	1册	종합서
新法支那語敎本. 第1-2卷	1939	神谷衡平, 有馬健之助 共編	東京：文求堂	충남대학교	2 v?	종합서
新法支那語敎本. 第1卷	1959	神谷衡平, 有馬健之助 共著	東京：文求堂	고려대학교 세종캠	179p	종합서
				고려대학교	179p	종합서
新法支那語敎本. 第一卷	1938	神谷衡平, 有馬健之助	東京：文求堂	연세대학교 열운문고	4, 152, [28]p	종합서
新法支那語敎本 2	1939	神谷衡平, 有馬健之助	東京：文求堂	전남대학교	160p	종합서
新譯漢和大辭典	1915	濱野知三郞 輯著	東京：六合館	경북대학교	84p	사전류
新支那大辭典	1933	石山福治	東京：文求堂書店	연세대학교 열운문고	1746?	사전류
新編中國語敎本	1948	尹永春	서울：同和出版社	울산대학교	80p	회화류
		尹永春	서울：同和出版社	한국교원대학교	80p	회화류
	1952	尹永春 著	서울：鷄林社	단국대학교 율곡기념 중앙도서관천안	80p	회화류
新編中等支那語敎本 敎授必携	1940	宮原民平	東京：東京開成館	연세대학교 열운문고	1책	회화류
新編支那語發音辭典	1942	香坂順一	東京：タイムス出版社	국도관	284p	사전류
			東京：タイムス出版社	중앙대학교 서울캠퍼스 중앙도서관	314p	사전류
實用中國語, 1：發音と解釋	1957	中國語硏究會 編	東京：江南書院	경북대학교	154p	음운류
実用中国語. I：発音と解釈	1957	中国語学研究会 編	東京：江南書院,	영남대학교	189p	음운류
實用中國語：發音と解釋	1957	中國語學硏究會	東京：江南書院	전남대학교	189p	음운류
實用中國語文法	1941	李顧塵	東京：文求堂	충남대학교	432p	어법류
	1944	李顧塵	東京：文求堂	단국대학교 천안캠	538p	어법류

도서명	발행/ 필사연도	저자	출판사	소장도서관	형태 사항	도서 유형
				충남대학교	538p	어법류
				단국대학교 퇴계기념 중앙도서관죽전	538p	어법류
		李顚塵 等著	東京 : 文求堂	국도관	538p	어법류
實用中國語會話	1958	矢野藤助	東京 : 大學書林	성균관대학교 중앙학술정보관	162p	회화류
實用支那語會話	1932	矢野藤助	東京 : 大學書林	성균관대학교 중앙학술정보관	6, 162p	회화류
語錄解	미상	李滉朝鮮 編;柳希春 編 ; 鄭瀁 編	미상	충남대학교	1冊58p	어휘집
語源資料集成. 上,中,下	1957/ 1958	小溪學人 編	미상	충남대학교	3冊	기타류
語學講座支那語講座	1932	淸水元助	東京 : 日本放送出版協會	연세대학교 열운문고	68p	회화류
黎氏支那語文法	1943	黎錦熙 原著; 大阪外國語學校大陸語學 研究所 譯	大阪 : 甲文堂	서울대학교 중앙도서관 고문헌자료실	400p	어법류
		黎錦熙	大阪 : 甲文堂書店	국도관	414p	어법류
		黎錦洪 ; 大阪 外國語學校 大陸語學硏究所 譯	大阪 : 甲文堂	고려대학교	414p	어법류
日本語から支那語への道	1930	中谷鹿二	大連 : 大阪屋號	국도관	578p	어휘집
日本語と支那語	1944	魚返善雄	東京 : 慶應義塾大學 語學硏究所	서울대학교 중앙도서관 고문헌자료실	398p	기타류
			東京 : 慶應出版社	국도관	398p	기타류
日本語中國語慣用語法辭典/ 見開き對照式 : 日漢慣用句型例解辭典	1960	劉曉民	東京 : 日本實業出版社	서울여자대학교 중앙도서관	27, 445, 24p	어법류
日常支那語圖解	1943	加賀谷林之助	東京 : 東京開成館	연세대학교 중앙도서관	246p	기타
			東京 : 東京開城館	국도관	246p	기타
日常華語會話	1939	宮島吉敏, 包翰華	東京 : 東京開成館	연세대학교 열운문고	148p	회화류
		宮島吉敏, 包翰華 共著	東京 : 東京開成館	고려대학교 세종캠	148p	회화류
				고려대학교	148p	회화류
日英華語辭典	1959	Japan Times 편집국	東京 : 原書房	국민대학교 성곡도서관	356p	사전류

도서명	발행/ 필사연도	저자	출판사	소장도서관	형태 사항	도서 유형
日英華語辭典 : 英語索引付	1959	Japan Times 편집국	東京 : 原書房	단국대학교 퇴계기념 중앙도서관죽전	356p	사전류
		Japan Times (ジャパン・タイムズ社)	東京 : 原書房	단국대학교 천안캠	356p	사전류
日支大辭彙	1933	石山福治	東京 : 文求堂	연세대학교 열운문고	154p	사전류
日支合辯語から正しき 支那語へ	1926	中谷鹿二	大連 : 滿書堂	국도관	169p	종합서
日華語學辭林	1906	井上翠	東京 : 東亞公司	연세대학교 열운문고	619p	사전류
入門中國語	1945	中國建設朶誌社	東京 : 光生館	인제대학교	96p	회화류
自修華語會話	1941	岩井武男 ; 近藤子周	東京 : 螢雲書院	국도관	235p	회화류
自習完璧支那語集成	1921	宋憲奭	京城 : 德興書林	연세대학교 중앙도서관	371p	회화류
				전남대학교	371p	회화류
	1932	宋憲奭	京城 : 德興書林	동국대학교 경주캠퍼스 도서관	371p	회화류
		宋憲奭	서울 : 德興書林	동국대학교 경주캠퍼스 도서관	371p	회화류
	1939	宋憲奭	京城 : 德興書林	서원대학교	371p	회화류
		宋憲奭	서울 : 德興書林	서울대학교 학과 및 연구소 중어중문학과	371p	회화류
適用支那語解釋	1939	木全德太郎	東京 : 文求堂	서울대학교 중앙도서관 고문헌자료실	458p	회화류
適用支那語解釋 : 及附錄	1935	木全德太郎	東京 : 文求堂	국도관	1책,458p	회화류
井上ポケット支那語辭典	1935	井上翠	東京 : 文求堂	충남대학교	754p	사전류
	1939	井上翠	東京 : 文夫堂	고려대학교	754p	사전류
		井上翠	東京 : 文求堂	충북대학교	754p	사전류
		井上翠 編著	東京 : 文求堂	서울대학교 중앙도서관 고문헌자료실	754, 46, 3, 3p	사전류
	1940	井上翠	東京 : 文求堂	경성대학교	754p	사전류
	1941	井上翠	東京 : 文求堂	연세대학교 열운문고	754p	사전류
	1942	井上翠	東京 : 文求堂	계명대학교	754p	사전류
				대구가톨릭대학교	754p	사전류

도서명	발행/ 필사연도	저자	출판사	소장도서관	형태 사항	도서 유형
	1943	井上翠	東京：文求堂	한국해양대학교	754, 40, 3p	사전류
井上ポケツト支那語辭典	1938	井上翠	東京：文求堂	단국대학교 천안캠	803p	사전류
		井上翠 編著	東京：文求堂	단국대학교 동양학 도서실	803p	사전류
井上中國語新辭典	1954	井上翠	東京：江南書院	연세대학교 중앙도서관	63p	사전류
				한국외국어대학교 서울캠퍼스 도서관	1174p	사전류
	1958	井上翠	東京：江南書院	성균관대학교 중앙학술정보관	1111p	사전류
井上支那語辭典	1928	井上翠	東京：文求堂	국도관	1740p	사전류
	1929	井上翠	東京：文求堂	국도관	1754p	사전류
		井上翠 編著	東京：文求堂	서울대학교 중앙도서관 고문헌자료실	1643p	사전류
	1939	井上翠	東京：文求堂	부경대학교	1643, 98p	사전류
	1942	井上翠 編著	東京：文求堂	한국외국어대학교 서울캠퍼스 도서관	1643, 98p	사전류
綜合中國語	1960	中國語學會	서울：新雅社	국도관	364p	종합서
		中國語學會 編	서울：新雅社	강남대학교 중앙도서관	364p	종합서
				경북대학교	364p	종합서
				서울대학교 학과 및 연구소 중어중문학과	12, 364p	종합서
				인천대학교 학산도서관	364p	종합서
				포항공과대학교	364p	종합서
	1961	中國語學會	서울：新雅社	연세대학교 중앙도서관	364p	종합서
綜合支那語發音字典	1937	藤木敦實, 麻喜正吾	東京：外語學院出版部	성균관대학교 중앙학술정보관	面數 複雜	사전류
註釋關東廳滿鐵支那語獎勵 試驗問題集	1927	福島正明	大連：大阪屋號書店	국도관	410p	기타
中國發音小字典	1956	大阪市立大學 中國語學研究室	東京：江南書院	성균관대학교 중앙학술정보관	222p	사전류

도서명	발행/ 필사연도	저자	출판사	소장도서관	형태 사항	도서 유형
		大阪市立大學中國語學 研究室	東京 : 江南書院	국민대학교 성곡도서관	222p	사전류
中國常用字典	1955	大阪外國語大學 中國語學研究室	東京 : 江南書院	성균관대학교 중앙학술정보관	141p	사전류
	1956	大阪市立大學中國語學 研究室	東京 : 江南書院	국민대학교 성곡도서관	141p	사전류
	1931	戶川芳郎	서울 : 東洋文化社	부산대학교	?	회화류
中國語	1957	張志暎・金用賢	서울 : 正音社	연세대학교 열운문고	?	회화류
	1958	張志暎・金用賢	서울 : 正音社	삼육대학교 중앙도서관	?	회화류
중국어.1~3	1957- 1958	張志暎・金用賢	서울 : 正音社	이화여자대학교 중앙도서관	1책	회화류
中國語.第一卷/金用賢	1957	張志暎・金用賢	서울 : 正音社	국도관	101, 13p	회화류
중국어텍스트	1960	?	東京 : 光生館	단국대학교 천안캠	38p	회화류
中國語テキスト	1960	?	東京 : 光生館	단국대학교 율곡기념 중앙도서관천안	38p	회화류
中國語テキスト : 文字改革出版社版複製	1960/ 1967	光生館編集部 編	東京 : 光生館	고려대학교	94p	미분류
中國語のはなし方	1957	金子二郎	東京 : 江南書院	건국대학교 상허기념도서관	197, 23, 6p	회화류
中國語のはなし方.下卷,初級 中國語讀本	1957	金子二郎	東京 : 江南書院	국도관	197p	회화류
	1953	朴魯胎 著	서울 : 一韓圖書出版社	경희대학교 중앙도서관	193p	회화류
		鐘ケ江信光	東京 : 白水社	명지대학교 인문도서관	3卷1冊	회화류
	1955	鐘ケ江信光	東京 : 白水社	충북대학교	146p	회화류
中國語講座	1956	朴魯胎	서울 : 一韓圖書出版社	광주교육대학교	193p	회화류
			서울 : 一韓圖書	대구가톨릭대학교	193p	회화류
	1960	鐘ケ江信光	東京 : 白水社	경북대학교	2v.	회화류
		中國語研究會 編	東京 : 江南書院	경북대학교	138p	어법류
中國語槪論	1957			국도관	138p	어법류
		中國語學研究會	東京 : 江南書院	서울대학교 중앙도서관 단행본자료실	138, 2p	어법류

도서명	발행/ 필사연도	저자	출판사	소장도서관	형태 사항	도서 유형
				성균관대학교 중앙학술정보관	138p	어법류
		中國語學硏究會	東京 : 江南書院	국민대학교 성곡도서관	138p	어법류
		中國語學硏究會 編	東京 : 江南書院	영남대학교	138p	어법류
中國語敎科書	1954	宮越健太郎, 內之宮金城 共著	東京 : 第三書房	국민대학교 성곡도서관	83p	회화류
				한국외국어대학교 서울캠퍼스 도서관	vi, 83p	회화류
	1957	宮越健太郎	東京 : 第三書房	전북대학교	122p	회화류
	1960	北京語言學院	東京 : 光生館	경북대학교	2v. : ill.	미분류
中國語敎科書上	1960	北京大學外國留學生中國 語文專修班 編	東京 : 光生館	고려대학교	330p	미분류
中國語敎科書上卷	1960	北京言語學院 編	東京 : 光生館	평택대학교 중앙도서관	330p	미분류
中國語敎科書全	1949	金昌國	서울 : 石村書店	성균관대학교 중앙학술정보관	96, 15p	미분류
中國語敎科書下	1960	北京大學外國留學生中國 語文專修班 編	東京 : 光生館	고려대학교	355p	미분류
中國語敎科書下卷	1960	北京言語學院 編	東京 : 光生館	평택대학교 중앙도서관	355p	미분류
중국어교본	1960	육군사관학교	서울 : 육군사관학교	경희대학교 중앙도서관	317p	미분류
			서울 : 육군사관학교	영남대학교	317p	미분류
		해군사관학교	鎭海 : 海軍士官學校	서울대학교 중앙도서관 단행본자료실	178p	미분류
中國語敎本	미상	미상	필사본	부산대학교	15장	회화류
中國語敎編	1948	尹炳喜	서울 : 乙酉文化社	서원대학교	98p	회화류
			서울 : 乙酉文化社	단국대학교 천안캠	98p	회화류
		尹炳喜	京城 : 乙酉文化社	계명대학교	1冊194p	회화류
		尹炳喜 著	서울 : 乙酉文化社	단국대학교 퇴계기념 중앙도서관죽전	2,2,98p	회화류
中國語基礎1500語	1939	矢野藤助 編	東京 : 大學書林	청주대학교	115p	회화류
中國語基礎構文論	1956	車哲男	[발행지불명] : [발행자불명]	고려대학교	87p	어법류
中國語基礎完成	1955	金卿, 遜雲	서울 : 豊國學園	전남대학교	206p	회화류

도서명	발행/ 필사연도	저자	출판사	소장도서관	형태 사항	도서 유형
		遜雲, 金卿	서울 : 豊國學園	국도관	206p	회화류
		遜雲, 金鄕	서울 : 豊國學園	경희대학교 중앙도서관	206p	회화류
中國語讀本	195?	金永淵	서울 : 조선대학교	조선대학교	114p	미분류
中國語文法講話	1956	中國科學院 言語研究所 編 實藤惠芳, 北浦藤郎 共譯	東京 : 江南書院	경북대학교	325p	어법류
		中國科學院語言研究所 編 實藤惠秀, 北浦藤郎 共譯	東京 : 江南書院	성균관대학교 중앙학술정보관	325p	어법류
		中國科學院言語研究所 編 實藤惠秀 ; 北浦藤郎 [共譯	東京 : 江南書院	계명대학교	325p	어법류
		中國科學院言語研究所 編 實藤惠秀, 北浦藤郎 共譯	東京 : 江南書院	한국외국어대학교 서울캠퍼스 도서관	iv, 341p	어법류
中國語文法入門	1956	大塚恒雄	東京 : 邦光書房	한국외국어대학교 서울캠퍼스 도서관	297p	어법류
中國語發音의 理論과 實際油印本	1959	車哲南	[발행지불명] : [발행자불명]	고려대학교	82p	음운류
中國語發音解釋	1939	金敬琢	京城 : 聚英庵	연세대학교 중앙도서관	32p	음운류
中國語法學習	1954	呂叔湘 著 ; 大原信一, 伊地智善繼 共譯	東京 : 江南書院	영남대학교	200p	어법류
	1956	呂叔湘 ; 大原信一, 伊地智善經 共譯	東京 : 江南書院	성균관대학교 중앙학술정보관	200p	어법류
		呂叔湘 著 ; 大原信一, 伊地智善繼 譯	東京 : 江南書院	계명대학교	200p	어법류
中國語法現文型	1956	大原信一, 伊地智善經 共著	東京 : 江南書院	성균관대학교 중앙학술정보관	201p	어법류
中國語比較硏究	1957	中國語學硏究會	東京 : 江南書院	국민대학교 성곡도서관	154p	어법류
				서울대학교 학과 및 연구소 국어국문학과 외	154, 2p	어법류
				성균관대학교 중앙학술정보관	154p	어법류
				전남대학교	154p	어법류
				단국대학교 퇴계기념 중앙도서관죽전	154p	어법류
		中國語學硏究會 編	東京 : 江南書院	단국대학교 천안캠	154p	어법류

도서명	발행/ 필사연도	저자	출판사	소장도서관	형태 사항	도서 유형
		中國語學硏究會 編	東京 : 江南書院	영남대학교	154p	어법류
中國語辭典	1957	宮島吉敏 ; 失野藤助 共著	東京 : 酒井書店	한양대학교 백남학술정보관	75, 1007p	사전류
	1958	宮島吉敏 ; 失野藤助 共著	東京 : 酒井書店	동국대학교 경주캠퍼스 도서관	1책	사전류
		宮島吉敏 ; 失野藤助 共著	東京 : 酒井書店	동국대학교경주	1책	사전류
		宮島吉敏 ; 矢野藤助	東京 : 酒井書店	전남대학교	1007p	사전류
		宮島吉敏 ; 矢野藤助 共著	東京 : 酒井書店	성균관대학교 중앙학술정보관	1007p	사전류
	1960	鍾ケ江信光	東京 : 大學書林	건국대학교 상허기념도서관	1157p	사전류
				경희대학교 중앙도서관	1157p	사전류
				국도관	1157p	사전류
				서울대학교 사범대교육정보도서관 단행본서가	viii, 1157p	사전류
				한국외국어대학교 서울캠퍼스 도서관	viii, 1155p	사전류
					viii, 1157p	사전류
				단국대학교 퇴계기념 중앙도서관죽전	viii,1157p	사전류
		鐘ケ江信光	東京 : 大學書林	성균관대학교 중앙학술정보관	1157p	사전류
				연세대학교 중앙도서관	1157p	사전류
				전남대학교	1157p	사전류
				조선대학교	1157p	사전류
				한양대학교 백남학술정보관	viii, 1157p	사전류
		鍾ケ江信光	東京 : 大學書林	단국대학교 천안캠	1157p	사전류
中國語辭典 : 大學書林	1960	鍾ケ江信光	東京 : 大學書林	영남대학교	1157p	사전류
中國語四潮間	1932	宮島吉敏 ; 鍾江信光 共著	東京 : 大學書林	상명대학교 중앙도서관	306p	회화류

도서명	발행/ 필사연도	저자	출판사	소장도서관	형태 사항	도서 유형
中國語四週間	1952	宮島吉敏	東京：大學書林	경희대학교 중앙도서관	285p	회화류
				대구가톨릭대학교	285p	회화류
		尹旿重	서울：大東社	경희대학교 중앙도서관	478p	회화류
	1953	宮島吉敏	東京：大學書林	연세대학교 원주	285p	회화류
	1956	宮島吉敏； 鐘ケ江信光 共著	東京：大學書林	성균관대학교 중앙학술정보관	306p	회화류
		尹旿重	서울：大東社	단국대학교 천안캠	478p	회화류
				단국대학교 퇴계기념 중앙도서관죽전	478p	회화류
			서울： 大東社	광주교육대학교	478p	회화류
		尹旿重 著	서울：大東社	침례신학대학교	478p	회화류
		中國語研究會	서울：大東社	국민대학교 성곡도서관	478p	회화류
	1958	宮島吉敏	東京：大學書林	영산대학교	306p	회화류
	1959	宮島吉敏	東京：大學書林	중앙대학교 서울캠퍼스 중앙도서관	306p	회화류
中國語四周間：舞師自修	1956		서울：大東社	연세대학교 중앙도서관	478	회화류
中國語四週間： 四個星期中國語	1954	宮島吉敏, 鐘ケ江信光 共著	東京：大學書林	서울대학교 중앙도서관 단행본자료실	306p	회화류
	1955	宮島吉敏, 鐘ケ江信光 共著	東京：大學書林	인하대학교 중앙도서관	306p	회화류
	1958	宮島吉敏, 鐘江信光	東京：大學書林	조선대학교	306p	회화류
中國語四週間： 四個星期中國語/第3改訂版	1955	宮島吉敏, 鐘ケ江信光 共著	東京：大學書林	대구한의대학교	306p	회화류
中國語四週間： 四個星期中國話	1953	宮島吉敏, 鐘ケ江信光	東京：大學書林	연세대학교 중앙도서관	306p	회화류
中國語四周間： 四個星期中華國語	1952	宮島吉敏	東京：大學書林	단국대학교 천안캠	285p	회화류
				단국대학교 퇴계기념 중앙도서관죽전	285p	회화류
中國語四週間第3改訂版	1954/ 1971	宮島吉敏, 鐘ケ江信光 共著	東京：大學書林	고려대학교	306p	회화류
中國語上	1951	盧東善；權浩淵	서울：장문사	전남대학교	280p	회화류

도서명	발행/ 필사연도	저자	출판사	소장도서관	형태 사항	도서 유형
中國語常用虛詞辭典	1956	鈴木直治, 望月入十吉, 山岸共 共著	東京 : 江南書院	성균관대학교 중앙학술정보관	160p	사전류
		鈴木直治, 望月八十吉, 山岸共 共著	東京 : 江南書院	한국외국어대학교 서울캠퍼스 도서관	160p	사전류
中國語新辭典	1954	井上翠	東京 : 江南書院	국민대학교 성곡도서관	1111, 64p	사전류
		井上翠	東京 : 江南書院	고려대학교	1111p	사전류
中國語語源漫筆	1955	藤堂明保	東京 : 大學書林	고려대학교	148p	어법류
				동국대학교 중앙도서관	148p	어법류
	1958	藤堂明保	東京 : 大學書林	한국외국어대학교 서울캠퍼스 도서관	148p	어법류
中國語歷史文法	1958	太田辰夫	東京 : 江南書院	명지대학교 인문도서관	439p	어법류
				충남대학교	439p	어법류
				한국외국어대학교 서울캠퍼스 도서관	ix, 439p	어법류
中國語研究史	1957	中國語研究會 編	東京 : 江南書院	경북대학교	180p	어법류
		中國語學研究會	東京 : 江南書院	국민대학교 성곡도서관	180p	어법류
				서울대학교 중앙도서관 단행본자료실	180, 2p	어법류
				중앙대학교 서울캠퍼스 중앙도서관	180p	어법류
		中國語學研究會 編	東京 : 江南書院	영남대학교	180p	어법류
中國語研究資料	1957	中國語研究會 編	東京 : 江南書院	경북대학교	77, 2p	어법류
		中局語學研究會 編	東京 : 江南書院	영남대학교	77, 2p	어법류
中國語音韻論	1957	藤堂明保	東京 : 江南書院	건국대학교 상허기념도서관	358p	음운류
				고려대학교 세종캠	358p	음운류
				국민대학교 성곡도서관	358p	음운류
				단국대학교 천안캠	358p	음운류
				부산교육대학교	358p	음운류

도서명	발행/필사연도	저자	출판사	소장도서관	형태사항	도서유형
				성균관대학교 중앙학술정보관	358p	음운류
				중앙대학교 서울캠퍼스 중앙도서관	358p	음운류
				충남대학교	358p	음운류
				한국외국어대학교 서울캠퍼스 도서관	358p	음운류
				단국대학교 퇴계기념 중앙도서관죽전	358p	음운류
		藤堂明保	東京:江南書院	계명대학교	358p	음운류
				고려대학교	358p	음운류
				대구가톨릭대학교	358p	음운류
		藤堂明保	東京:江南書院	영남대학교	358p	음운류
중국어자습독본.상	1959	윤병찬 저	평양:국립 문학 예술 서적 출판사	인하대학교 중앙도서관	428p	회화류
中國語字典	미상	張志暎	필사본	연세대학교 열운문고	2책	사전류
中國語自通	1954	東文社編輯部 編	서울:東文社	국민대학교 성곡도서관	104p	회화류
中國語自通:三十日速成	1954	東文社編輯部 編	서울:東文社	충북대학교	104p	회화류
中國語自通:日鮮滿最速成	1940	朴永瑞	京城:新興書館	영남대학교	160p	회화류
中國語作文	1954	長谷川寬	東京:白水社	계명대학교	301p	작문류
				성균관대학교 중앙학술정보관	312p	작문류
				전남대학교	301p	작문류
				한국외국어대학교 서울캠퍼스 도서관	312p	작문류
			東京:白水社	서울대학교 중앙도서관 수원보존도서관	312p	작문류
		長谷川寬	東京:白水社	대구가톨릭대학교	301p	작문류
	1954 1961	長谷川寬	東京:白水社	고려대학교	301p	작문류
中國語作文入門	1957	長谷川寬	東京:江南書院	국도관	123p	작문류

도서명	발행/필사연도	저자	출판사	소장도서관	형태사항	도서유형
				성균관대학교 중앙학술정보관	123,6p	작문류
中國語正則入門 : 發音敎本	1957	노태준 ; 韓昌洙 共著	서울 : 韓國敎授協會	경기대학교 서울 금화도서관	142p	회화류
中國語第一步	1953	徐仁怡	東京 : 白水社	영남대학교	319p	회화류
			東京 : 백수사	대구가톨릭대학교	319p	회화류
		徐仁怡 著	東京 : 白水社	한국외국어대학교 서울캠퍼스 도서관	5,319p	회화류
中國語첫걸음	1958	中國語硏究會	서울 : 大東社	경기대학교 금화도서관	478p	회화류
				경기대학교서울 금화도서관	478p	회화류
			서울 : 대동사	진주교육대학교	1책	회화류
中國語첫걸음 : 初步부터會話까지	1958	中國語硏究會	서울 : 大東社	한국외국어대학교 서울캠퍼스 도서관	478p	회화류
				단국대학교 퇴계기념 중앙도서관죽전	478p	회화류
		中國語硏究會 編	서울 : 大東社	단국대학교 천안캠	478p	회화류
		尹旿重 著 ; 中國語硏究會	서울 : 大東社	조선대학교	478p	회화류
中國語初級敎本	1953	倉石武四朗	東京 : 岩波書店	부산외국어대학교	174p	회화류
中國語初級敎本 : ラテン化新文字による	1958	倉石武四朗	東京 : 岩波書店	한국외국어대학교 서울캠퍼스 도서관	iii, 174p	회화류
中國語表現文型	1949	大阪外國語大學 中國硏究會 編	大阪 : 大阪外國語大學 中國硏究會	고려대학교	105p	어법류
中國語學事典	1957	中國語學硏究會	東京 : 江南書院	국민대학교 성곡도서관	1129p	사전류
				한국외국어대학교 서울캠퍼스 도서관	6冊	사전류
	1958	中國語學硏究會	東京 : 江南書院	성균관대학교 중앙학술정보관	1129p	사전류
				전남대학교	1128p	사전류
				한국외국어대학교 서울캠퍼스 도서관	xxiii, 1129p	사전류

도서명	발행/ 필사연도	저자	출판사	소장도서관	형태 사항	도서 유형
中国語学事典	1958	中國語學硏究會 編	東京 : 江京書院	고려대학교	1129p	사전류
		中國語學硏究會	東京 : 江南書院	성균관대학교 중앙학술정보관	1129p	사전류
		中国語学研究会	東京 : 江南書院	연세대학교 중앙도서관	1129p	사전류
中國語學習雙書	1956	미상	東京 : 江南書院	국민대학교 성곡도서관		총서- 종합서
中國語解釋	1957	李元植	서울 : 同學社	광주교육대학교	186p	종합서
				국도관	186p	종합서
				국민대학교 성곡도서관	186p	종합서
				동국대학교 중앙도서관	186p	종합서
				부경대학교	186p	종합서
				서울대학교 중앙도서관 수원보존도서관	186p	종합서
				전남대학교	186p	종합서
				전북대학교	186p	종합서
		李元植	서울 : 同學社	충북대학교	186p	종합서
		李元植 編	서울 : 同學社	청주대학교	186p	종합서
		李原植 編	서울 : 同學社	대구가톨릭대학교	186p	종합서
中國語會話獨習	1954	金卿 ; 遜雲	서울 : 豊國學園出版部	국도관	206p	회화류
中國語會話入門 : 小苹の學習	1956	丁秀山, 香坂順一, 柴垣芳太郎 共著	東京 : 江南書院	영남대학교	159, 13p	회화류
中國語會話全書	1939	張志映	京城 : 群書堂	단국대학교 천안캠	492p	회화류
				단국대학교 퇴계기념 중앙도서관죽전	492p	회화류
		張志暎	京城 : 群書堂書店	연세대학교 열운문고	492p	회화류
		張志映	京城 : 群堂書店	고려대학교	492p	회화류
			京城 : 群書堂書店	서원대학교	492p	회화류
	1940	張志暎	경성 : 群堂書書店	경상대학교	492p	회화류
中等支那語教本	1940	宮原民平	東京 : 東京開成觀	경북대학교	v. : ill.	회화류
				연세대학교 열운문고		회화류

도서명	발행/ 필사연도	저자	출판사	소장도서관	형태 사항	도서 유형
中語大全	1934	李祖憲	경성 : 한성도서	가톨릭관동대학교	313p	회화류
中華官話自修卷2	미상	張志暎	필사본	연세대학교 열운문고	150p	회화류
中華正音	미상	金元明	필사본	연세대학교 열운문고		회화류
		미상	필사본	장서각	1卷1冊	회화류
支那文典卷上,下	1877	張儒珍 ; 高第丕	東京日本 : 小林新兵衛	서울대학교 중앙도서관 고문헌자료실	?	어법류
支那時文大字彙	1938	佐藤留雄	東京 : 同文社	삼육대학교 중앙도서관	1067p	사전류
支那語	1933-	?	東京 : 外語學院出版部	영남대학교	?	회화류 간행물
支那語 : 飜譯篇	1940	倉石武四郎	東京 : 弘文堂書房	숙명여자대학교 도서관	100p	회화류
支那語の系統	1934	宮越健太郎	東京 : 岩波書店	영남대학교	56p	개론서
	1936	宮越健太郎	東京 : 岩波書店	경성대학교	1책	개론서
		宮越健太郎	東京 : 岩波書店	경북대학교	84p	개론서
		宮越健太郎	東京 : 岩波書店	영남대학교	84p	개론서
支那語の基礎と會話大全 : 全	1930	飯河道雄	泰天 : 東方印書館	경북대학교	550,6p	회화류
支那語の發音と記號	1942	魚返善雄	東京 : 三省堂	국도관	27p	음운류
支那語の手紙	1955	石山福治	東京 : 大學書林	경상대학교	133p	작문류
支那語の輪廓	1933	宮島吉敏	東京 : 尙文堂	연세대학교 열운문고	115p	회화류
支那語の自修 : 及索引	1929	堀井仁	大阪 : 松雲堂	국도관	712p	회화류
支那語の會話	1939	張源祥	大阪 : 東方學藝社	영남대학교	8, 冊	회화류
	1941	張源祥	東京 : 象山閣	영남대학교	250p	회화류
支那語講習會教本	1940	吉野美彌雄 著	[발행지불명] : 甲文堂書店	고려대학교	82p	회화류
支那語講座	1936	宮原民平	東京 : 文求堂	경북대학교	v.	회화류
	1939	Nihon Hōsō Kyōkai.	東京 : s.n.	서울대학교 중앙도서관 고문헌자료실	63,40p	회화류
	1941	저자 없음	東京 : 文求堂	충남대학교	12v?	회화류
支那語慣用句用法	1924	櫻井德兵衛	大阪 : 同文社	국도관	109p	회화류
支那語教科書	1913	岡本正文	東京 : 文求堂	연세대학교 열운문고	164p	회화류

도서명	발행/ 필사연도	저자	출판사	소장도서관	형태 사항	도서 유형
	1927	岡本正文	東京 : 文求堂	서울대학교 학과 및 연구소 중어중문학과 외	2, 3, 164p	회화류
				성균관대학교 중앙학술정보관	164p	회화류
	1933	岡本正文	東京 : 文求堂	영남대학교	164p	회화류
	1937	奈良一雄	第一書院	울산대학교	?	회화류
	1938	岡本正文	東京 : 文求堂	강남대학교 중앙도서관		회화류
		宮越健太郎, 杉武夫	東京 : 外國語學院	충남대학교	144p	회화류
	1937- 1938	奈良和夫	東京 : 第一書院	서울대학교 학과 및 연구소 중어중문학과 외	2-3卷 2冊零本	회화류
支那語敎科書 : 基礎・會話文の作り方	1938	帝國書院編輯部	東京 : 帝國書院	연세대학교 열운문고	37p	회화류
	1939	神谷衡平・岩井武男	東京 : 帝國書院	연세대학교 열운문고	68, 12p	회화류
支那語敎科書 : 發音篇	1935	藤木敦實・麻喜正吾	東京 : 外語學院出版部	연세대학교 열운문고		음운류
支那語敎科書 : 會話篇	1934	宮越健太郎, 杉武夫	東京 : 外語學院出版部	국도관	144p	회화류
		宮越健太郎, 杉武夫 共著	東京 : 外語學院出版部	경북대학교	144p	회화류
支那語敎科書總譯	1929	岡本正文著, 木全德太郎譯	東京 : s.n.	서울대학교 중앙도서관 고문헌자료실	1v.	회화류
支那語敎本 : 高級編	1938	鈴木擇郎	東京 : 東亞同文書院 支那硏究部	연세대학교 열운문고	1책	회화류
	1939	鈴木擇郎	上海 : 東亞同文書院 支那硏究部	경북대학교	170p	회화류
支那語敎育の理論と實際	1941	倉石武四郎	東京 : 岩波書店	국도관	1책	어법류
				전남대학교	300p	어법류
				충남대학교	260p	어법류
		倉石武四郎	東京 : 岩波書店	고려대학교	260p	어법류
				영남대학교	260p	어법류
支那語敎典	1939	法本義弘	東京 : 향산당서방	대구가톨릭대학교	148p	회화류
支那語敎程	1932	西島良爾	大阪 : 近代文藝社	계명대학교	416p	회화류
支那語敎程 : 陸軍豫科士官學校用	1942	敎育摠監部	東京 : 敎育摠監部	국도관	26p	회화류
	1943	敎育摠監部	東京 : 敎育摠監部	국도관	36p	회화류
支那語基本敎科書	1939	神谷衡平	東京 : 文求堂書店	경성대학교	1책	회화류

도서명	발행/ 필사연도	저자	출판사	소장도서관	형태 사항	도서 유형
支那語基本語彙	1936	武田寧信, 岡本吉之助	東京 : 春陽堂書店	서울대학교 학과 및 연구소 국어교육과	10, 225, 27p	어휘집
支那語基準會話	1940	宮越健太郎, 杉武夫	東京 : 大阪屋號書店	연세대학교 열운문고	2책	회화류
		宮越健太郎, 杉武夫 共著	東京 : 外語學院出版部	경북대학교	2v.	회화류
支那語基準會話.上卷	1939	宮越健太郎, 杉武夫 共著	東京 : 外語學院出版部	고려대학교	83p	회화류
支那語基準會話.下卷	1939	宮越健太郎, 杉武夫	東京 : 外語學院出版部	연세대학교 열운문고	120, 18p	회화류
		宮越健太郎, 杉武夫 共著	東京 : 外語學院出版部	고려대학교	120, 18p	회화류
支那語基準會話/上卷	1943	宮越健太郎, 杉武夫	東京 : 外語學院出版部	서울대학교 농학도서관 고문헌자료실	83p	회화류
支那語基準會話 : 教授用備考書	1940	宮越健太郎, 杉武夫	東京 : 文求堂	연세대학교 열운문고	2책	회화류
支那語基準會話 : 教授用備考書. 上	1940	宮越健太郎	東京 : 外語學院出版部	단국대학교 천안캠	83p	회화류
		宮越健太郎 著	東京 : 外語學院出版部	단국대학교 퇴계기념 중앙도서관죽전	83p	회화류
		宮越健太郎, 杉武夫	東京 : 外語學院出版部	연세대학교 열운문고	190p	회화류
		宮越健太郎, 杉武夫 共著	東京 : 外語學院出版部	영남대학교	190p	회화류
支那語基礎單語4000	1940	宮越健太郎	東京 : タイムス出版社	충북대학교	199p	어휘집
支那語基礎單語四〇〇〇	1940	宮越健太郎	東京 : s.n.	서울대학교 중앙도서관 고문헌자료실	199p	어휘집
			東京 : タイムス出版社	건국대학교 상허기념도서관	199p	어휘집
支那語難語句例解	1924	미상	미상	국도관	217p	회화류
支那語難語句例解 : 譯註, 聲音重念附	1924	飯河道雄	大連 : 大阪屋號書店	한림대학교	217p	회화류
支那語難語句集解	1941	香坂順一	東京 : 外語學院出版部	국도관	213p	회화류
支那語大辭典	1919	石山福治	東京 : 文求堂	부경대학교	63p	사전류
	1935	石山福治	東京 : 第一書房	목포대학교	1746p	사전류
	1943	石山福治	東京 : 第一書房	경북대학교	1746p	사전류
支那語大辭彙	1914	石山福治	東京 : 文求堂	연세대학교 중앙도서관	924p	사전류
	1924	石山福治	東京 : s.n.	서울대학교 중앙도서관 고문헌자료실	1v.	사전류

도서명	발행/필사연도	저자	출판사	소장도서관	형태사항	도서유형
支那語大辭彙：及補遺	1919	石山福治	東京：文求堂書店	국도관	956p	사전류
支那語大海	1939	문세영	京城：永昌書館	영산선학대학교	313p	회화류
		靑嵐文世榮	東京：永昌書館	영남대학교	313p	회화류
支那語讀本	1938	魚返善雄	東京：日本評論社	계명대학교	189, 63p	회화류
		日本評論社 編	東京：日本評論社	고려대학교	179,180p	회화류
		魚返善雄Nihon Hyōronsha	東京：s.n.	서울대학교 중앙도서관 고문헌자료실	189, 53p	회화류
	1944	小原一雄	大連：등進社	건국대학교 상허기념도서관	142p	독해류
	1955	日本評論社 編	東京：日本評論社	고려대학교	189, 63p	회화류
	1938-1940	倉石武四郎	東京：弘文堂書房	경북대학교	2v.	독해류
支那語讀本. 卷1	1942	倉石武四郎	東京：弘文堂書房	국도관	130p	독해류
支那語讀本. 卷1	1942	倉石武四郎	東京：弘文堂書房	연세대학교 열운문고	130p	회화류
支那語讀本. 卷1,2	1.9E+07	倉石武四郎	東京：弘文堂書房	국도관	2책	독해류
支那語讀本. 卷1-2	1938-1940	倉石武四郎	東京：弘文堂書房	서울대학교 중앙도서관 고문헌자료실	2v.	독해류
支那語讀本A	1940	吉野美彌雄	東京：博多成象堂	연세대학교 열운문고	88p	독해류
支那語獨習書	1931	神谷衡平, 淸水元助 共著	[發行地不明]：春陽堂	고려대학교	247p	회화류
支那語動詞形容詞用法	1917	皆川秀孝	東京：s.n.	서울대학교 중앙도서관 고문헌자료실	1v.	어법류
	1920	皆川秀孝	東京：文求堂書店	서울대학교 학과 및 연구소 중어중문학과	1v.various spagings	어법류
支那語動字用法	1905	張廷彦	東京：文求堂	연세대학교 열운문고	137p	어법류
			東京：文求堂書店	국도관	137p	어법류
	1926	張廷彦	東京：s.n.	서울대학교 중앙도서관 고문헌자료실	1冊	어법류
		張廷彦；田中慶太郎 譯	東京：文求堂書店	성균관대학교 중앙학술정보관	2, 123, 10p	어법류
支那語旅行會話	1937	木全德太郎	東京：文求堂書店	국도관	292p	회화류
支那語滿洲語講座	1939	陳淸金, 宗內鴻 共著	東京：東江堂書店	영남대학교	3冊	종합서

도서명	발행/ 필사연도	저자	출판사	소장도서관	형태 사항	도서 유형
		陳清金, 宗內鴻	東京 : 東江堂書店	울산대학교	3책	종합서
支那語文法詳解	1941	香坂順一	東京 : タイムス出版社	국도관	247p	어법류
				영산선학대학교	247p	어법류
支那語文法詳解 : 黎錦熙氏,周有光氏の著書を 基とせる	1941	香坂順一	東京 : タイムス出版社	충남대학교	247p	어법류
支那語文法研究號	1940	外語學院出版部	東京 : s.n.	서울대학교 중앙도서관 고문헌자료실	90p	어법류
支那語文典	1912	宮錦舒	東京 : 文求堂	건국대학교 상허기념도서관	270p	어법류
支那語發音の研究	1933	何盛三	東京 : 外語研究社	국도관	84p	음운류
支那語發音五時間	1932	松浦珪三	東京 : 大學書林	국도관	76p	음운류
				연세대학교 열운문고	76p	음운류
				영남대학교	76p	음운류
支那語發音要義	1940	栗山茂	東京 : 甲文堂書店	국도관	106p	음운류
支那語發音入門	1942	倉石武四郎	東京 : 弘文堂書房	국도관	90p	음운류
支那語發音字典	1938	藤木敦實, 麻喜正吾	東京 : 外國語學院	충남대학교	178p	사전류
支那語發音早わかり	1932	支那語研究會 著	東京 : 外國語研究社	영남대학교	84p	음운류
支那語發音篇	1939	倉石武四郎	東京 : s.n.	영산선학대학교	80p	음운류
	1940	倉石武四郎	東京 : s.n.	서울대학교 중앙도서관 고문헌자료실	80p	음운류
			東京 : 弘文堂書房	전북대학교	80p	음운류
支那語繙譯篇. 卷1	1938	倉石武四郎	東京 : s.n.	서울대학교 중앙도서관 고문헌자료실	78p	회화류
支那語繙譯篇. 卷1,2	1938/ 1940	倉石武四郎	東京 : 弘文堂書房	국도관	2책	회화류
支那語法規/支那語分解講義/ 北京官話聲音異同辯	미상	岡本正文, 宮嶋吉敏, 佐藤留雄	正則支那語學會	연세대학교 열운문고		종합서
支那語法入門	1939	倉石武四郎	東京 : s.n.	서울대학교 중앙도서관 고문헌자료실	108p	어법류
		倉石武四郎	東京 : 弘文堂書房	고려대학교	108p	어법류
	1940	倉石武四郎	東京 : 弘文堂書房	영산선학대학교	108p	어법류

도서명	발행/ 필사연도	저자	출판사	소장도서관	형태 사항	도서 유형
支那語分類會話讀本	1923	飯河道雄	大連 : 大阪屋號書店	고려대학교	163p	회화류
支那語辭典	1932	宮島吉敏, 矢野藤助 共著	東京 : 尙文堂	대구가톨릭대학교	748p	사전류
		宮島吉敏, 矢野藤助 共著	東京 : 尙文堂	고려대학교	748p	사전류
				서울대학교 중앙도서관 고문헌자료실	748p	사전류
	1934	井上翠	東京 : 文求堂	연세대학교 열운문고	1643p	사전류
支那語四週間 : 4個星期中華國語	1931	宮島吉敏	東京 : 大學書林	국도관	238p	회화류
支那語辭彙	1925	石山福治	東京 : s.n.	서울대학교 중앙도서관 고문헌자료실	1v.	사전류
			東京 : 文求堂	영남대학교	8, 318, 8, p	사전류
	1932	石山福治	東京 : 文夫堂	고려대학교	8, 318, 8, p	사전류
支那語小音聲學	1937	岡田博	大阪 : 駸駸堂	서울대학교 학과 및 연구소 중어중문학과	111p	음운류
支那語速成講座	1930	飯河道雄	大連 : 東方文化會	국도관	761p	회화류
支那語速成講座. 續	1930	飯河道雄	大連 : 東方文化會	국도관	761p	회화류
支那語新敎科書	1939	土屋明治, 鮑啓彰	東京 : 弘道館	연세대학교 열운문고	2책	회화류
支那語新軌範	1939	Zōin. Hō Hō, Fumika	東京 : s.n.	서울대학교 중앙도서관 고문헌자료실	100p	미분류
支那語新軌範敎授資料	1940	Zōin. Hō Hō, Fumika	東京 : s.n.	서울대학교 중앙도서관 고문헌자료실	102p	미분류
支那語新辭典	1935	竹田復	[발행지불명] : 博文館	단국대학교 천안캠	852p	사전류
	1941	竹田復	東京 : 博文館	연세대학교 열운문고	1책	사전류
				충남대학교	1冊	사전류
					852p	사전류
		竹田復	東京 : 博文館	고려대학교	1冊面數 複雜	사전류
支那語新式學習法	1930	石山福治	東京 : 文求堂	광주교육대학교	346p	회화류
支那語新會話篇	1914	石山福治	東京 : 文求堂	고려대학교	296p	회화류

도서명	발행/ 필사연도	저자	출판사	소장도서관	형태 사항	도서 유형
支那語語法篇	1938	倉石武四郎	東京 : 弘文堂書房	국도관	112p	어법류
	1940	倉石武四郎	東京 : s.n.	서울대학교 중앙도서관 고문헌자료실	112p	어법류
支那語旅行會話	1940	木全德太郎	東京 : s.n.	서울대학교 중앙도서관 고문헌자료실	292p	회화류
支那語日用單語講義案	1920 추정	李河鎔	油印版	장서각	1冊16張	회화류
支那語一二三から會話まで	1940	諏訪廣太郎	東京 : 太陽堂書店	국도관	317p	회화류
支那語一二三の讀み方	1932	江口良吉	東京 : 太陽堂書店	국도관	345p	회화류
支那語一二三の讀み方から	1933	江口良吉　著	東京 : 太陽堂	건국대학교 상허기념도서관	345p	회화류
	1937	江口良吉　著	東京 : 太陽堂	한국외국어대학교 서울캠퍼스 도서관	345p	회화류
支那語自修讀本	1940	陳文彬	東京 : 大阪屋號書店	부산대학교	107p	미분류
支那語自習完璧	1917	東亞實進社	東京 : 東亞實進社	국도관	414p	회화류
支那語自在	1942	牛窪愛之進 ; 蘇鴻麟	東京 : 富士書店	국도관	642p	회화류
		牛窪愛之進, 蕭鴻麟	東京 : 富士書店	충남대학교	642p	회화류
		牛窪愛之進, 蕭鴻麟 共著	東京 : 富士書店	영남대학교	642p	회화류
支那語作文 : 初級編	1933	矢野藤助	東京 : 尚文堂	연세대학교 열운문고	84p	작문류
支那語作文敎程	1933	宮越健太郎	東京 : 外語學院出版部	원광대학교	119p	작문류
支那語雜誌	1931	?	東京 : 螢雪書院	계명대학교	?	간행물
支那語正音發微	1915	伊澤修三	東京 : 樂石社	국도관	473p	음운류
		伊澤修二	東京 : 樂石社	서울대학교 중앙도서관 고문헌자료실	1v.	음운류
				성균관대학교 중앙학술정보관	473p	음운류
支那語正音練習書	1915	伊澤修二	東京 : s.n.	서울대학교 중앙도서관 고문헌자료실	1v.	음운류
支那語第一步	1940	徐仁怡	東京 : 白永社	국도관	319p	회화류
	1942	徐仁怡	東京 : 白永社	단국대학교 천안캠	319p	회화류
				단국대학교 퇴계기념 중앙도서관죽전	319p	회화류

도서명	발행/ 필사연도	저자	출판사	소장도서관	형태 사항	도서 유형
支那語助辭用法	1907	靑柳篤恒	東京 : 文求堂	연세대학교 열운문고	157p	어법류
			東京 : 文求堂書店	국도관	151p	어법류
	1929	靑柳篤恒	東京 : s.n.	서울대학교 중앙도서관 고문헌자료실	1v.	어법류
支那語注音符號の發音	1944	魚返善雄	東京 : 帝國書院	서울대학교 중앙도서관 고문헌자료실	208p	음운류
		魚返善雄	東京 : 帝國書院	세종대학교 학술정보원	208p	음운류
		魚返善雄.	東京 : 帝國書院	영산선학대학교	208p	음운류
支那語重要單語集	1942	宮越健太郎	東京 : タイムス	한양대학교 백남학술정보관	xxxi, 314p	어휘류
支那語集成	1939	宋憲奭	서울 : 덕흥서림	선문대학교	371p	회화류
支那語集成 : 自習完璧	1921/ 1939	宋憲奭	京城 : 德興書林	영남대학교	371p	회화류
支那語捷徑新訂增補版	1939	石橋哲爾	京都 : 平野書店	고려대학교	325p	회화류
支那語叢話	1937	渡會貞輔	東京 : 外語學院出版部	국도관	392p	종합서
			熊本 : 熊本縣支那語學校	연세대학교 열운문고	392p	종합서
		渡會貞輔	東京 : 外語學院出版部	고려대학교	392p	종합서
	1938	渡會貞輔	東京 : 外語學院出版部	영남대학교	392p	종합서
支那語學校程 : 昭和15年版.乙,丙	1940	陸軍士官學校	神奈川縣座間 : 陸軍士官學校	국도관	2책	회화류
支那語學入門	1942	高木宣	東京 : 興文社	국도관	205p	어법류
支那語會話 : わかりやすい	1939	甲斐靖	大阪 : 침침당	영남대학교	234p	회화류
支那語會話敎科書	1933	吉野美彌雄	京都 : 平野書店	연세대학교 열운문고	111p	회화류
	1940	?	東京 : 文求堂書店	서울대학교 학과 및 연구소 중어중문학과	3, 1, 124p	회화류
支那語會話敎程	1932	麻喜正吾	東京 : 광생관	대구가톨릭대학교	111p	회화류
支那語會話獨習	1940	三原增水	奉天 : 滿洲文化普及會	서울시립대학교 도서관	50p	회화류
				성균관대학교 중앙학술정보관	11, 328, 50p	회화류
		佐藤三郎治	大阪 : 巧人社	대구가톨릭대학교	52p	회화류

도서명	발행/ 필사연도	저자	출판사	소장도서관	형태 사항	도서 유형
支那語會話獨習: 支那語辭典入	1933	佐藤三郎治	大阪:巧人社	서울대학교 학과 및 연구소 국어교육과	2, 169, 52p	회화류
支那語會話鍊習帳	1940	表文化	東京:タイムス出版社	영남대학교	198p	회화류
	1942	表文化	東京:タイムス	한양대학교 백남학술정보관	i, vii, 198p	회화류
支那語會話篇	1938	傅芸子	東京:弘文堂	건국대학교 상허기념도서관	158p	회화류
				서울대학교 중앙도서관 고문헌자료실	158p	회화류
支那語會話編	1938	傅藝子	東京:弘文堂書房	국도관	152p	회화류
支那現在事情	미상	石山福治	正則支那語學會	연세대학교 열운문고	264p	미분류
倉石中國語教本	1955	倉石武四郎	東京:弘文堂	한국외국어대학교 서울캠퍼스 도서관	冊	회화류
倉石中等支那語	19--	倉石武四郎 編	東京:中等學校教科書	충남대학교	冊	회화류
倉石中等支那語.卷一	1940	倉石武四郎	東京:s.n.	서울대학교 중앙도서관 고문헌자료실	120,8p	회화류
尺牘編.第8卷	1936	諸岡三郎	東京:文求堂	국도관	302p	작문류
淸語30日間速成	1897	西島良爾	東京:嵩山堂	이화여자대학교 중앙도서관	212p	회화류
淸語敎科書	1959	서도함남	大阪:大阪石塚書鋪	건국대학교 상허기념도서관	408p	회화류
初級中國語講座	1956	朴魯胎	서울:一韓圖書出版社	단국대학교 천안캠	193p	어법류
				서울시립대학교 도서관	193p	어법류
		朴魯胎 著	서울:一韓圖書出版社	단국대학교 퇴계기념 중앙도서관죽전	193p	어법류
初級中國語讀本: 中國語のはなし方	1957	金子二郎	東京:江南書院	성균관대학교 중앙학술정보관	2冊 (154+197)	회화류
初級中國語讀本: 中國語のはなし方.上卷	1957	金子二郎	東京:江南書院	국도관	154p	회화류
初級中國語文法	1956	香坂順一	東京:五月書房	한국외국어대학교 서울캠퍼스 도서관	276p	어법류
初級中國語會話讀本	1957	鍾ケ江信光	東京:江南書院	성균관대학교 중앙학술정보관	121p	회화류

도서명	발행/필사연도	저자	출판사	소장도서관	형태사항	도서유형
初年生の支那語	1940	上野光次郎	東京：太陽堂書店	국도관	1책	회화류
				부산대학교	301p	회화류
初等滿洲語の第1步	1938	滿洲語普及會	大阪：博潮社	성균관대학교 중앙학술정보관	686p	회화류
初等滿洲語の第一步	1936	滿洲語普及會 編	大阪：功人社	대구가톨릭대학교	686p	회화류
	1942	滿洲語普及會	大阪：功人社	부산대학교	670p	회화류
初等滿洲語會話	1934	三原增水	奉天：滿洲文化普及會	인하대학교 중앙도서관	250,10p	회화류
초등작문법	1908	元泳義, 李起馨	경성：광동서방	가톨릭관동대학교	55p	작문류
初等支那語教科書	1938	宮原民平, 土屋明治 共著	東京：s.n.	서울대학교 중앙도서관 고문헌자료실	101,2p	회화류
			東京：東京開成館	성균관대학교 중앙학술정보관	101p	회화류
	1938/1941	宮原民平, 土屋明治	東京：東京開成館	연세대학교 열운문고	111p	회화류
初等支那語教本：發音と文法詳解を中心とした	1939	表文化	東京：タイムス出版社	영남대학교	208p	회화류
初等支那語研究	1932	石山福治；江口良吉	東京：崇文堂	국도관	1책, 290p	회화류
	1937	石山福治；江口良吉	東京：崇文堂出版部	경성대학교	1책	회화류
初等支那語會話	1939	內之宮金城	東京：日本放送 出版協會	경남대학교	134p	회화류
		內之宮金城	東京：日本放送出版協會	국도관	1책	회화류
	1941	三原增水 著；詳註對	奉天：滿洲文化普及會	부산대학교	312p	회화류
初步官話字彙	1941	木全德太郎 編	東京：文求堂	충남대학교	611p	사전류
最新官話談論集	1936	張廷彦	東京：文求堂	인하대학교 중앙도서관	214p	회화류
最新中國語教科書	1955	서울大學校文理科大學 中國語文學科語文研究會 編	서울：宇鍾社	성결대학교 학술정보관	136p	회화류
最新中國語教科書.第1卷	1955	서울大學校文理科大學 中國語文學科語文研究會 編	서울：宇種社	고려대학교	136p	회화류
		서울大學校文理科大學 中國語文學科語文研究會	서울：宇鍾社	연세대학교 중앙도서관	136p	회화류

도서명	발행/필사연도	저자	출판사	소장도서관	형태사항	도서유형
最新中國語敎科書/第1卷	1955	서울大學校文理科大學 中國語文學科語文硏究會 編	서울 : 宇鍾社	서울대학교 중앙도서관 수원보존도서관	136p	회화류
				한국외국어대학교 서울캠퍼스 도서관	ii, 136p	회화류
最新支那語講座.第1-6卷	1929-1930	杉武夫	東京 : 文求堂書店	서울대학교 중앙도서관 고문헌자료실	6 v	종합서
最新支那語敎科書作文篇	1933	宮越健太郎, 杉武夫	東京 : 外語學院出版部	연세대학교 열운문고	122p	작문류
最新支那語大辭典	1935	石山福治	東京 : 第一書房	부산대학교	1책	사전류
		石山福治 編著	東京 : 第一書房	서울대학교 중앙도서관 고문헌자료실	1746p	사전류
	1938	石山福治 編著	東京 : 第一書房	명지대학교 자연도서관	[64],1746, 20p	사전류
		石山福治 編著	東京 : 第一書房	서울대학교 중앙도서관 고문헌자료실	[64],1746, 20p	사전류
	1940	石山福治	東京 : 第一書房	연세대학교 중앙도서관	51, 1746, [46]p	사전류
		石山福治 編著	東京 : 第一書房	성균관대학교 중앙학술정보관	1746p	사전류
	1943	石山福治	東京 : 第一書房	부산대학교	1801p	사전류
				전남대학교	1746, 20, 25p	사전류
		石山福治 編	東京 : 第一書房	충남대학교	1746p	사전류
		石山福治 編著	東京 : 第一書房	명지대학교 인문도서관	1746p	사전류
				수원대학교 도서관	1책	사전류
	1935/ 1940	石山福治 編著	東京 : 第一書房	고려대학교	1746, 26, 20p	사전류
最新支那語解釋法	1941	隅田直則	東京 : 大阪屋號書店	국도관	1책	미분류
	1946	隅田直則	東京 : 大阪屋號書店	충남대학교	658p	미분류
最新華語敎科書/上-下	1940	李相殷	京城 : 발행자불명	서울대학교 중앙도서관 고문헌자료실	2冊	회화류
最新華語敎本	1939	包象寅·包翰華	東京 : 東京開成館	연세대학교 열운문고	96p	회화류
最新華語中級編	1938	岡田博	京都 : 平野書店	연세대학교 열운문고	47p	회화류

도서명	발행/ 필사연도	저자	출판사	소장도서관	형태 사항	도서 유형
最新華語初步	1933	岡田博(Okada, Hiroshi)	東京：平野書店	서울대학교 중앙도서관 고문헌자료실	42p	회화류
	1938	岡田博	東京：平野書店	연세대학교 열운문고	42p	회화류
最新會話華語初階	1939	金邦彦	熊本： 熊本縣支那語學校	연세대학교 열운문고	176p	회화류
趣味の支那語	1943	永持德一	東京：泰山房	국도관	1책	어법류
標準支那語辭典	1926	佐藤留雄	東京：同文社書房	국도관	373p	사전류
		佐藤留雄	大阪：同文社書房	고려대학교	373p	사전류
標準支那語會話	1939	橋本泰治郎	東京：丸善株式會社	국민대학교 성곡도서관	214p	회화류
				성균관대학교 중앙학술정보관	214p	회화류
				연세대학교 중앙도서관	214p	회화류
		李相殷 著	京城：人文社	고려대학교	216p	회화류
標準支那語會話教科書	1939	藤木敦實, 麻喜正吾	東京：光生館	연세대학교 열운문고	2책	회화류
	1940	藤木敦實, 麻喜正吾	東京：光生館	부산대학교	108p	회화류
	1939/1 941	藤木敦實, 麻喜正吾 共著	東京：光生館	고려대학교	上卷. 基礎編 ii,108p .-下卷. 應用編 2,4,85,7p	회화류
標準支那語會話教科書： 御敎授用參考書	1940	藤木敦實, 麻喜正吾	東京：光生館	연세대학교 열운문고	2책	회화류
標準支那語會話獨習	1932	佐藤三郎治	大阪：松雲堂	수원대학교 도서관	169, 52p	회화류
學び方入門滿洲語の第一步	1941	Hitoshi, Horii	大阪：巧人社	서울대학교 중앙도서관 고문헌자료실	686, 26p	회화류
漢語獨學	1924	宋憲奭	京城：廣益書館	원광대학교	109p	회화류
漢語獨學, 全	1926	宋憲奭	京城：廣益書館	이화여자대학교 중앙도서관	2, 6, 109p	회화류
漢語音韻	1900	?	發行地不明：龍泉書屋	순천향대학교	209p	음운류
漢語字彙	1917 추정	張志瑛	필사본	연세대학교 열운문고	1책	사전류
漢語形體文法論	1963	高橋君平	東京：大安	연세대학교 중앙도서관	637p	어법류

도서명	발행/ 필사연도	저자	출판사	소장도서관	형태 사항	도서 유형
韓漢淸文鑑	1956	閔泳珪, 延禧大學校出版部	서울: 延禧大學校出版部	목원대학교	471p	사전류
現代實用支那語講座1: 基本篇	1939	神谷衡平, 有馬楗之助 共編	東京:文求堂	이화여자대학교 중앙도서관	252, 27p	종합서
現代中國語の發音	1956	中國語學習雙書 編輯委員會 編	東京:江南書院	영남대학교	3, 66, 11p	음운류
	1957	伊地智善繼; 십本春彦 [共著]	東京:江南書院	계명대학교	3, 66, 11p	음운류
現代中國語獨學	1945	李永燮 編述; 邵樹洲中國 校閱	경성:태화서관	대구가톨릭대학교	176p	회화류
	1951	서울永和出版社編輯部	서울:영화출판사	전남대학교	142p	회화류
	1954	共同文化社, 김인성, 姜權馨	서울:共同文化社	서원대학교	142p	회화류
		共同文化社 編輯部	서울:共同文化社	국도관	144p	회화류
		共同文化社 編輯部 編	서울:共同文化社	고려대학교	142p	회화류
		공동문화사편집부	서울:共同文化社	전북대학교	142p	회화류
		金寅性	서울:共同文化社	대구대학교	142p	회화류
	1958	姜權馨	서울:永和出版社	대구가톨릭대학교	142p	회화류
				충북대학교	142p	회화류
		永和出版社 編輯部	서울:永和出版社	경성대학교	142p	회화류
現代中國語入門	1952	さねとうけいしゅう	東京:三一書房	고려대학교	316p	어법류
	1957	太田辰夫	東京:江南書院	성균관대학교 중앙학술정보관	93, 14, 6p	어법류
現代中國語作文	1956	中國語學習雙書 編集委員會	東京:江南書院	성균관대학교 중앙학술정보관	137p	작문류
		志賀正年, 小林武三, 太田辰夫 共著	東京:江南書院	한국외국어대학교 서울캠퍼스 도서관	iv, 137p	작문류
現代中國語中級讀本	1956	中國語學習雙書 編集委員會 編	東京:江南書院	영남대학교	127, 16p	총서- 종합서
現代中國語初級讀本	1956	中國語學習雙書 編輯委員會 編	東京:江南書院	영남대학교	133, 19p	총서- 종합서
現代中國語會話	1957	楊秩華, 坂本一郎 共著	東京:江南書店	성균관대학교 중앙학술정보관	4, 106p	회화류

도서명	발행/ 필사연도	저자	출판사	소장도서관	형태 사항	도서 유형
現代支那語の發音指導	1938	藤枝丈夫	東京 : 育生社	국도관	300p	음운류
現代支那語講座	1931	저자불명	東京 : 太平洋書房	연세대학교 열운문고	8책	종합서
現代支那語公式會話	1928	金敬琢	東京 : 東方文化機關 聚英庵出版部	국도관	1책	회화류
	1938	金敬琢 著 ; 劉作舟 校閱	서울[京城] : 聚英庵出版部	조선대학교	221p	회화류
現代支那語科學	1939	Denzel Carr 著 ; 魚返善雄 譯	東京 : 文求堂書店	명지대학교 인문도서관	134p	어법류
		Denzel Carr 著 (デンツエル, カ)	東京 : 文求堂書店	국도관	134p	어법류
	1941	Denzel Carr 著 (デンツエル, カ- 著) ; 魚返善雄 譯	東京 : 文求堂	영남대학교	134p	어법류
現代支那語法入門	1943	熊野正平	東京 : 三省堂	단국대학교 천안캠	145p	어법류
		熊野正平 著	東京 : 三省堂	단국대학교 율곡기념 중앙도서관천안	145p	어법류
現代支那語學	1908	後藤朝太郎	東京 : 博文館	연세대학교 열운문고	286p	어법류
		後藤朝太郎 著	東京 : 博文館	고려대학교	286p	어법류
現代漢語語法縮編	1956	俞敏 ; 牛島德次 譯	東京 : 江南書院	서울대학교 중앙도서관 단행본자료실	101, 6p	어법류
				성균관대학교 중앙학술정보관	101p	어법류
現代華語讀本 : 續編	1933	李仲剛	大運 : 大阪屋號書店	고려대학교	181p	회화류
現代華語讀本 : 正編	1932	李仲剛	大運 : 大阪屋號書店	연세대학교 열운문고	146p	회화류
			大運 : 大阪屋號書店	고려대학교	146p	회화류
現代華語新編	1941	王化, 王之淳 共編	東京 : 目黑書店	충남대학교	159, 7p	회화류
現地携行支那語軍用會話	1940	杉武夫	東京 : 外語學院	연세대학교 열운문고	286p	회화류
洪武正音	1934	樂韶鳳	서울 : 亞世亞文化社	공주교육대학교	940p	음운류
華語教科書	1924	文求堂編輯局	東京 : 文求堂書店	연세대학교 열운문고	125p	회화류
華語教科書譯本	1924	石山福治	東京 : 文求堂	연세대학교 열운문고	86p	회화류
華語敎本	1935	包翰華 · 宮島吉敏	東京 : 奎光書院	연세대학교 열운문고	163p	회화류
	1947	김득초	서울 : 高麗出版社	서원대학교	66p	회화류

도서명	발행/필사연도	저자	출판사	소장도서관	형태사항	도서유형
華語教本譯本	1936	宮島吉敏	東京 : 奎光書院	연세대학교 열운문고	124p	회화류
華語教程	1930	佐藤留雄	大阪 : 同文社	고려대학교	38p	회화류
華語教程	1934	佐藤留雄	大阪 : 同文社	경희대학교 중앙도서관	38p	회화류
華語教程	1939	吉野美弥雄	京都 : 平野書店	연세대학교 열운문고	124p	회화류
華語教程詳註	1924	佐騰留雄	大阪 : 同文社	부산대학교	64p	회화류
華語跬步	1908	御幡雅文	發行地不明 : 東亞同文會	경북대학교	352p	회화류
華語跬步	1917	御幡雅文	東京 : 文求堂	단국대학교 퇴계기념 중앙도서관죽전	xiv, 352p	회화류
華語跬步	1917c 1903	御幡雅文	東京 : 文求堂書店	동국대학교 중앙도서관	6, 2, 4, 352p	회화류
華語跬步增補第20版	1908	御幡雅文	發行地不明 : 東亞同文會	고려대학교	350p	회화류
華語跬步總譯	1907	伴直之助	京都 : 裕隣師	국도관	1책	회화류
華語跬步總譯	1918	御幡雅文	東京 : 文求堂書店	국도관	202p	회화류
華語基礎讀本	1941	魚返善雄	東京 : 三省堂	경남대학교	134	종합서
華語基礎讀本	1941	魚返善雄	東京 : 三省堂	중앙대학교 서울캠퍼스 중앙도서관	134p	종합서
華語基礎讀本	1941	魚返善雄	東京 : 三省堂	경북대학교	134p	종합서
華語基礎讀本	1941	魚返善雄	東京 : 三省堂	고려대학교	134p	종합서
華語基礎讀本	1943	魚返善雄	東京 : 三省堂	건국대학교 상허기념도서관	133p	종합서
華語大辭典	1933	權寧世	東京 : 大阪屋號書店	국도관	587p	사전류
華語類抄	미상	미상	필사본	부산대학교	60장	어휘집
華語類抄	미상	미상	필사본	장서각	1冊61張	어휘집
華語文法教程	1931	櫻井德兵衛, 十原八二三 共著	大版 : 同文社	단국대학교 동양학도서실	54, 12p	어법류
華語文法教程	1931	櫻井德兵衛, 十原八二三 共著	大版 : 同文社	단국대학교 천안캠	54, 12p	어법류
華語文法研究	1936	吳圭惠	東京 : 文求堂書店	국도관	195p	어법류
華語文法研究	1939	吳圭惠	東京 : 文求堂	서울대학교 중앙도서관 고문헌자료실	195, 196p	어법류

도서명	발행/ 필사연도	저자	출판사	소장도서관	형태 사항	도서 유형
	1941	吳主惠	東京 : 文求堂	한양대학교 백남학술정보관	5, 196, 10p	어법류
華語文法硏究 : 會話應用發音添府	1938	吳主憲	東京 : 文求堂書店	부산대학교	196p	어법류
華語文法提要	1941	宮越健太郎	東京 : 外語學院 出版部	연세대학교 중앙도서관	130, 30p	어법류
華語文法提要 : 及附錄	1941	宮越健太郎	東京 : 外語學院出版部	국도관	151p	어법류
華語發音辭典 : 及附錄	1933	權寧世	東京 : 大阪屋號書店	국도관	160p	사전류
華語發音全表	1935	宮越健太郎	東京 : 外語學院出版部	연세대학교 열운문고	1책	음운류
華語辭典	1941	田中淸之助	大坂 : 大坂尾號書房	경북대학교	652p	사전류
華語要缺	1938	宗內鴻	東京 : 三省堂	서울대학교 중앙도서관 고문헌자료실	213p	어법류
華語要訣	1938	完內鴻	東京 : 三省堂	국도관	213p	어법류
		宗內鴻	東京 : 三省堂	연세대학교 중앙도서관	213p	어법류
		宗內鴻	東京 : 三省堂	고려대학교	213	어법류
	1941	宗內鴻	東京 : 三省堂	한양대학교 백남학술정보관	4, 16, 213p	어법류
華語類抄	1864	미상	금속활자본	국도관	60장	어휘집
	刊寫年 未詳	編者未詳	[刊寫地未詳] : [刊寫者未詳]	충남대학교	1卷1冊	어휘집
	미상	미상		국도관	60장	어휘집
華語捷徑	1924	張廷彦	東京 : s.n.	서울대학교 중앙도서관 고문헌자료실	59p	회화류
	1927	張廷彦	東京 : 文求堂	연세대학교 열운문고	59p	회화류
華音啓蒙	1883	李應憲		국도관	2卷1冊	회화류
	미상	李應憲	活字本	부산대학교	2卷1冊	회화류
華音啓蒙諺解	1863- 1907	李應憲	미상	국도관	2卷1冊	회화류
	미상	미상	全史字	부산대학교	75장	회화류
		尹泰駿朝鮮	목판본	연세대학교 중앙도서관	1책	회화류
華音啓蒙諺解.卷上,下	高宗 年刊	李應憲朝鮮	미상	충남대학교	2卷1冊	회화류

도서명	발행/ 필사연도	저자	출판사	소장도서관	형태 사항	도서 유형
華音啓蒙全史字	1883	李應憲 編	미상	고려대학교	2卷1冊	회화류
興亜支那語読本	1939	武田寧信	東京 : 三省堂	연세대학교 열운문고	88p	회화류
Shobundo's Pocket Chinese Japanesedictionary	1932	宮島吉敏, 矢野藤助 共著	東京 : 尚文堂	고려대학교 세종캠	71p	사전류
				고려대학교	71p	사전류
ザイデル簡易支那語文典	1933	ザイデル 著 ; 奥平定世	東京 : 尚文堂	국도관	150p	어법류
	1939	ザイデル 著 ; 奥平定世 譯註	東京 : 三修社	국도관	150p	어법류
ポケツト形日本語から支那語の字引	1926	飯河道雄	大連 : 大阪屋號	국도관	589p	사전류
やさしい中國語 : 中國語とは發音のしかた 1	1957	中國語友の會	東京 : 江南書院	국도관	2, 90, 6p	종합서
やさしい中國語 1 : 中國語とは.發音のしかた	1957	中國語友の會 編	東京 : 江南書院	영남대학교	2, 90, 6 p	종합서
やさしい中國語 2 : Ⅲ讀本	1957	中國語友の會 編	東京 : 江南書院	영남대학교	129, 6p	종합서
やさしい中國語 3	1957	中國語友の會 編	東京 : 江南書院	영남대학교	2, 2, 170, 6p	종합서
ラヂオ・テキスト支那語講座	1940	李相殷 講議	京城 : 朝鮮放送協會	고려대학교	66p	미분류
ローマ字中國語 : 初級	1958	倉石武四郎	東京 : 岩波書店	경상대학교	85p	회화류
簡易支那語會話篇 : 主音對譯	1941	秩父固太郎	大連 : 大阪屋號書店	영남대학교	216p	회화류
簡易支那語會話篇 : 注音對譯	1928	秩父固太郎	大連 : 大阪屋號書店	고려대학교	217p	회화류
高等官話華語精選	1913	高永完	京城 : 普書館	경상대학교	288p	회화류
			경성 : 普書館	국도관	288p	회화류
高等中國語教本	1939	張志暎, 金用賢	正音社	연세대학교 열운문고		회화류
高等學敎外國語科中國語讀本.第一一三學年用 / 車相轅	1956	車相轅, 金正祿, 車柱環	서울 : 宇鐘社	국도관	123, 102, 99p	독해류
高等漢文漢語詳解 : 及附錄	1927	霜島勇氣南	東京 : 大同館	단국대학교 천안캠	48p	미분류
官話急就篇詳譯 / 全	1926	大橋末彦	東京 : 文求堂	건국대학교 상허기념도서관	230p	회화류
官話北京事情	1906	英繼 著 ; 宮島吉敏	東京 : 文求堂書店	국도관	1책	회화류
官話中國語自通	1938	文世榮	京城 : 漢城圖書	국도관	361p	회화류

도서명	발행/ 필사연도	저자	출판사	소장도서관	형태 사항	도서 유형
	1941	文世榮	京城: 漢城圖書株式會社	영남대학교	361p	회화류
官話指南鉛印本日本	1881	吳啓太日本, 鄭永邦日本	刊寫地未詳	고려대학교	1冊148p	회화류
官話指南自修書:官話問答篇	1926	飯河硏究室	大連:大阪室號書店	국도관	170p	회화류
官話指南自修書: 應對須知篇:使令通話篇	1924	飯河道雄	大連:大阪室號書店	국도관	194p	회화류
官話虛虛崇正論	1904	靑島巴陵會 公訂	上海: 德國敎士安保羅藏板	고려대학교	120p	기타
官話華語敎範	1915	李起馨	京城:普昌書館	국도관	180p	회화류
			京城:普昌書館	서원대학교	180p	회화류
			京城:普昌書館	고려대학교	180p	회화류
		李起馨	京城:普昌書館	고려대학교	180p	회화류
	1959	李起馨	京城:普昌書館	영산선학대학교	180p	회화류
官話華語新編	1918	李起馨	京城:東洋書院	국도관	192p	회화류
軍事日常支那語	1938	大石進海, 柿崎進 [共著]	東京:大阪屋號書店	경북대학교	326p	회화류
急就篇を基礎とせる支那語 獨習	1924	打田重治郎	大連:大阪屋號書店	국도관	318p	회화류
기초中國語	1946	王弼明	서울:三榮書館	광주대학교	242p	회화류
獨習自在支那語の學び方	1939	瀧麟太郎	東京:京文社書店	경상대학교	237p	미분류
東洋言語の系統: 支那語の系統	1934- 1936	宮越健太郎 著, 岩波武雄 編輯	東京:岩波書店	충남대학교	冊	미분류
滿音華音新字典	1937	李命七	서울:三文堂	한국해양대학교	704p	사전류
滿洲國語文法: 現代支那語−北京官話	1936	【ア】麿徒	東京:東學社	부산대학교	403p	어법류
滿州語自通:日鮮滿最速成	1939	許도?	京城:新興書館	연세대학교 중앙도서관	160p	회화류
滿洲語會話:支那語獨習	1938	西島良爾	大阪:송영관	대구가톨릭대학교	351p	회화류
模範滿支官話敎程: 敎授用備考書	미상	宮越健太郎, 杉武夫	東京:外語学院出版部	연세대학교 열운문고	209	회화류
無師速成目鮮滿洲語自通	1942	文世榮	경성:博文館	경상대학교	278p	회화류
			서울:博文館	건국대학교 상허기념도서관	278p	회화류

도서명	발행/필사연도	저자	출판사	소장도서관	형태사항	도서유형
無師速修滿洲語大王	1935	李春一	京城：新滿蒙社	국도관	4, 150, 16p	회화류
無師自習短期速成中國語四週間	1956	尹旿重 著；中國語研究會 編	서울：大東社	경북대학교	478p	회화류
				한남대학교	478p	회화류
無師自習短紀速成中國語四週間	1956	中國語研究會	서울：大東社	서울시립대학교 도서관	478p	회화류
無師自習中國語四週間	1956	尹旿重	서울：大東社	국도관	478p	회화류
無先生速修中國語自通	1934	永昌書館	京城：永昌書館	국도관	131p	회화류
朴通事 上	1959	慶北大學校大學院國語國文學研究室 [編].	대구：慶北大學校大學院國語國文學研究室	대구한의대학교	152p	회화류
普通支那語講義	미상	石山福治	正則支那語學會	연세대학교 열운문고	228p	회화류
北京官話常言用例	1905	小路眞平, 茂木一郎	東京：文求堂書店	연세대학교 열운문고	155p	회화류
		小路眞平, 茂本一郎	東京：文求堂書店	국도관	155p	회화류
北京官話俗諺集解	1925	鈴江萬太郎, 下永憲次	東京：大阪屋號	국도관	1책, 6149p	회화류
北京官話支那語大海	1941	文世榮	경성：永昌書館	경상대학교	313p	회화류
北京官話支那語大海一名滿洲語	1941	文世榮	경성：永昌書館	목원대학교	313p	회화류
北京官話支那語文法	1919	宮脇賢之介	大連：大阪屋號書店	국도관	122p	어법류
北京官話支那語學捷徑	1923	足立忠入郎	東京：金刺芳流堂	국도관	294p	회화류
	1944	足立忠八郎	東京：金刺芳流堂	전남대학교	294p	회화류
北京官話清國風俗會話篇	1906	馮世傑, 野村幸太郎	東京：青木嵩山堂	연세대학교 열운문고	56p	회화류
北京正音支那新字典	1906	岩村成允	東京：博文館	국도관	408p	사전류
四個星期中國語：中國語四週間	1955	宮島吉敏, 鐘ケ江信光 共著	東京：大學書林	대구가톨릭대학교	306p	회화류
三十日速成中國語自通	1953	東文社 編輯部	서울：東文社	국도관	104p	회화류
		東文社編輯部	서울：東文社	영산대학교	104p	회화류
三十一速成中國語自通：三十日速成	1954	東文社 編輯部 編	서울：東文社	경북대학교	104p	회화류
尙文堂支那語辭典：及支那歷代紀元對照表	1932	宮島吉敏, 矢野藤助	東京：尙文堂	국도관	756p	사전류

도서명	발행/필사연도	저자	출판사	소장도서관	형태사항	도서유형
商業會話編 第16卷	1943	文夢我	東京 : 文求堂	국도관	188p	회화류
詳註對譯中華國語讀本	1929	宮島吉敏, 하성삼	東京 : 太平洋書房	국도관	223p	독해류
生活與會話 : 趣味と生活の中國語會話學習書	1956	水世姮, 中山時子 編	東京 : 書籍文物流通會	계명대학교	144, 10p	회화류
速修滿洲語自通	1934	文世榮	京城 : 以文堂	서원대학교	474p	회화류
	1937	文世榮	서울 : 中國語研究會	영산대학교	474p	회화류
			京城 : 以文堂	충남대학교	474p	회화류
	1938	文世榮	서울 : 中國語研究會	건국대학교 상허기념도서관	474p	회화류
			京城 : 以文堂	국도관	474p	회화류
速修漢語自通全	1918	宋憲奭	京城 : 唯一書館 : 漢城書館	이화여자대학교 중앙도서관	142p	회화류
修正獨習漢語指南	1917	柳廷烈	京城 : 惟一書館	연세대학교 열운문고	317p	회화류
袖珍支那語速習	1933	宮越健太郎 著 ; 內之宮金城	東京 : 太陽堂書店	국도관	280p	회화류
受驗參考滿洲語問題の捉へ方	1935	外語學院出版部	東京 : 外語學院出版部	국도관	149p	기타
受驗參考滿洲語問題捉へ方再版	1937	外語學院出版部 編.	東京 : 外語學院出版部	고려대학교	149p	기타
新しい中國語敎本 2 : 文法·作文篇	1960/1966	伊地智善繼, 香坂順一, 大原信一, 太田辰夫, 鳥居久靖 共著	東京 : 光生館	고려대학교	95p	종합서
新しい中國語敎本 : 改訂增補基礎編	1960	伊地智善繼	東京 : 光生館	국도관	84p	종합서
新しい中國語敎本 : 文法·作文篇	1960	伊地智善繼	東京 : 光生館	국도관	95p	종합서
新式標點華語演說集	1928	村上信太郎, 陳德安	大連 : 滿書堂書店	국도관	172p	기타
新體華語階梯全	1928	宮脇賢之介	東京 : 大阪屋號書店	성균관대학교 중앙학술정보관	188, 85p	회화류
新編中國語敎本, 2卷	1949	尹永春	京城 : 同和出版社	연세대학교 열운문고	79p	회화류
新編中國語敎本, 卷1	1948	尹永春	京城 : 同和出版社	연세대학교 열운문고	80p	회화류
新編中國語敎本. 卷1	1948	尹永春	서울 : 同和出版社	고려대학교	80p	회화류

도서명	발행/ 필사연도	저자	출판사	소장도서관	형태 사항	도서 유형
新編中國語敎本. 卷3	1949	尹永春	서울 : 同和出版社	고려대학교	86p	회화류
新編中國語敎本. 卷三 /尹永春 著	1949	尹永春	서울 : 同和出版社	국도관	86p	회화류
新編中國語敎本.一卷	1952	尹永春	서울 : 鷄林社	단국대학교 천안캠	80p	회화류
實用官話滿洲語問答會話集	1935	金東淳 著述 ; 曲俊鄕 校閱	京城 : 實生活社	고려대학교	154p	회화류
實用中國語 1 : 發音と解釋	1957	中國語學研究會 編	東京 : 江南書院	영남대학교	189p	음운류
實用中國語 2 : 會話と手紙·挨拶	1957	中國語學研究會 編	東京 : 江南書院	영남대학교	154p	회화류
實用中國語,2 : 會話と手紙·挨拶	1957	中國語研究會 編	東京 : 江南書院	경북대학교	154p	회화류
實用中國語I : 發音と解釋	1957	中國語學研究會	東京 : 江南書院	국민대학교 성곡도서관	189p	음운류
實用中國語II : 會話と手紙·挨拶	1957	中國語學研究會 編	東京 : 江南書院	영남대학교	154p	회화류
實用中國語II會話と手紙· 挨拶	1957	中國語學研究會	東京 : 江南書院	국민대학교 성곡도서관	154p	회화류
實際的研究支那語の自修	1933	堀井仁	東京 : 大文館	경남대학교	26p	독해류
實際支那語會話獨習	1940	佐藤三郎治	大阪 : 巧人社	영산선학대학교	52p	회화류
實際支那語會話獨習 : 支那語辭典入	1938	佐藤三郎治	大阪 : 巧人社	충남대학교	52p	회화류
雙譯華日語法讀本	1941	王化, 魚返善雄	東京 : 三省堂	연세대학교 중앙도서관	165p	어법류
亞細亞言語集 上	1892	廣部精 日 編輯	日本木版本	국회도서관	1책	회화류
兒學編日語類解.漢語初步	1912	京都大學文學部 國語學國文學研究室	東京 : 京都大學國文學會	울산대학교	340p	회화류
	1956	京都大學文學部 國語學國文學研究室	東京 : 三星堂書店	강릉원주대학교	1책	회화류
兒學編日語類解·漢語初步	1912	京都大學文學部 國語學國文學研究室	東京 : 三省堂	단국대학교 천안캠	1冊	회화류
				단국대학교 율곡기념 중앙도서관천안	1冊 면수복잡	회화류
五個月速成中國語自通	1933	校閱者 : 宋憲奭	京城 : 德興書林	연세대학교 중앙도서관	164p	회화류
日本語中心六カ國語辭典 : 日.英.獨.佛.露.中國語	1958	ジヤパン. タイムズ社 編	東京 : 原書房	고려대학교	678p	사전류

도서명	발행/필사연도	저자	출판사	소장도서관	형태사항	도서유형
日用支那語: 羅馬字發音及假名附	1926	權寧世	東京 : 大阪屋號書店	서울대학교 중앙도서관 고문헌자료실	14, 216p	회화류
日支對譯支那語演說埃拶式辭集	1938	杉武夫	東京 : 外語學院出版部	국도관	330p	기타
日支對譯支那語演說挨拶式辭集	1941	杉武夫 編著	東京 : 外語学院	대구가톨릭대학교	330p	기타
自習完璧支那語集成	1921	宋憲奭	京城 : 德興書林	연세대학교 열운문고	371p	회화류
		宋憲奭	京城 : 德興書林	고려대학교	371p	회화류
傳氏華語教科書	1927	傳培蔭	大連 : 傳培蔭	국도관	81p	회화류
正しく覺えられる支那語入門	1929	江口良吉	東京 : 太陽堂書店	국도관	126p	회화류
注音中國語テキスト	1960	光生館編輯部	東京 : 光生館	경상대학교	94p	미분류
중국어 1,2	1956-1959	車柱環, 金正祿, 車相轅	서울 : 우종사	이화여자대학교 중앙도서관	1책	종합서
中國語 上	1951	盧東善, 權浩淵	서울 : 장문사	전남대학교	280p	회화류
中國語 第1輯	1940	金敬琢	京城 : 聚英庵	연세대학교 열운문고	39p	회화류
中國語 第2輯	1940	金敬琢	京城 : 聚英庵出版部	서원대학교	46p	회화류
中國語講座:初級篇	1956	朴魯胎	서울 : 一韓圖書	전남대학교	193p	회화류
			서울 : 韓圖出版社	충북대학교	193p	회화류
			서울 : 一韓圖書出版社	충남대학교	193p	회화류
中國語教科書:讀本篇	1955	宮越健太郎;內之宮金城 共著	東京 : 第三書房	건국대학교 상허기념도서관	83p	독해류
中國語教科書:作文篇	1953	宮越健太郎;杉武夫 共著	東京 : 第三書房	한국외국어대학교 서울캠퍼스 도서관	vii, 122p	작문류
中國語教科書:會話篇	1953	宮越健太郎;杉武夫 共著	東京 : 第三書房	국민대학교 성곡도서관	122p	회화류
	1954	宮越健太郎;杉武夫 共著	東京 : 第三書房	국민대학교 성곡도서관	144,25p	회화류
				한국외국어대학교 서울캠퍼스 도서관	iii, 168p	회화류
	1955	宮越健太郎; 內之宮金城 共著	東京 : 第三書房	홍익대학교 중앙도서관	144, 24p	회화류
	1958	宮越健太郎;杉武夫	東京 : 第三書房	국도관	24p	회화류
中國語基礎讀本	1948	金泰明	서울 : 大潮出版文化社	국도관	96p	독해류

도서명	발행/ 필사연도	저자	출판사	소장도서관	형태 사항	도서 유형
中國語解釋 : 中國語敎材	1957	李元植	서울 : 同學社	건국대학교 상허기념도서관	186p	종합서
				성균관대학교 중앙학술정보관	186p	종합서
		李元植	서울 : 同學社	고려대학교	186p	종합서
中國語解釋 : 中國語敎材	1957	李元植	서울 : 同學社	충남대학교	186p	종합서
		李元植	서울 : 同學社	영남대학교	176p	종합서
	1960	李元植	서울 : 同學社	영남대학교	186p	종합서
中國歷代國語文中國歷代口 語文을 잘못 표기한 듯	1957	太田辰夫	東京 : 江南書院	성균관대학교 중앙학술정보관	155p	회화류
中日對譯支那語文法綱要	1942	陳彦博 著 ; 菱川八郎	東京 : 大阪屋號書店	국도관	268p	어법류
增補華語跬步	1908	御幡雅文	東京 : 文求堂	국도관	352p	회화류
	1920	御幡雅文	東京 : 文求堂	국도관	352p	회화류
支那語敎程 卷1	1941	陸軍豫科士官學校	東京 : 陸軍豫科士官學校	국도관	86p	회화류
支那語大海 : 北京官話	1938	姜義永	京城 : 永昌書館	성균관대학교 중앙학술정보관	313p	회화류
支那語滿州語講座 : 基礎及會話文法篇	1940	陳清金, 宗內鴻	大阪 : 巧人社書店	건국대학교 상허기념도서관	297p	종합서
支那語新敎科書 上,下卷	1939	土屋明治, 鮑啓彰	東京 : 弘道館	서울대학교 중앙도서관 고문헌자료실	2v.	회화류
支那語作文敎科書 前編	1939	長谷川正直	東京 : 文求堂	서울대학교 학과 및 연구소 중어중문학과	2, 4, 133p	작문류
支那語會話 上編	1938	土屋申一	京城 : 日滿語學會	국회도서관	28p	회화류
初めて學ふ人の支那語独習 より会話迄	1937	支那語普及會	大阪 : 博潮社書店	부산대학교	26p	회화류
初級漢語課本下冊	?	初級漢語編委會	?	덕성여자대학교 도서관	135p	회화류
初等支那語敎科書敎授必携	1938	宮原民平, 土屋明治	東京 : 東京開成館	연세대학교 열운문고	113p	회화류
初等支那語作文講義	1940	加藤克巳 ; 韓恒久	東京 : 積善館	부산대학교	230p	작문류
初步부터會話까지中國語 첫걸음	1958	尹旿重	서울 : 大東社	국도관	478p	회화류
			서울 : 大東社	경상대학교	478p	회화류

도서명	발행/ 필사연도	저자	출판사	소장도서관	형태 사항	도서 유형
		中國語研究會	서울：大東社	건국대학교 상허기념도서관	478p	회화류
初步北京官話	1941	木全德太郎	東京：文求堂書店	부산대학교	273p	회화류
最新中國語教科書 第1卷： 初級用	1955	宇鍾社	서울：宇鍾社	국도관	136p	회화류
最新支那語講座 上,下卷	1932	宮島吉敏	東京：大學書林	국도관	2책	종합서
最新支那語講座 第1卷： 會話篇	1929	杉武夫	東京：文求堂書店	국도관	2책	회화류
最新支那語講座 第2卷： 會話篇	1929	杉武夫	東京：文求堂書店	국도관	254p	회화류
最新支那語講座 第3卷： 文法篇	1929	杉武夫	東京：文求堂書店	국도관	314p	어법류
最新支那語講座 第4卷： 文法篇；作文篇	1929	杉武夫	東京：文求堂書店	국도관	155p	어법/ 작문류
最新支那語講座 第5卷： 作文篇；時文篇	1934	杉武夫	東京：文求堂書店	국도관	146p	작문독 해류
最新支那語講座 第6卷： 時文篇；文學篇	1930	杉武夫	東京：文求堂書店	국도관	123p	독해류
最新支那教科書	1934	宮越健太郎, 杉武夫	東京：外語學院出版部	전남대학교	144p	회화류
最新支那語教科書：讀本篇	1936	宮越健太郎, 內之宮金城	東京：外語學院出版部	연세대학교 열운문고	83p	독해류
	1937	宮越健太郎, 內之宮金城 共著	東京：外語學院出版部	영남대학교	3册	독해류
最新支那語教科書： 時文篇, 會話篇	1939/1 941	宮越健太郎, 清水元助,杉武夫 共著	東京：外語學院出版部	단국대학교 천안캠	2册	독해 회화류
最新支那語教科書：作文篇	1939	宮越健太郎, 杉武夫 共著	東京：外語學院出版部	영남대학교	122p	작문류
最新支那語教科書：會話篇	1934	宮越健太郎, 杉武夫	東京：外語學院出版部	연세대학교 열운문고	24p	회화류
		宮越健太郎, 杉武夫 共著	東京：外語學院出版部	영남대학교	24p	회화류
最新支那語教科書 1： 作文篇	1933	宮越健太郎, 杉武夫 共著	東京：外語學院	고려대학교	122p	작문류
最新支那語教科書 2： 會話篇昭和12年度改訂版	1937	宮越健太郎, 杉武夫 共著	東京：外語學院出版部	고려대학교	24p	회화류
最新支那語教科書 上卷： 讀本篇	1936	宮越健太郎, 內之宮金城 共著	東京：外語學院出版部	고려대학교	83p	독해류

도서명	발행/ 필사연도	저자	출판사	소장도서관	형태 사항	도서 유형
	1937	宮越健太郎, 内之宮金城 共著	東京：外語學院出版部	고려대학교	130p	독해류
最新支那語教科書 上卷： 讀本篇改政版	1938	宮越健太郎, 内之宮金城 共著	東京：外語學院出版部	고려대학교	83p	독해류
最新支那語教科書 中卷： 讀本篇	1938	宮越健太郎, 内之宮金城 共著	東京：外語學院出版部	고려대학교	101p	독해류
最新支那語教科書： 慣用語句應用篇	1935	宮越健太郎	東京：外語学院出版部	연세대학교 열운문고	107p	회화류
最新支那語教科書：時文編	1934	宮越建太郎, 清水元助	東京：外語學院出版部	연세대학교 열운문고	131p	기타
最新支那語教科書：風俗篇	1935	宮越健太郎, 井上義澄	東京：外語學院出版部	연세대학교 열운문고	127p	기타
			東京：外語學院出版部	연세대학교 열운문고	127p	기타
最新支那語教科書作文篇： 教授用備考	1933	宮越健太郎	東京：文求堂	연세대학교 열운문고	39p	작문류
最新支那語教科書會話篇： 教授用備考	1935	宮越健太郎	東京：外語学院出版部	연세대학교 열운문고	123p	회화류
最新支那語學研究法	1919	石川福治	東京：文求堂書店	경상대학교	1책	기타
最新華語教科書 1	1941	李相殷	경성：東光堂書店	영남대학교	71, 9, p	회화류
最新華語教科書 2	1941	李相殷	경성：東光堂書店	영남대학교	64, 15 p	회화류
最新華語教科書 下卷	1941	李相殷	京城：東光堂	고려대학교	64, 15 p	회화류
標準商業支那語教科書	1939	青柳篤恒, 吳主憲 共著	東京：松邑三松堂	고려대학교	128p	회화류
		青柳篤恒, 吳主惠 共著	東京：松邑三松堂	한국교원대학교	128p	회화류
標準支那語講座 上	1932	宮島吉敏	東京：大學書林	상명대학교 중앙도서관	391p	종합서
標準支那語講座 下卷	1932	宮島吉敏 編	東京：大學書林	고려대학교	344p	종합서
標準支那語講座 下券	1938	宮島吉敏	東京：大學書林	서울대학교 중앙도서관 고문헌자료실	344p	종합서
標準支那語教本：初級編	1939	鈴木擇郎	東京：東亞同文書院 支那研究部	연세대학교 열운문고	115p	회화류
標準支那語讀本 上	1934	奧平定世	東京：向文堂	연세대학교 중앙도서관	120p	미분류
標準支那語讀本 中卷	1934	奧平定世	東京：向文堂	연세대학교 중앙도서관	120p	미분류
標準支那語讀本 下卷	1934	奧平定世	東京：向文堂	연세대학교 중앙도서관	118p	미분류
標準支那語會話教科書,1： 基礎篇	1941	藤木敦實, 麻喜正吾 共著	東京：光生館	영남대학교	108p	회화류

도서명	발행/필사연도	저자	출판사	소장도서관	형태사항	도서유형
標準支那語會話敎科書,1:基礎編	1941	藤木敦實, 麻喜正吾	東京:光生館	전남대학교	108p	회화류
標準支那語會話敎科書,下卷:應用篇御敎授用參考書	1940	藤木敦實, 麻喜正吾 共著	東京:光生館	고려대학교	45p	회화류
標準支那語會話初級篇	1939	松枝茂夫	東京:右文書院	연세대학교 열운문고	62, 22p	회화류
標準華語敎本	1944	華北交通株式會社	北京:華北交通株式會社	부산대학교	142p	회화류
漢語用文作文自在/上	1876	志貴瑞芳	大阪:출판사불명	서원대학교	48p	작문류
漢語用文作文自在/下	1876	志貴瑞芳	大阪:출판사불명	서원대학교	42p	작문류
現代実用支那講座 第1卷:會話編	1936	內之宮金城	東京:文求堂	국도관	267p	회화류
現代実用支那講座 第2卷:會話編	1936	土屋明治	東京:文求堂	국도관	299p	회화류
現代実用支那講座 第3卷:會話編	1936	土屋申一	東京:文求堂	국도관	262p	회화류
現代實用支那語講座 1:基本篇	1936	神谷衡平, 有馬健之助 共編	東京:文求堂	고려대학교	252, 28p	종합서
現代實用支那語講座 4:會話篇	1936	土屋申一	東京:文求堂	연세대학교 중앙도서관	262p	종합서
現代實用支那語講座 7:時文篇	1936	井上翠	東京:文求堂	연세대학교 중앙도서관	254p	종합서
現代實用支那語講座 8:尺牘篇	1936	諸岡三郎	東京:文求堂	연세대학교 중앙도서관	302p	종합서
現代實用支那語講座 第15卷 讀本編	1942	岩井武男	東京:文求堂	국도관	193p	종합서
現代實用支那語講座 第1卷 基本篇	1936	神谷衡平, 有馬健之助	東京:文求堂	국도관	380p	종합서
現代實用支那語講座 第7卷 時文篇	1936	井上翠	東京:文求堂	국도관	254p	종합서
現代實用支那語講座 第6卷 作文編	1937	清水元助;有馬建之助	東京:文求堂	국도관	272p	종합서
華語跬步增補12版	1917	御幡雅文	東京:文求堂	단국대학교 천안캠	352p	회화류
華語文法硏究 An Elementary Grammar of Chinese Language	1941	吳主憲	早稻:文求堂書店	영산선학대학교	186p	어법류

2. 도서유형 순

도서유형	발행/필사연도	저자	도서명	출판사	소장도서관	형태사항
기타	1904	靑島巴陵會 公訂	官話豔虛崇正論	上海:德國敎士安保羅藏板	고려대학교	120p
	1905	吳泰壽 著	官話指南總譯	東京:文求堂	고려대학교	264p
	1906	吳泰壽	官話指南總譯	東京:文求堂書店	국도관	264p
	1911	吳泰壽	官話指南總譯	東京:文求堂書局	단국대학교 천안캠	264p
	1919	石川福治	最新支那語學研究法	東京: 文求堂書店	경상대학교	1책
	1926	金堂文雄	白話體支那語の手紙	上海:至誠堂	부산대학교	399p
	1927	福島正明	註釋關東廳滿鐵支那語奬勵試驗問題集	大連:大阪屋號書店	국도관	410p
	1928	村上信太郎, 陳德安	新式標點華語演說集	大連:滿書堂書店	국도관	172p
	1930	渡部薰太郎 編輯	滿洲語綴字全書	大阪:大阪東洋學會	단국대학교 천안캠	1冊
					단국대학교 퇴계기념 중앙도서관죽전	1冊
	1932	吳泰壽 譯	官話指南總譯	東京:文求堂書店	경북대학교	264p
	1934	宮越建太郎, 淸水元助	最新支那語敎科書:時文編	東京:外語學院出版部	연세대학교 열운문고	131p
	1935	岡井愼吾	國語科學講座.4,8:國語學B:漢語と國語	東京:明治書院	고려대학교	1冊
		外語學院出版部	受驗參考滿洲語問題の捉へ方	東京:外語學院出版部	국도관	149p
		宮越健太郎, 井上義澄	最新支那語敎科書:風俗篇	東京:外語學院出版部	연세대학교 열운문고	127p
				東京:外語學院出版部	연세대학교 열운문고	127p
	1937	外語學院出版部 編	受驗參考滿洲語問題捉へ方再版	東京:外語學院出版部	고려대학교	149p
	1938	杉武夫	日支對譯支那語演說埃拶式辭集	東京:外語學院出版部	국도관	330p
	1939	木全德太郎	官話指南精解	東京:文求堂	국도관	384p
	1941	杉武夫 編著	日支對譯支那語演說挨拶式辭集	東京:外語学院	대구가톨릭대학교	330p
	1943	加賀谷林之助	日常支那語圖解	東京:東京開成館	연세대학교 중앙도서관	246p
				東京:東京開城館	국도관	246p

기타 요약

도서 유형	발행/ 필사연도	저자	도서명	출판사	소장도서관	형태 사항
독해류	1929	宮島吉敏, 하성삼	詳註對譯中華國語讀本	東京 : 太平洋書房	국도관	223p
	1930	杉武夫	最新支那語講座 第6卷 : 時文篇 ; 文學篇	東京 : 文求堂書店	국도관	123p
	1931	神曲衡平 ; 淸水元助	高級中華通用門讀本	東京 : 文求堂	국도관	1책
	1933	堀井仁	實際的研究支那語の自修	東京 : 大文館	경남대학교	26p
	1936	宮越健太郎, 內之宮金城 共著	最新支那語教科書 上卷 : 讀本篇	東京 : 外語學院出版部	고려대학교	83p
	1937	宮越健太郎, 內之宮金城	最新支那語教科書 : 讀本篇	東京 : 外語學院出版部	연세대학교 열운문고	83p
		宮越健太郎, 內之宮金城 共著	最新支那語教科書 : 讀本篇	東京 : 外語學院出版部	영남대학교	3冊
		宮越健太郎, 內之宮金城 共著	最新支那語教科書 上卷 : 讀本篇	東京 : 外語學院出版部	고려대학교	130p
	1938	宮越健太郎, 內之宮金城 共著	最新支那語教科書 上卷 : 讀本篇改政版	東京 : 外語學院出版部	고려대학교	83p
			最新支那語教科書 中卷 : 讀本篇	東京 : 外語學院出版部	고려대학교	101p
	1940	吉野美彌雄	支那語讀本A	東京 : 博多成象堂	연세대학교 열운문고	88p
	1942	倉石武四郎	支那語讀本.1卷	東京 : 弘文堂書房	국도관	130p
	1944	小原一雄	支那語讀本	大連 : 등進社	건국대학교 상허기념도서관	142p
	1948	金泰明	中國語基礎讀本	서울 : 大潮出版文化社	국도관	96p
	1955	宮越健太郎 ; 內之宮金城 共著	中國語教科書 : 讀本篇	東京 : 第三書房	건국대학교 상허기념도서관	83p
	1956	車相轍, 金正祿, 車柱環	高等學校外國語科中國語 讀本.第一-三學年用/ 車相轍	서울 : 宇鐘社	국도관	123, 102, 99p
	1.9E+ 07	倉石武四郎	支那語讀本. 卷1,2	東京 : 弘文堂書房	국도관	2책
	1938- 1940	倉石武四郎	支那語讀本	東京 : 弘文堂書房	경북대학교	2v
	1938- 1940	倉石武四郎	支那語讀本.卷1-2	東京 : 弘文堂書房	서울대학교 중앙도서관 고문헌자료실	2v
독해류 요약						

도서 유형	발행/ 필사연도	저자	도서명	출판사	소장도서관	형태 사항
사전류	1906	岩村成允	北京正音支那新字典	東京 : 博文館	국도관	408p
		井上翠	日華語學辭林	東京 : 東亞公司	연세대학교 열운문고	619p
	1914	石山福治	支那語大辭彙	東京 : 文求堂	연세대학교 중앙도서관	924p
	1915	濱野知三郎 輯著	新譯漢和大辭典	東京 : 六合館	경북대학교	84p
	1919	石山福治	支那語大辭典	東京 : 文求堂	부경대학교	63p
			支那語大辭彙 : 及補遺	東京 : 文求堂書店	국도관	956p
	1924	石山福治	支那語大辭彙	東京 : s.n.	서울대학교 중앙도서관 고문헌자료실	1v.
	1925	石山福治	支那語辭彙	東京 : s.n.	서울대학교 중앙도서관 고문헌자료실	1v.
				東京 : 文求堂	영남대학교	8, 318, 8p
	1926	飯河道雄	ポケット形日本語から支那 語の字引	大連 : 大阪屋號	국도관	589p
		佐藤留雄	標準支那語辭典	東京 : 同文社書房	국도관	373p
		佐藤留雄	標準支那語辭典	大阪 : 同文社書房	고려대학교	373p
	1928	井上翠	井上支那語辭典	東京 : 文求堂	국도관	1740p
	1929	井上翠	井上支那語辭典	東京 : 文求堂	국도관	1754p
		井上翠 編著	井上支那語辭典	東京 : 文求堂	서울대학교 중앙도서관 고문헌자료실	1643p
	1932	宮島吉敏, 矢野藤助 共著	ポケット支那語辭典	東京 : 尙文堂	충남대학교	748p
			支那語辭典	東京 : 尙文堂	대구가톨릭대학교	748p
		宮島吉敏, 矢野藤助 共著	支那語辭典	東京 : 尙文堂	고려대학교	748p
					서울대학교 중앙도서관 고문헌자료실	748p
		石山福治	支那語辭彙	東京 : 文夫堂	고려대학교	8, 318, 8p
		宮島吉敏, 矢野藤助 共著	Shobundo'sPocketChinese Japanesedictionary	東京 : 尙文堂	고려대대학교 세종캠	71p
					고려대학교	71p
		宮島吉敏, 矢野藤助	尙文堂支那語辭典 : 及支那歷代紀元對照表	東京 : 尙文堂	국도관	756p

도서 유형	발행/ 필사연도	저자	도서명	출판사	소장도서관	형태 사항
	1933	權寧世	華語大辭典	東京：大阪屋號書店	국도관	587p
			華語發音辭典：及附錄	東京：大阪屋號書店	국도관	160p
		石山福治	新支那大辭典	東京：文求堂書店	연세대학교 열운문고	1746?
			日支大辭彙	東京：文求堂	연세대학교 열운문고	154p
	1934	井上翠	支那語辭典	東京：文求堂	연세대학교 열운문고	1643p
		石山福治	支那語大辭典	東京：第一書房	목포대학교	1746p
			最新支那語大辭典	東京：第一書房	부산대학교	1책
	1935	石山福治 編著	最新支那語大辭典	東京：第一書房	서울대학교 중앙도서관 고문헌자료실	1746p
		井上翠	井上ポケット支那語辭典	東京：文求堂	충남대학교	754p
		竹田復	支那語新辭典	[발행지불명]：博文館	단국대학교 천안캠	852p
		羽田亨 編	滿和辭典	京都：京都帝國大學 滿蒙調査會	숭실대학교 중앙도서관	viii, 478p
	1937	李命七	滿音華音新字典	서울：三文堂	한국해양대학교	704p
		藤木敦實, 麻喜正吾	綜合支那語發音字典	東京：外語學院出版部	성균관대학교 중앙학술정보관	面數 複雜
		藤木敦實, 麻喜正吾	支那語發音字典	東京：外國語學院	충남대학교	178p
	1938	石山福治 編著	最新支那語大辭典	東京：第一書房	명지대학교 자연도서관	[64], 1746,20p
					서울대학교 중앙도서관 고문헌자료실	[64], 1746,20p
		井上翠	井上ポケット支那語辭典	東京：文求堂	단국대학교 천안캠	803p
		井上翠 編著	井上ポケット支那語辭典	東京：文求堂	단국대학교 동양학 도서실	803p
		佐藤留雄	支那時文大字彙	東京：同文社	삼육대학교 중앙도서관	1067p
	1939	井上翠	井上ポケット支那語辭典	東京：文夫堂	고려대학교	754p
			井上支那語辭典	東京：文求堂	부경대학교	1643, 98p
		井上翠	井上ポケット支那語辭典	東京：文求堂	충북대학교	754p
		井上翠 編著	井上ポケット支那語辭典	東京：文求堂	서울대학교 중앙도서관 고문헌자료실	754, 46, 3, 3p

도서 유형	발행/ 필사연도	저자	도서명	출판사	소장도서관	형태 사항
	1940	石山福治	最新支那語大辭典	東京：第一書房	연세대학교 중앙도서관	51, 1746, [46]p
		石山福治 編著	最新支那語大辭典	東京：第一書房	성균관대학교 중앙학술정보관	1746p
		井上翠	井上ポケット支那語辭典	東京：文求堂	경성대학교	754p
	1941	木全德太郎 編	初步官話字彙	東京：文求堂	충남대학교	611p
		上田萬年 等編	大字典.1941.華語增補版	東京：啓哉社	단국대학교 천안캠	2812p
					단국대학교 퇴계기념 중앙도서관죽전	2812p
		田中淸之助	華語辭典	大坂：大坂尾號書房	경북대학교	652p
		井上翠	井上ポケット支那語辭典	東京：文求堂	연세대학교 열운문고	754p
		竹田復	支那語新辭典	東京：博文館	연세대학교 열운문고	1책
					충남대학교	1冊 852p
					고려대학교	1冊 面數 複雜
	1942	井上翠	井上ポケット支那語辭典	東京：文求堂	계명대학교	754p
					대구가톨릭대학교	754p
		井上翠 編著	井上支那語辭典	東京：文求堂	한국외국어대학교 서울캠퍼스 도서관	1643, 98p
		香坂順一	新編支那語發音辭典	東京：タイムス出版社	국도관	284p
				東京：タイムス出版社	중앙대학교 서울캠퍼스 중앙도서관	314p
	1943	石山福治	最新支那語大辭典	東京：第一書房	부산대학교	1801p
					전남대학교	1746, 20, 25p
		石山福治	支那語大辭典	東京：第一書房	경북대학교	1746p
		石山福治 編	最新支那語大辭典	東京：第一書房	충남대학교	1746p
		石山福治 編著	最新支那語大辭典	東京：第一書房	명지대학교 인문도서관	1746p
					수원대학교 도서관	1책

도서 유형	발행/ 필사연도	저자	도서명	출판사	소장도서관	형태 사항
		井上翠	井上ポケット支那語辭典	東京 : 文求堂	한국해양대학교	754,40, 3p
	1954	井上翠	井上中國語新辭典	東京 : 江南書院	연세대학교 중앙도서관	63p
					한국외국어대학교 서울캠퍼스 도서관	1174p
			中國語新辭典	東京 : 江南書院	국민대학교 성곡도서관	1111,64 p
		井上翠	中國語新辭典	東京 : 江南書院	고려대학교	1111p
	1955	大阪外國語大學 中國語學研究室	中國常用字典	東京 : 江南書院	성균관대학교 중앙학술정보관	141p
	1956	大阪市立大學 中國語學研究室	中國發音小字典	東京 : 江南書院	성균관대학교 중앙학술정보관	222p
		大阪市立大學中國語學 研究室	中國發音小字典	東京 : 江南書院	국민대학교 성곡도서관	222p
			中國常用字典	東京 : 江南書院	국민대학교 성곡도서관	141p
		閔泳珪, 延禧大學校出版部	韓漢淸文鑑	서울 : 延禧大學校出版部	목원대학교	471p
		鈴木直治, 望月八十吉, 山岸共 共著	中國語常用虛詞辭典	東京 : 江南書院	성균관대학교 중앙학술정보관	160p
		鈴木直治, 望月八十吉, 山岸共 共著	中國語常用虛詞辭典	東京 : 江南書院	한국외국어대학교 서울캠퍼스 도서관	160p
	1957	宮島吉敏；失野藤助 共著	中國語辭典	東京 : 酒井書店	한양대학교 백남학술정보관	75, 1007p
		中國語學研究會	中國語學事典	東京 : 江南書院	국민대학교 성곡도서관	1129p
					한국외국어대학교 서울캠퍼스 도서관	6冊
	1958	ジヤパン. タイムズ社 編	日本語中心六カ國語辭典 : 日.英.獨.佛.露.中國語	東京 : 原書房	고려대학교	678p
		宮島吉敏；失野藤助 共著	中國語辭典	東京 : 酒井書店	동국대학교 경주캠퍼스 도서관	1책
		井上翠	井上中國語新辭典	東京 : 江南書院	성균관대학교 중앙학술정보관	1111p
		中國語學研究會	中國語學事典	東京 : 江南書院	성균관대학교 중앙학술정보관	1129p

도서 유형	발행/ 필사연도	저자	도서명	출판사	소장도서관	형태 사항
					전남대학교	1128p
					한국외국어대학교 서울캠퍼스 도서관	xxiii, 1129p
			中国語学事典	東京:江南書院	성균관대학교 중앙학술정보관	1129p
		中国語学研究会	中国語学事典	東京:江南書院	연세대학교 중앙도서관	1129p
		中國語學研究會 編	中國語學事典	東京:江京書院	고려대학교	1129p
		宮島吉敏;矢野藤助 [共著]	中國語辭典	東京:酒井書店	동국대학교경주	1책
	1959	Japan Times 편집국	日英華語辭典	東京:原書房	국민대학교 성곡도서관	356p
			日英華語辭典:英語索引付	東京:原書房	단국대학교 퇴계기념 중앙도서관죽전	356p
		Japan Times (ジャパン・タイムズ社)	日英華語辭典:英語索引付	東京:原書房	단국대학교 천안캠	356p
	1960	宮島吉敏;矢野藤助	中國語辭典	東京:酒井書店	전남대학교	1007p
		宮島吉敏;矢野藤助 共著	中國語辭典	東京:酒井書店	성균관대학교 중앙학술정보관	1007p
		鍾ケ江信光	中國語辭典	東京:大學書林	건국대학교 상허기념도서관	1157p
					경희대학교 중앙도서관	1157p
					국도관	1157p
					서울대학교 사범대교육정보도서관 단행본서가	viii, 1157p
					한국외국어대학교 서울캠퍼스 도서관	viii, 1155p viii, 1157p
					단국대학교 퇴계기념 중앙도서관죽전	viii, 1157p
		鐘ケ江信光	中國語辭典	東京:大學書林	성균관대학교 중앙학술정보관	1157p
					연세대학교 중앙도서관	1157p
					전남대학교	1157p

도서 유형	발행/ 필사연도	저자	도서명	출판사	소장도서관	형태 사항
					조선대학교	1157p
					한양대학교 백남학술정보관	viii, 1157p
		鍾ケ江信光	中國語辭典	東京 : 大學書林	단국대학교 천안캠	1157p
			中國語辭典 : 大學書林	東京 : 大學書林	영남대학교	1157p
	1969	山本謙吾	滿洲語口語基礎語彙集	東京 : 東京外國語大學	연세대학교 중앙도서관	234p
	1917 추정	張志暎	漢語字彙	필사본	연세대학교 열운문고	1책
	1935/ 1940	石山福治 編著	最新支那語大辭典	東京 : 第一書房	고려대학교	1746, 26, 20p
	미상	張志暎	中國語字典	필사본	연세대학교 열운문고	2책

사전류 요약

| 어법/
작문류 | 1929 | 杉武夫 | 最新支那語講座 第4卷 :
文法篇 ; 作文篇 | 東京 : 文求堂書店 | 국도관 | 155p |

어법/작문류 요약

	1877	張儒珍 ; 高第丕	支那文典卷上,下	東京日本 : 小林新兵衛	서울대학교 중앙도서관 고문헌자료실	?
	1905	張廷彦	支那語動字用法	東京 : 文求堂	연세대학교 열운문고	137p
				東京 : 文求堂書店	국도관	137p
	1907	青柳篤恒	支那語助辭用法	東京 : 文求堂	연세대학교 열운문고	157p
				東京 : 文求堂書店	국도관	151p
	1908	後藤朝太郎	現代支那語學	東京 : 博文館	연세대학교 열운문고	286p
		後藤朝太郎 著	現代支那語學	東京 : 博文館	고려대학교	286p
어법류	1912	宮錦舒	支那語文典	東京 : 文求堂	건국대학교 상허기념도서관	270p
	1917	皆川秀孝	支那語動詞形容詞用法	東京 : s.n.	서울대학교 중앙도서관 고문헌자료실	1v.
	1919	宮脇賢之介	北京官話支那語文法	大連 : 大阪屋號書店	국도관	122p
	1920	皆川秀孝	支那語動詞形容詞用法	東京 : 文求堂書店	서울대학교 학과 및 연구소 중어중문학과	1v.variou spagings
	1926	張廷彦	支那語動字用法	東京 : s.n.	서울대학교 중앙도서관 고문헌자료실	1册

도서 유형	발행/ 필사연도	저자	도서명	출판사	소장도서관	형태 사항
		張廷彦 ; 田中慶太郎 譯	支那語動字用法	東京 : 文求堂書店	성균관대학교 중앙학술정보관	2, 123, 10p
	1928	何盛三	北京官話文法	東京 : 太平洋書房	국도관	1책
				東京 : 太平洋書房	서울대학교 중앙도서관 고문헌자료실	2, 6, 2, 9, 360p
	1929	杉武夫	最新支那語講座 第3卷 : 文法篇	東京 : 文求堂書店	국도관	314p
		靑柳篤恒	支那語助辭用法	東京 : s.n.	서울대학교 중앙도서관 고문헌자료실	1v.
	1931	櫻井德兵衛, 십原八二三 共著	華語文法教程	大版 : 同文社	단국대학교 동양학 도서실	54, 12p
					단국대학교 천안캠	54, 12p
	1933	ザイデル 著 ; 奧平定世	ザイデル簡易支那語文典	東京 : 尙文堂	국도관	150p
	1935	何盛三	北京官話文法	東京 : 東學社 東京 : 東學社	충북대학교	360p
					서울대학교 학과 및 연구소 중어중문학과	360p
	1936	吳主惠	華語文法研究	東京 : 文求堂書店	국도관	195p
		【ア】麼徒	滿洲國語文法 : 現代支那語-北京官話	東京 : 東學社	부산대학교	403p
	1938	吳主憲	華語文法研究 : 會話應用發音添府	東京 : 文求堂書店	부산대학교	196p
		完內鴻	華語要訣	東京 : 三省堂	국도관	213p
		宗內鴻	華語要缺	東京 : 三省堂	서울대학교 중앙도서관 고문헌자료실	213p
			華語要訣	東京 : 三省堂	연세대학교 중앙도서관	213p
		宗內鴻	華語要訣	東京 : 三省堂	고려대학교	213
		倉石武四郎	支那語語法篇	東京 : 弘文堂書房	국도관	112p
	1939	Denzel Carr 著 ; 魚返善雄 譯	現代支那語科學	東京 : 文求堂書店	명지대학교 인문도서관	134p
		ザイデル 著 ; 奧平定世 譯註	ザイデル簡易支那語文典	東京 : 三修社	국도관	150p
		吳主惠	華語文法研究	東京 : 文求堂	서울대학교 중앙도서관 고문헌자료실	195, 196p

도서 유형	발행/ 필사연도	저자	도서명	출판사	소장도서관	형태 사항
		倉石武四郎	支那語法入門	東京 : s.n.	서울대학교 중앙도서관 고문헌자료실	108p
		倉石武四郎	支那語法入門	東京 : 弘文堂書房	고려대학교	108p
		Denzel Carr 著 (デンツエル, カ)	現代支那語科學	東京 : 文求堂書店	국도관	134p
	1940	外語學院出版部	支那語文法研究號	東京 : s.n.	서울대학교 중앙도서관 고문헌자료실	90p
		倉石武四郎	支那語法入門	東京 : 弘文堂書房	영산선학대학교	108p
			支那語語法篇	東京 : s.n.	서울대학교 중앙도서관 고문헌자료실	112p
	1941	宮越健太郎	華語文法提要	東京 : 外語學院出版部	연세대학교 중앙도서관	130, 30p
			華語文法提要 : 及附錄	東京 : 外語學院出版部	국도관	151p
		吳主憲	華語文法研究 An Elementary Grammar of Chinese Language	早稻 : 文求堂書店	영산선학대학교	186p
		吳主憲	華語文法研究	東京 : 文求堂	한양대학교 백남학술정보관	5, 196, 10p
		王化, 魚返善雄	雙譯華日語法讀本	東京 : 三省堂	연세대학교 중앙도서관	165p
		李穎塵	實用中國語文法	東京 : 文求堂	충남대학교	432p
		宗内鴻	華語要訣	東京 : 三省堂	한양대학교 백남학술정보관	4, 16, 213p
		倉石武四郎	支那語教育の理論と實際	東京 : 岩波書店	국도관	1책
					전남대학교	300p
					충남대학교	260p
		倉石武四郎	支那語教育の理論と實際	東京 : 岩波書店	고려대학교	260p
					영남대학교	260p
		香坂順一	黎錦熙氏・周有光氏の著書 を基とせる支那語文法詳解	東京 : タイムス出版社	서울대학교 중앙도서관 고문헌자료실	247p
			支那語文法詳解	東京 : タイムス出版社	국도관	247p
					영산선학대학교	247p
			支那語文法詳解 : 黎錦熙氏, 周有光氏の著書 を基とせる	東京 : タイムス出版社	충남대학교	247p

도서 유형	발행/ 필사연도	저자	도서명	출판사	소장도서관	형태 사항
		Denzel Carr 著 (デンツエル. カ- 著); 魚返善雄 譯	現代支那語科學	東京：文求堂	영남대학교	134p
	1942	高木宣	支那語學入門	東京：興文社	국도관	205p
		陳彦博 著；菱川八郎	中日對譯支那語文法綱要	東京：大阪屋號書店	국도관	268p
		黎錦熙 原著； 大阪外國語學校大陸語學 研究所 譯	黎氏支那語文法	大阪：甲文堂	서울대학교 중앙도서관 고문헌자료실	400p
		黎錦熙	黎氏支那語文法	大阪：甲文堂書店	국도관	414p
		永持德一	趣味の支那語	東京：泰山房	국도관	1책
	1943	熊野正平	現代支那語法入門	東京：三省堂	단국대학교 천안캠	145p
		熊野正平 著	現代支那語法入門	東京：三省堂	단국대학교 율곡기념 중앙도서관천안	145p
		有馬健之助	新聞支那語の研究	東京：外語學院出版部	서울대학교 중앙도서관 고문헌자료실	335, 10p
		黎錦洪；大阪 外國語學校 大陸語學研究所 譯	黎氏支那語文法	大阪：甲文堂	고려대학교	414p
	1944	李顯塵	實用中國語文法	東京：文求堂	단국대학교 천안캠	538p
					충남대학교	538p
		李顯塵 等著	實用中國語文法	東京：文求堂	단국대학교 퇴계기념 중앙도서관죽전	538p
					국도관	538p
	1949	大阪外國語大學 中國研究會 編	中國語表現文型	大阪：大阪外國語大學 中國研究會	고려대학교	105p
	1952	さねとうけいしゅう	現代中國語入門	東京：三一書房	고려대학교	316p
	1954	呂叔湘 著；大原信一, 伊地智善繼 共譯	中國語法學習	東京：江南書院	영남대학교	200p
	1955	藤堂明保	中國語語源漫筆	東京：大學書林	고려대학교	148p
					동국대학교 중앙도서관	148p
	1956	古屋二夫	簡明中國語解析	東京：江南書院	성균관대학교 중앙학술정보관	3冊
		大原信一, 伊地智善經 共著	中國語法現文型	東京：江南書院	성균관대학교 중앙학술정보관	201p

도서 유형	발행/ 필사연도	저자	도서명	출판사	소장도서관	형태 사항
		大塚恒雄	中國語文法入門	東京：邦光書房	한국외국어대학교 서울캠퍼스 도서관	297p
		呂叔湘；大原信一, 伊地智善經 共譯	中國語法學習	東京：江南書院	성균관대학교 중앙학술정보관	200p
		朴魯胎	初級中國語講座	서울：一韓圖書出版社	단국대학교 천안캠	193p
		朴魯胎 著	初級中國語講座	서울：一韓圖書出版社	서울시립대학교 도서관	193p
					단국대학교 퇴계기념 중앙도서관죽전	193p
		中國科學院 言語研究所 編 ；實藤惠芳, 北浦藤郎 共譯	中國語文法講話	東京：江南書院	경북대학교	325p
		中國科學院語言研究所 編 ；實藤惠秀, 北浦藤郎 共譯	中國語文法講話	東京：江南書院	성균관대학교 중앙학술정보관	325p
		中國科學院言語研究所 編 ；實藤惠秀；北浦藤郎 [共譯	中國語文法講話	東京：江南書院	계명대학교	325p
		中國科學院言語研究所 編 ；實藤惠秀, 北浦藤郎 共譯	中國語文法講話	東京：江南書院	한국외국어대학교 서울캠퍼스 도서관	iv, 341p
		車哲男	中國語基礎構文論	[발행지불명]： [발행자불명]	고려대학교	87p
		香坂順一	簡明中國語文法	東京：江南書院	성균관대학교 중앙학술정보관	188p
					한국외국어대학교 서울캠퍼스 도서관	188p
			初級中國語文法	東京：五月書房	한국외국어대학교 서울캠퍼스 도서관	276p
		呂叔湘 著；大原信一, 伊地智善繼 譯	中國語法學習	東京：江南書院	계명대학교	200p
		俞敏；牛島德次 譯	現代漢語語法縮編	東京：江南書院	서울대학교 중앙도서관 단행본자료실	101, 6p
					성균관대학교 중앙학술정보관	101p
	1957	太田辰夫	現代中國語入門	東京：江南書院	성균관대학교 중앙학술정보관	93, 14, 6p
		中國語研究會 編	中國語概論	東京：江南書院	경북대학교	138p

도서 유형	발행/ 필사연도	저자	도서명	출판사	소장도서관	형태 사항
			中國語研究史	東京 : 江南書院	경북대학교	180p
			中國語研究資料	東京 : 江南書院	경북대학교	77, 2p
					국도관	138p
			中國語槪論	東京 : 江南書院	서울대학교 중앙도서관 단행본자료실	138, 2p
					성균관대학교 중앙학술정보관	138p
					국민대학교 성곡도서관	154p
					서울대학교 학과 및 연구소 국어국문학과 외	154, 2p
		中國語學研究會	中國語比較研究	東京 : 江南書院	성균관대학교 중앙학술정보관	154p
					전남대학교	154p
					단국대학교 퇴계기념 중앙도서관죽전	154p
					국민대학교 성곡도서관	180p
			中國語研究史	東京 : 江南書院	서울대학교 중앙도서관 단행본자료실	180, 2p
					중앙대학교 서울캠퍼스 중앙도서관	180p
		中國語學研究會	中國語槪論	東京 : 江南書院	국민대학교 성곡도서관	138p
		中國語學研究會 編	中國語比較研究	東京 : 江南書院	단국대학교 천안캠	154p
			中國語槪論	東京 : 江南書院	영남대학교	138p
		中國語學研究會 編	中國語比較研究	東京 : 江南書院	영남대학교	154p
			中國語研究史	東京 : 江南書院	영남대학교	180p
		中局語學研究會 編	中國語研究資料	東京 : 江南書院	영남대학교	77, 2p
	1958	藤堂明保	中國語語源漫筆	東京 : 大學書林	한국외국어대학교 서울캠퍼스 도서관	148p
					명지대학교 인문도서관	439p
		太田辰夫	中國語歷史文法	東京 : 江南書院	충남대학교	439p
					한국외국어대학교 서울캠퍼스 도서관	ix, 439p

도서 유형	발행/ 필사연도	저자	도서명	출판사	소장도서관	형태 사항
	1960	劉曉民	日本語中國語慣用語法辭 典/見開き對照式: 日漢慣用句型例解辭典	東京:日本實業出版社	서울여자대학교 중앙도서관	27, 445, 24p
	1963	高橋君平	漢語形體文法論	東京:大安	연세대학교 중앙도서관	637p
어법류 요약						
어휘류	1942	宮越健太郎	支那語重要單語集	東京:タイムス	한양대학교 백남학술정보관	xxxi, 314p
	1957	中國語硏究會 編	新しい中國語單語	東京:江南書院	경북대학교	236p
		中國語學硏究會	新しい中國語單語	東京:江南書院	국민대학교 성곡도서관	236p
		中國語學硏究會 編	新しい中國語單語	東京:江南書院	계명대학교	236p
		中國語學硏究會 編	新しい中國語單語	東京:江南書院	영남대학교	236p
어휘류 요약						
어휘집	1864	미상	華語類抄	금속활자본	국도관	60장
	1930	中谷鹿二	日本語から支那語への道	大連:大阪屋號	국도관	578p
	1936	武田寧信, 岡本吉之助	支那語基本語彙	東京:春陽堂書店	서울대학교 학과 및 연구소 국어교육과	10, 225, 27p
	1940	宮越健太郎	支那語基礎單語4000	東京:タイムス出版社	충북대학교	199p
			支那語基礎單語四〇〇〇	東京:s.n.	서울대학교 중앙도서관 고문헌자료실	199p
				東京:タイムス出版社	건국대학교 상허기념도서관	199p
	1957	王育德	臺灣語常用語彙	東京:永和語學社	경북대학교	475p
	刊寫年 未詳	編者未詳	華語類抄	[刊寫地未詳]: [刊寫者未詳]	충남대학교	1卷1冊
	미상	미상	華語類抄	필사본	부산대학교	60장
					장서각	1冊61張
					국도관	60장
		李滉朝鮮 編; 柳希春 編;鄭瀁 編.	語録解	미상	충남대학교	1冊58p
어휘집 요약						

도서 유형	발행/ 필사연도	저자	도서명	출판사	소장도서관	형태 사항
음운류	1900	?	漢語音韻	發行地不明 : 龍泉書屋	순천향대학교	209p
	1915	伊澤修三	支那語正音發微	東京 : 樂石社	국도관	473p
		伊澤修二	支那語正音發微	東京 : 樂石社	서울대학교 중앙도서관 고문헌자료실	1v.
					성균관대학교 중앙학술정보관	473p
			支那語正音練習書	東京 : s.n.	서울대학교 중앙도서관 고문헌자료실	1v.
	1932	松浦珪三	支那語發音五時間	東京 : 大學書林	국도관	76p
					연세대학교 열운문고	76p
					영남대학교	76p
		支那語研究會 著	支那語發音早わかり	東京 : 外國語研究社	영남대학교	84p
	1933	何盛三	支那語發音の研究	東京 : 外語研究社	국도관	84p
	1934	樂韶鳳	洪武正音	서울 : 亞世亞文化社	공주교육대학교	940p
	1935	宮越健太郎	華語發音全表	東京 : 外語學院出版部	연세대학교 열운문고	1책
		藤木敦實·麻喜正吾	支那語教科書 : 發音篇	東京 : 外語學院出版部	연세대학교 열운문고	
	1937	岡田博	支那語小音聲學	大阪 : 駸駸堂	서울대학교 학과 및 연구소 중어중문학과	111p
	1938	藤枝丈夫	現代支那語の發音指導	東京 : 育生社	국도관	300p
	1939	金敬琢	中國語發音解釋	京城 : 聚英庵	연세대학교 중앙도서관	32p
		倉石武四郎	支那語發音篇	東京 :	영산선학대학교	80p
	1940	栗山茂	支那語發音要義	東京 : 甲文堂書店	국도관	106p
		倉石武四郎	支那語發音篇	東京 : s.n.	서울대학교 중앙도서관 고문헌자료실	80p
				東京 : 弘文堂書房	전북대학교	80p
	1941	Bernhard Karlgren	北京語の發音	東京 : 文求堂	경상대학교	1책
		魚返善雄	北京語の發音	東京 : 文求堂	전북대학교	72p
	1942	魚返善雄	支那語の發音と記號	東京 : 三省堂	국도관	27p
		倉石武四郎	支那語發音入門	東京 : 弘文堂書房	국도관	90p
	1944	魚返善雄	支那語注音符號の發音	東京 : 帝國書院	서울대학교 중앙도서관 고문헌자료실	208p

도서유형	발행/필사연도	저자	도서명	출판사	소장도서관	형태사항
		魚返善雄	支那語注音符號の發音	東京：帝國書院	세종대학교 학술정보원	208p
		魚返善雄.	支那語注音符號の發音	東京：帝國書院	영산선학대학교	208p
	1956	中國語學習雙書編輯委員會 編	現代中國語の發音	東京：江南書院	영남대학교	3, 66, 11 p
	1957	藤堂明保	中國語音韻論	東京：江南書院	건국대학교 상허기념도서관	358p
					고려대학교 세종캠	358p
					국민대학교 성곡도서관	358p
					단국대학교 천안캠	358p
					부산교육대학교	358p
					성균관대학교 중앙학술정보관	358p
					중앙대학교 서울캠퍼스 중앙도서관	358p
					충남대학교	358p
					한국외국어대학교 서울캠퍼스 도서관	358p
					단국대학교 퇴계기념 중앙도서관죽전	358p
		藤堂明保	中國語音韻論	東京：江南書院	계명대학교	358p
					고려대학교	358p
					대구가톨릭대학교	358p
		藤堂明保	中國語音韻論	東京：江南書院	영남대학교	358p
		伊地智善繼；십본춘언[共著]	現代中國語の發音	東京：江南書院	계명대학교	3, 66, 11 p
		中國語研究會 編	實用中國語, 1：發音と解釋	東京：江南書院	경북대학교	154p
		中國語學研究會	實用中國語：發音と解釋	東京：江南書院	전남대학교	189p
			實用中國語I：發音と解釋	東京：江南書院	국민대학교 성곡도서관	189p
		中國語學研究會 編	實用中國語 1：發音と解釋	東京：江南書院	영남대학교	189p
		中国語学研究会 編	実用中国語.I：発音と解釈	東京：江南書院,	영남대학교	189p

도서 유형	발행/ 필사연도	저자	도서명	출판사	소장도서관	형태 사항
	1959	車哲南	中國語發音의 理論과 實際油印本	[발행지불명]: [발행자불명]	고려대학교	82p
음운류 요약						
작문 독해류	1934	杉武夫	最新支那語講座 第5卷: 作文篇 ; 時文篇	東京 : 文求堂書店	국도관	146p
작문독해류 요약						
작문류	1876	志貴瑞芳	漢語用文作文自在/上	大阪 : 출판사불명	서원대학교	48p
			漢語用文作文自在/下	大阪 : 출판사불명	서원대학교	42p
	1908	元泳義, 李起馨	초등작문법	경성 : 광동서방	가톨릭관동대학교	55p
		宮越健太郎	支那語作文教程	東京 : 外語學院出版部	원광대학교	119p
			最新支那語教科書作文篇 : 教授用備考	東京 : 文求堂	연세대학교 열운문고	39p
	1933	矢野藤助	支那語作文 : 初級編	東京 : 尚文堂	연세대학교 열운문고	84p
		宮越健太郎, 杉武夫	最新支那語教科書作文篇	東京 : 外語學院出版部	연세대학교 열운문고	122p
		宮越健太郎, 杉武夫 共著	最新支那語教科書 1 : 作文篇	東京 : 外語學院	고려대학교	122p
	1936	諸岡三郎	尺牘編.第8卷	東京 : 文求堂	국도관	302p
		宮越健太郎, 杉武夫 共著	最新支那語教科書 : 作文篇	東京 : 外語學院出版部	영남대학교	122p
	1939	長谷川正直	支那語作文教科書 前編	東京 : 文求堂	서울대학교 학과 및 연구소 중어중문학과	2, 4, 133p
	1940	加藤克巳 ; 韓恒久	初等支那語作文講義	東京 : 積善館	부산대학교	230p
	1953	宮越健太郎 ; 杉武夫 共著	中國語教科書 : 作文篇	東京 : 第三書房	한국외국어대학교 서울캠퍼스 도서관	vii, 122p
	1954	長谷川寬	中國語作文	東京 : 白水社	계명대학교	301p
					성균관대학교 중앙학술정보관	312p
					전남대학교	301p
					한국외국어대학교 서울캠퍼스 도서관	312p
				東京 : 白水社	서울대학교 중앙도서관 수원보존도서관	312p
		長谷川寬	中國語作文	東京 : 白水社	대구가톨릭대학교	301p

도서 유형	발행/ 필사연도	저자	도서명	출판사	소장도서관	형태 사항
	1955	石山福治	支那語の手紙	東京 : 大學書林	경상대학교	133p
	1956	有田忠弘	簡明中國語作文	東京 : 江南書院	성균관대학교 중앙학술정보관	107p
					한국외국어대학교 서울캠퍼스 도서관	107p
		中國語學習雙書 編集委員會	現代中國語作文	東京 : 江南書院	성균관대학교 중앙학술정보관	137p
		志賀正年, 小林武三, 太田辰夫 共著	現代中國語作文	東京 : 江南書院	한국외국어대학교 서울캠퍼스 도서관	iv, 137p
	1957	長谷川寬	中國語作文入門	東京 : 江南書院	국도관	123p
					성균관대학교 중앙학술정보관	123, 6p
	1954 1961	長谷川寬	中國語作文	東京 : 白水社	고려대학교	301p

작문류 요약

도서 유형	발행/ 필사연도	저자	도서명	출판사	소장도서관	형태 사항
회화류	1881	吳啓太, 鄭永邦	官話指南	東京 : 文求堂書店	연세대학교 열운문고	148p
		吳啓太, 鄭永邦	官話指南	[발행지불명] : [발행자불명]	서원대학교	1책
				日本 : [刊寫者未詳]	계명대학교	東裝1冊
			官話指南鉛印	[발행지불명]	고려대학교	1冊 148頁
		吳啓太, 鄭永邦	官話指南		장서각	4권1책
		吳啓太日本, 鄭永邦日本	官話指南鉛印本日本	[刊寫地未詳]	고려대학교	1冊148p
	1883	李應憲	華音啓蒙		국도관	2卷1冊
		李應憲 編	華音啓蒙全史字	미상	고려대학교	2卷1冊
	1892	廣部精 日 編輯	亞細亞言語集 上	日本木版本	국회도서관	1책
	1897	西島良爾	清語30日間速成	東京 : 嵩山堂	이화여자대학교 중앙도서관	212p
	1898	狄考文	官話類編	上海 : 美華書館	연세대학교 열운문고	160p
	1905	小路眞平, 茂木一郎	北京官話常言用例	東京 : 文求堂書店	연세대학교 열운문고	155p
		小路眞平, 茂本一郎	北京官話常言用例	東京 : 文求堂書店	국도관	155p
	1906	英繼 著 ; 宮島吉敏	官話北京事情	東京 : 文求堂書店	국도관	1책

도서 유형	발행/ 필사연도	저자	도서명	출판사	소장도서관	형태 사항
		馮世傑, 野村幸太郎	北京官話淸國風俗會話篇	東京:靑木嵩山堂	연세대학교 열운문고	56p
	1907	伴直之助	華語跬步總譯	京都:裕隣師	국도관	1책
		鄭永邦, 吳啓太	改訂官話指南	東京:文求堂書店	국도관	230p
	1908	御幡雅文	華語跬步	發行地不明: 東亞同文會	경북대학교	352p
			增補華語跬步	東京:文求堂	국도관	352p
		御幡雅文	華語跬步增補第20版	發行地不明: 東亞同文會	고려대학교	350p
	1909	鄭永邦, 吳啓太	改訂官話指南	東京:文求堂書局	국도관	230p
		鄭永邦, 吳啓太 共著; 金國璞 改訂	改訂官話指南	東京:文永堂書局	고려대학교	230p
		吳啓太, 鄭永邦	官話指南	東京:文永堂書局	부산대학교	230p
	1910	鄭永邦, 吳啓太; 金國璞 改訂	改訂官話指南	東京:文永堂書局	연세대학교 열운문고	230p
	1912	京都大學文學部 國語學國文學硏究室	兒學編日語類解.漢語初步	東京: 京都大學國文學會	울산대학교	340p
			兒學編日語類解·漢語初步	東京:三省堂	단국대학교 천안캠	1冊
					단국대학교 율곡기념 중앙도서관천안	1冊 면수복잡
	1913	岡本正文	支那語敎科書	東京:文求堂	연세대학교 열운문고	164p
		高永完	高等官話華語精選	京城:普書館	경상대학교	288p
				경성:普書館	국도관	288p
		柳廷烈	獨習漢語指南	京城:光東書局	연세대학교 중앙도서관	316p
		柳廷烈	獨習漢語指南	京城:光東書局: 唯一書館	서원대학교	316p
		柳廷烈	獨習漢語指南	京城:光東書局: 唯一書館	이화여자대학교 중앙도서관	316p
	1914	石山福治	支那語新會話篇	東京:文求堂	고려대학교	296p
	1915	李起馨	官話華語敎範	京城:普昌書館	국도관	180p
					서원대학교	180p
				京城:普昌書館	고려대학교	180p

도서 유형	발행/ 필사연도	저자	도서명	출판사	소장도서관	형태 사항
		李起馨	官話華語教範	京城 : 普昌書館	고려대학교	180p
	1916	宋憲奭	速修漢語自通	京城 : 漢城書館	연세대학교 열운문고	142p
		東亞實進社	支那語自習完璧	東京 : 東亞實進社	국도관	414p
	1917	御幡雅文	華語跬步	東京 : 文求堂	단국대학교 퇴계기념 중앙도서관죽전	xiv, 352p
			華語跬步增補12版	東京 : 文求堂	단국대학교 천안캠	352p
		柳廷烈	修正獨習漢語指南	京城 : 惟一書館	연세대학교 열운문고	317p
	1918	宋憲奭	速修漢語自通全	京城 : 唯一書館 : 漢城書館	이화여자대학교 중앙도서관	142p
		御幡雅文	華語跬步總譯	東京 : 文求堂書店	국도관	202p
		柳廷烈	修正獨習漢語指南鉛印	京城 : 惟一書館	고려대학교	1册
		李起馨	官話華語新編	京城 : 東洋書院	국도관	192p
	1919	鄭永邦, 吳啓太 共著 ; 金國璞 改訂	改訂官話指南	東京 : 文永堂書局	인천대학교 학산도서관	230p
	1920	御幡雅文	增補華語跬步	東京 : 文求堂	국도관	352p
	1921	宋憲奭	自習完璧支那語集成	京城 : 德興書林	연세대학교 중앙도서관	371p
					전남대학교	371p
			自習完璧支那語集成	京城 : 德興書林	연세대학교 열운문고	371p
		宋憲奭	自習完璧支那語集成	京城 : 德興書林	고려대학교	371p
	1922	大橋末彦	官話急就篇詳譯	東京 : 文求堂	연세대학교 열운문고	203p
		宋憲奭	速修漢語自通	京城 : 博文書館	고려대학교	142p
	1923	飯河道雄	支那語分類會話讀本	大連 : 大阪屋號書店	고려대학교	163p
		足立忠入郎	北京官話支那語學捷徑	東京 : 金刺芳流堂	국도관	294p
	1924	文求堂編輯局	華語教科書	東京 : 文求堂書店	연세대학교 열운문고	125p
		미상	支那語難語句例解	미상	국도관	217p
		飯河道雄	支那語難語句例解 : 譯註, 聲音重念附	大連 : 大阪屋號書店	한림대학교	217p
			官話指南自修書 : 應對須知篇 : 使令通話篇	大連 : 大阪室號書店	국도관	194p
		石山福治	華語教科書譯本	東京 : 文求堂	연세대학교 열운문고	86p

도서 유형	발행/ 필사연도	저자	도서명	출판사	소장도서관	형태 사항
		宋憲奭	漢語獨學	京城 : 廣益書館	원광대학교	109p
		櫻井德兵衛	支那語慣用句用法	大阪 : 同文社	국도관	109p
		張廷彦	華語捷徑	東京 : s.n.	서울대학교 중앙도서관 고문헌자료실	59p
		佐騰留雄	華語教程詳註	大阪 : 同文社	부산대학교	64p
		打田重治郎	急就篇を基礎とせる支那語 獨習	大連 : 大阪屋號書店	국도관	318p
	1925	常静仁	官話新編	東京 : 尙文堂	건국대학교 상허기념도서관	122p
		鈴江萬太郎, 下永憲次	北京官話俗諺集解	東京 : 大阪屋號	국도관	1책, 6149p
		權寧世	日用支那語 : 羅馬字發音及假名附	東京 : 大阪屋號書店	서울대학교 중앙도서관 고문헌자료실	14, 216p
	1926	大橋末彦	官話急就篇詳譯/全	東京 : 文求堂	건국대학교 상허기념도서관	230p
		飯河研究室	官話指南自修書 : 官話問答篇	大連 : 大阪室號書店	국도관	170p
		宋憲奭	漢語獨學,全	京城 : 廣益書館	이화여자대학교 중앙도서관	2, 6, 109p
	1927	岡本正文	支那語教科書	東京 : 文求堂	서울대학교 학과 및 연구소 중어중문학과 외	2, 3, 164p
					성균관대학교 중앙학술정보관	164p
		張廷彦	華語捷徑	東京 : 文求堂	연세대학교 열운문고	59p
		傳培蔭	傳氏華語教科書	大連 : 傳培蔭	국도관	81p
	1928	宮脇賢之介	新體華語階梯全	東京 : 大阪屋號書店	성균관대학교 중앙학술정보관	188, 85p
		金敬琢	現代支那語公式會話	東京 : 東方文化機關 聚英庵出版部	국도관	1책
		秩父固太郎	簡易支那語會話篇 : 注音對譯	大連 : 大阪屋號書店	고려대학교	217p
	1929	江口良吉	正しく覺えられる支那語 入門	東京 : 太陽堂書店	국도관	126p

도서 유형	발행/ 필사연도	저자	도서명	출판사	소장도서관	형태 사항
		堀井仁	支那語の自修:及索引	大阪:松雲堂	국도관	712p
		宮島大八	官話急就篇	東京:s.n.	서울대학교 중앙도서관 고문헌자료실	1v.
			官話急就篇/終	東京:文求堂	건국대학교 상허기념도서관	182p
		杉武夫	最新支那語講座 第1卷: 會話篇	東京:文求堂書店	국도관	2책
			最新支那語講座 第2卷: 會話篇	東京:文求堂書店	국도관	254p
		岡本正文著, 木全德太郎譯	支那語教科書總譯	東京:s.n.	서울대학교 중앙도서관 고문헌자료실	1v.
	1930	渡部薰太郎	滿洲語俗語讀本	大阪 大阪東洋學會: 三島開文堂	서울대학교 중앙도서관 고문헌자료실	1v.
		飯河道雄	支那語の基礎と會話大全: 全	奉天:東方印書館	경북대학교	550, 6p
			支那語速成講座	大連:東方文化會	국도관	761p
			支那語速成講座.續	大連:東方文化會	국도관	761p
		石山福治	支那語新式學習法	東京:文求堂	광주교육대학교	346p
		佐藤留雄	華語教程	大阪:同文社	고려대학교	38p
		宮島吉敏	支那語四週間: 4個星期中華國語	東京:大學書林	국도관	238p
	1931	宮島大八	官話急就篇	東京:文求堂	고려대학교	182p
		神谷衡平, 清水元助 共著	支那語獨習書	[發行地不明]:春陽堂	고려대학교	247p
		柳廷烈	官話速成篇	京城:淸進書館	서울시립대학교 도서관	244p
		戶川芳郎	中國語	서울:東洋文化社	부산대학교	?
	1932	江口良吉	支那語一二三の讀み方	東京:太陽堂書店	국도관	345p
		高木宣	簡要支那語教程	東京:文淵閣	부산대학교	71p
				東京:文淵閣	서울대학교 중앙도서관 고문헌자료실	71p
		宮島吉敏;鍾江信光 共著	中國語四潮間	東京:大學書林	상명대학교 중앙도서관	306p
		麻喜正吾	支那語會話教程	東京:광생관	대구가톨릭대학교	111p
		三科樂山	滿洲語一週間	東京:內外社	국도관	172p

도서 유형	발행/ 필사연도	저자	도서명	출판사	소장도서관	형태 사항
		西島良爾	支那語教程	大阪 : 近代文藝社	계명대학교	416p
		石山福治 ; 江口良吉	初等支那語研究	東京 : 崇文堂	국도관	1책, 290p
		宋憲奭	自習完璧支那語集成	京城 : 德興書林	동국대학교경주	371p
		宋憲奭	自習完璧支那語集成	서울 : 德興書林	동국대학교 경주캠퍼스 도서관	371p
		矢野藤助	實用支那語會話	東京 : 大學書林	성균관대학교 중앙학술정보관	6, 162p
		李仲剛	現代華語讀本 : 正編	大運 : 大阪屋號書店	연세대학교 열운문고	146p
				大運 : 大阪屋號書店	고려대학교	146p
		佐藤三郎治	標準支那語會話獨習	大阪 : 松雲堂	수원대학교 도서관	169, 52p
		清水元助	語學講座支那語講座	東京 : 日本放送出版協會	연세대학교 열운문고	68p
	1933	江口良吉 著	支那語一二三の讀み方から	東京 : 太陽堂	건국대학교 상허기념도서관	345p
		岡本正文	支那語教科書	東京 : 文求堂	영남대학교	164p
		校閱者 : 宋憲奭	五個月速成中國語自通	京城 : 德興書林	연세대학교 중앙도서관	164p
		宮島吉敏	支那語の輪廓	東京 : 尙文堂	연세대학교 열운문고	115p
		宮越健太郎 著 ; 內之宮金城	袖珍支那語速習	東京 : 太陽堂書店	국도관	280p
		吉野美彌雄	支那語會話教科書	京都 : 平野書店	연세대학교 열운문고	111p
		王小林	滿洲語無師自通	京城 : 新滿蒙社	경상대학교	1册
		李仲剛	現代華語讀本 : 續編	大運 : 大阪屋號書店	고려대학교	181p
		張志暎	滿州語講座	京城 : 朝鮮放送協會	연세대학교 열운문고	50p
		佐藤三郎治	支那語會話獨習 : 支那語辭典入	大阪 : 巧人社	서울대학교 학과 및 연구소 국어교육과	2, 169, 52p
		岡田博(Okada, Hiroshi)	最新華語初步	東京 : 平野書店	서울대학교 중앙도서관 고문헌자료실	42p
	1934	文世榮	速修滿洲語自通	京城 : 以文堂	서원대학교	474p
		三原增水	初等滿洲語會話	奉天 : 滿洲文化普及會	인하대학교 중앙도서관	250, 10p
		永昌書館	無先生速修中國語自通	京城 : 永昌書館	국도관	131p

도서 유형	발행/ 필사연도	저자	도서명	출판사	소장도서관	형태 사항
		李祖憲	中語大全	경성 : 한성도서	가톨릭관동대학교	313p
		李春一	滿洲語速成會話講義錄 合本	京城 : 新滿蒙社	국도관	1책
		佐藤留雄	華語教程	大阪 : 同文社	경희대학교 중앙도서관	38p
			支那語教科書 : 會話篇	東京 : 外語學院出版部	국도관	144p
		宮越健太郎, 杉武夫	最新支那語教科書	東京 : 外語學院出版部	전남대학교	144p
			最新支那語教科書 : 會話篇	東京 : 外語學院出版部	연세대학교 열운문고	24p
		宮越健太郎, 杉武夫 共著	支那語教科書 : 會話篇	東京 : 外語學院出版部	경북대학교	144p
		宮越健太郎, 杉武夫 共著	最新支那語教科書 : 會話篇	東京 : 外語學院出版部	영남대학교	24p
	1935	宮越健太郎	最新支那語教科書 : 慣用語句應用篇	東京 : 外語学院出版部	연세대학교 열운문고	107p
			最新支那語教科書會話篇 : 教授用備考	東京 : 外語学院出版部	연세대학교 열운문고	123p
		吉野美彌雄	滿洲語基礎	大阪 : 甲文堂書店	국도관	286
		金東淳	滿洲語問答會話集	京城 : 實生活社	국도관	154p
		木全德太郎	適用支那語解釋 : 及附錄	東京 : 文求堂	국도관	1책, 458p
		李春一	滿洲語速成會話講義錄	京城 : 新滿蒙社	고려대학교	300p
			無師速修滿洲語大王	京城 : 新滿蒙社	국도관	4, 150, 16p
		包翰華 · 宮島吉敏	華語教本	東京 : 奎光書院	연세대학교 열운문고	163p
		金東淳 著述 ; 曲俊鄕 校閱	實用官話滿洲語問答會話集	京城 : 實生活社	고려대학교	154p
	1936	宮島吉敏	華語教本譯本	東京 : 奎光書院	연세대학교 열운문고	124p
		宮原民平	支那語講座	東京 : 文求堂	경북대학교	v.
		內之宮金城	現代実用支那講座 第1卷 : 會話編	東京 : 文求堂	국도관	267p
		滿洲語普及會 編	初等滿洲語の第一步	大阪 : 功人社	대구가톨릭대학교	686p
		張廷彦	最新官話談論集	東京 : 文求堂	인하대학교 중앙도서관	214p
		秩父固太郎	簡易支那語會話篇	大連 : 大阪屋號書店	계명대학교	216p
		土屋明治	現代実用支那講座 第2卷 : 會話編	東京 : 文求堂	국도관	299p

도서 유형	발행/ 필사연도	저자	도서명	출판사	소장도서관	형태 사항
		土屋申一	現代実用支那講座 第3卷： 會話編	東京：文求堂	국도관	262p
		江口良吉　著	支那語一二三の讀み方から	東京：太陽堂	한국외국어대학교 서울캠퍼스 도서관	345p
		吉野美彌雄	滿洲語基礎	大阪：甲文堂書店	한일장신대학교	286p
		奈良一雄	支那語教科書	第一書院	울산대학교	?
		木全德太郎	支那語旅行會話	東京：文求堂書店	국도관	292p
	1937	文世榮	速修滿洲語自通	서울：中國語研究會	영산대학교	474p
				京城：以文堂	충남대학교	474p
		石山福治；江口良吉	初等支那語研究	東京：崇文堂出版部	경성대학교	1책
		支那語普及會	初めて學ふ人の支那語独習 より会話迄	大阪：博潮社書店	부산대학교	26p
		宮越健太郎, 杉武夫 共著	最新支那語教科書 2： 會話篇昭和12年度改訂版	東京：外語學院出版部	고려대학교	24p
		岡本正文	支那語教科書	東京：文求堂	강남대학교 중앙도서관	2,3,164p
		姜義永	支那語大海：北京官話	京城：永昌書館	성균관대학교 중앙학술정보관	313p
		岡田博	最新華語中級編	京都：平野書店	연세대학교 열운문고	47p
			最新華語初步	東京：平野書店	연세대학교 열운문고	42p
		宮越健太郎, 杉武夫	支那語教科書	東京：外國語學院	충남대학교	144p
		金敬琢 著；劉作舟 校閱	現代支那語公式會話	서울京城： 聚英庵出版部	조선대학교	221p
	1938	滿洲語普及會	初等滿洲語の第1步	大阪：博潮社	성균관대학교 중앙학술정보관	686p
		文世榮	官話中國語自通	京城：漢城圖書	국도관	361p
			速修滿洲語自通	서울：中國語研究會	건국대학교 상허기념도서관	474p
				京城：以文堂	국도관	474p
		傅藝子	支那語會話編	東京：弘文堂書房	국도관	152p
		傅芸子	支那語會話篇	東京：弘文堂	건국대학교 상허기념도서관	158p

도서 유형	발행/ 필사연도	저자	도서명	출판사	소장도서관	형태 사항
					서울대학교 중앙도서관 고문헌자료실	158p
		西島良爾	滿洲語會話：支那語獨習	大阪：송영관	대구가톨릭대학교	351p
		魚返善雄	支那語讀本	東京：日本評論社	계명대학교	189, 63p
		鈴木擇郎	支那語敎本：高級編	東京：東亞同文書院 支那研究部	연세대학교 열운문고	1책
		日本評論社 編	支那語讀本	東京：日本評論社	고려대학교	179, 180p
		帝國書院編輯部	支那語敎科書： 基礎·會話文の作り方	東京：帝國書院	연세대학교 열운문고	37p
		佐藤三郎治	實際支那語會話獨習： 支那語辭典入	大阪：巧人社	충남대학교	52p
		倉石武四郎	支那語繙譯篇.卷1	東京：s.n.	서울대학교 중앙도서관 고문헌자료실	78p
		土屋申一	支那語會話 上編	京城：日滿語學會	국회도서관	28p
		鄭永邦, 吳啓太 共著； 金國璞 改訂	改訂官話指南	東京：s.n.	서울대학교 중앙도서관 고문헌자료실	230p
		大石進海, 柿崎進 [共]著	軍事日常支那語	東京：大阪屋號書店	경북대학교	326p
		魚返善雄Nihon Hyōronsha	支那語讀本	東京：s.n.	서울대학교 중앙도서관 고문헌자료실	189,53p
		宮原民平, 土屋明治	初等支那語敎科書敎授必携	東京：東京開成館	연세대학교 열운문고	113p
		宮原民平, 土屋明治 共著	初等支那語敎科書	東京：s.n.	서울대학교 중앙도서관 고문헌자료실	101,2p
				東京：東京開成館	성균관대학교 중앙학술정보관	101p
		甲斐靖	支那語會話：わかりやすい	大阪：침침당	영남대학교	234p
	1939	橋本泰治郎	標準支那語會話	東京：丸善株式會社	국민대학교 성곡도서관	214p
					성균관대학교 중앙학술정보관	214p
					연세대학교 중앙도서관	214p
		宮越健太郎, 靑水元助, 杉武夫 共監修	短期支那語講座	東京：外國語學院 出版部	성균관대학교 중앙학술정보관	1冊

도서 유형	발행/ 필사연도	저자	도서명	출판사	소장도서관	형태 사항
		吉野美弥雄	華語教程	京都：平野書店	연세대학교 열운문고	124p
		金邦彦	最新會話華語初階	熊本： 熊本縣支那語學校	연세대학교 열운문고	176p
		内之宮金城	初等支那語會話	東京： 日本放送出版協會	경남대학교	134p
		内之宮金城	初等支那語會話	東京： 日本放送出版協會	국도관	1책
		木全德太郎	適用支那語解釋	東京：文求堂	서울대학교 중앙도서관 고문헌자료실	458p
		武田寧信	興亜支那語読本	東京：三省堂	연세대학교 열운문고	88p
		문세영	支那語大海	京城：永昌書館	영산선학대학교	313p
		法本義弘	支那語教典	東京：향산당서방	대구가톨릭대학교	148p
		石橋哲爾	支那語捷徑新訂增補版	京都：平野書店	고려대학교	325p
		松枝茂夫	標準支那語會話初級篇	東京：右文書院	연세대학교 열운문고	62, 22p
		宋憲奭	自習完璧支那語集成	京城：德興書林	서원대학교	371p
			支那語集成	서울：덕흥서림	선문대학교	371p
		宋憲奭	自習完璧支那語集成	서울：德興書林	서울대학교 학과 및 연구소 중어중문학과	371p
		矢野藤助 編	中國語基礎1500語	東京：大學書林	청주대학교	115p
		神谷衡平	支那語基本教科書	東京：文求堂書店	경성대학교	1책
		神谷衡平・岩井武男	支那語教科書： 基礎・會話文の作り方	東京：帝國書院	연세대학교 열운문고	68, 12p
		鈴木擇郎	標準支那語教本：初級編	東京：東亞同文書院 支那研究部	연세대학교 열운문고	115p
		鈴木擇郎	支那語教本：高級編	上海：東亞同文書院 支那研究部	경북대학교	170p
		劉光	對譯實用支那語會話篇	東京：文求堂	성균관대학교 중앙학술정보관	152p
		李相殷 著	標準支那語會話	京城：人文社	고려대학교	216p
		張源祥	支那語の會話	大阪：東方學藝社	영남대학교	8, 冊
		張志暎	中國語會話全書	京城：群書堂	단국대학교 천안캠	492p

도서 유형	발행/ 필사연도	저자	도서명	출판사	소장도서관	형태 사항
					단국대학교 퇴계기념 중앙도서관죽전	492p
		張志暎	中國語會話全書	京城：群書堂書店	연세대학교 열운문고	492p
		張志映	中國語會話全書	京城：群堂書店	고려대학교	492p
				京城：群書堂書店	서원대학교	492p
		青嵐文世榮	支那語大海	東京：永昌書館	영남대학교	313p
		包象寅・包翰華	最新華語教本	東京：東京開成館	연세대학교 열운문고	96p
		表文化	初等支那語教本： 發音と文法詳解を中心とした	東京：タイムス出版社	영남대학교	208p
		張志暎, 金用賢	高等中國語教本	正音社	연세대학교 열운문고	
		許도?	滿州語自通：日鮮滿最速成	京城：新興書館	연세대학교 중앙도서관	160p
		宮越健太郎, 杉武夫	模範滿支官話教程	東京：外語学院出版部	서울대학교 중앙도서관 고문헌자료실	119p
			支那語基準會話.下卷	東京：外語學院出版部	연세대학교 열운문고	120, 18p
		宮島吉敏, 包翰華	日常華語會話	東京：東京開成館	연세대학교 열운문고	148p
		宮島吉敏, 包翰華 共著	日常華語會話	東京：東京開成館	고려대학교 세종캠	148p
					고려대학교	148p
		Nihon Hōsō Kyōkai.	支那語講座	東京：s.n.	서울대학교 중앙도서관 고문헌자료실	63, 40p
		宮越健太郎, 杉武夫 共著	支那語基準會話.上卷	東京：外語學院出版部	고려대학교	83p
			支那語基準會話.下卷	東京：外語學院出版部	고려대학교	120, 18p
		土屋明治, 鮑啓彰	支那語新教科書	東京：弘道館	연세대학교 열운문고	2책
			支那語新教科書 上,下卷	東京：弘道館	서울대학교 중앙도서관 고문헌자료실	2v.
		青柳篤恒, 吳主憲 共著	標準商業支那語教科書	東京：松邑三松堂	고려대학교	128p
		青柳篤恒, 吳主惠 共著	標準商業支那語教科書	東京：松邑三松堂	한국교원대학교	128p
		藤木敦實, 麻喜正吾	標準支那語會話教科書	東京：光生館	연세대학교 열운문고	2책
	1940	?	支那語會話教科書	東京：文求堂書店	서울대학교 학과 및 연구소 중어중문학과	3, 1, 124p
		宮原民平	新編中等支那語教本教授 必携	東京：東京開成館	연세대학교 열운문고	1책

도서 유형	발행/ 필사연도	저자	도서명	출판사	소장도서관	형태 사항
			中等支那語教本	東京 : 東京開成觀	경북대학교	v. : ill.
					연세대학교 열운문고	
		宮越健太郎	支那語基準會話 : 敎授用備考書.上	東京 : 外語學院出版部	단국대학교 천안캠	83p
		宮越健太郎 著	支那語基準會話 : 敎授用備考書.上	東京 : 外語學院出版部	단국대학교 퇴계기념 중앙도서관죽전	83p
		吉野美彌雄 著	支那語講習會敎本	[발행지불명] : 甲文堂書店	고려대학교	82p
		金敬琢	中國語 第1輯	京城 : 聚英庵	연세대학교 열운문고	39p
			中國語 第2輯	京城 : 聚英庵出版部	서원대학교	46p
		陸軍士官學校	支那語學校程 : 昭和15年版.乙,丙	神奈川縣座間 : 陸軍士官學校	국도관	2책
		李相殷	最新華語敎科書/上-下	京城 : 발행자불명	서울대학교 중앙도서관 고문헌자료실	2冊
		木全德太郎	支那語旅行會話	東京 : s.n.	서울대학교 중앙도서관 고문헌자료실	292p
		杉武夫	現地携行支那語軍用會話	東京 : 外語學院	연세대학교 열운문고	286p
		三原增水	支那語會話獨習	奉天 : 滿洲文化普及會	서울시립대학교 도서관	50p
					성균관대학교 중앙학술정보관	11, 328, 50p
		上野光次郎	初年生の支那語	東京 : 太陽堂書店	국도관	1책
					부산대학교	301p
		徐仁怡	支那語第一步	東京 : 白永社	국도관	319p
		櫻庭巖	警務支那語會話	東京 : 大阪屋號書店	연세대학교 열운문고	530p
		奧平定世	模範支那語敎程	東京 : 開隆堂	연세대학교 열운문고	2책
		張志暎	中國語會話全書	경성 : 群書堂書店	경상대학교	492p
		佐藤三郎治	實際支那語會話獨習	大阪 : 巧人社	영산선학대학교	52p
		佐藤三郎治	支那語會話獨習	大阪 : 巧人社	대구가톨릭대학교	52p
		倉石武四郎	支那語 : 飜譯篇	東京 : 弘文堂書房	숙명여자대학교 도서관	100p
			倉石中等支那語.卷一	東京 : s.n.	서울대학교 중앙도서관 고문헌자료실	120,8p

도서 유형	발행/ 필사연도	저자	도서명	출판사	소장도서관	형태 사항
		諏訪廣太郎	支那語一二三から會話まで	東京：太陽堂書店	국도관	317p
		表文化	支那語會話鍊習帳	東京：タイムス出版社	영남대학교	198p
		宮越健太郎, 淸水元助, 杉武夫	短期支那語講座	東京：外國語學院	전남대학교	면수 복잡
		宮越健太郎, 杉武夫	支那語基準會話	東京：大阪屋號書店	연세대학교 열운문고	2책
			支那語基準會話： 敎授用備考書	東京：文求堂	연세대학교 열운문고	2책
			支那語基準會話： 敎授用備考書.上	東京：外語學院出版部	연세대학교 열운문고	190p
		朴永瑞	中國語自通：日鮮滿最速成	京城：新興書館	영남대학교	160p
		宮越健太郎, 杉武夫 共著	支那語基準會話	東京：外語學院出版部	경북대학교	2v.
		宮越健太郎, 杉武夫 共著	支那語基準會話： 敎授用備考書.上	東京：外語學院出版部	영남대학교	190p
		藤木敦實, 麻喜正吾	標準支那語會話教科書	東京：光生館	부산대학교	108p
			標準支那語會話教科書： 御敎授用參考書	東京：光生館	연세대학교 열운문고	2책
		藤木敦實, 麻喜正吾 共著	標準支那語會話教科書,下卷 ：應用篇御敎授用參考書	東京：光生館	고려대학교	45p
	1941	陸軍豫科士官學校	支那語敎程 卷1	東京： 陸軍豫科士官學校	국도관	86p
		木全德太郎	初步北京官話	東京：文求堂書店	부산대학교	273p
		文世榮	官話中國語自通	京城： 漢城圖書株式會社	영남대학교	361p
			北京官話支那語大海	경성：永昌書館	경상대학교	313p
		文世榮	北京官話支那語大海一名 滿洲語	경성：永昌書館	목원대학교	313p
		三原增水 著；詳註對	初等支那語會話	奉天：滿洲文化普及會	부산대학교	312p
		植松金枝；鮫島宗範	速成支那語全	大連：滿洲書籍	부산대학교	135p
		岩井武男；近藤子周	自修華語會話	東京：螢雲書院	국도관	235p
		王化 編	高級華語新集	東京：文求堂書店	단국대학교 천안캠	150p
					단국대학교 퇴계기념 중앙도서관죽전	150p

도서 유형	발행/ 필사연도	저자	도서명	출판사	소장도서관	형태 사항
		王化, 王之淳 共編	現代華語新編	東京：目黑書店	충남대학교	159, 7p
		李相殷	最新華語敎科書 2	경성：東光堂書店	영남대학교	64, 15 p
		李相殷	最新華語敎科書 1	경성：東光堂書店	영남대학교	71, 9, p
			最新華語敎科書 下卷	京城：東光堂	고려대학교	64, 15 p
		張源祥	支那の會話	東京：象山閣	영남대학교	250p
		저자 없음	支那語講座	東京：文求堂	충남대학교	12v?
		秩父固太郎	簡易支那語會話篇： 土音對譯	大連：大阪屋號書店	영남대학교	216p
		香坂順一	支那語難語句集解	東京：外語學院出版部	국도관	213p
		岩井武男, 近藤子周	簡易支那語會話敎本	東京：蛍雪書院	연세대학교 열운문고	105p
		藤木敦實, 麻喜正吾	標準支那語會話敎科書, 1： 基礎編	東京：光生館	전남대학교	108p
		藤木敦實, 麻喜正吾 共著	標準支那語會話敎科書, 1： 基礎篇	東京：光生館	영남대학교	108p
		Hitoshi, Horii	學び方入門滿洲語の第一步	大阪：巧人社	서울대학교 중앙도서관 고문헌자료실	686, 26p
	1942	敎育摠監部	支那語敎程： 陸軍豫科士官學校用	東京：敎育摠監部	국도관	26p
		滿洲語普及會	初等滿洲語の第一步	大阪：功人社	부산대학교	670p
		文世榮	無師速成目鮮滿洲語自通	경성：博文館	경상대학교	278p
				서울：博文館	건국대학교 상허기념도서관	278p
		徐仁怡	支那語第一步	東京：白永社	단국대학교 천안캠	319p
					단국대학교 퇴계기념 중앙도서관죽전	319p
		野口正之	系統的支那語會話	東京： 國華書籍株式會社	국도관	557p
		牛窪愛之進；蘇鴻麟	支那語自在	東京：富士書店	국도관	642p
		牛窪愛之進, 蕭鴻麟	支那語自在	東京：富士書店	충남대학교	642p
		牛窪愛之進, 蕭鴻麟 共著	支那語自在	東京：富士書店	영남대학교	642p
		倉石武四郎	支那語讀本.卷1	東京：弘文堂書房	연세대학교 열운문고	130p

도서 유형	발행/ 필사연도	저자	도서명	출판사	소장도서관	형태 사항
		表文化	支那語會話錬習帳	東京 : タイムス	한양대학교 백남학술정보관	i, vii, 198p
	1943	教育總監部	支那語教程 : 陸軍豫科士官學校用	東京 : 教育總監部	국도관	36p
		文夢我	商業會話編 第16卷	東京 : 文求堂	국도관	188p
		武田寧信, 中澤信三	軍用支那語大全	東京 : 帝國書院	국도관	602p
		武田寧信, 中澤信三 共著	軍用支那語大全	東京 : 帝國書院	경북대학교	602p
		野副重勝 著	滿日銀行會話	東京 : 巖松堂書店	동아대학교	237p
		宮越健太郎, 杉武夫	支那語基準會話/上卷	東京 : 外語學院出版部	서울대학교 농학도서관 고문헌자료실	83p
	1944	金松奎	內鮮滿最速成滿洲語自通	경성 : 광한서림	경북대학교	160p
					대구가톨릭대학교	160p
		足立忠八郎	北京官話支那語學捷徑	東京 : 金刺芳流堂	전남대학교	294p
		華北交通株式會社	標準華語教本	北京 : 華北交通株式會社	부산대학교	142p
	1945	中國建設雑誌社	入門中國語	東京 : 光生館	인제대학교	96p
		李永燮 編述 ; 邵樹洲中國 校閲	現代中國語獨學	경성 : 태화서관	대구가톨릭대학교	176p
	1946	王弼明	기초中國語	서울 : 三榮書館	광주대학교	242p
	1947	김득초	華語教本	서울 : 高麗出版社	서원대학교	66p
		表文化	蒙古語滿洲語教科書	서울 : 國學大學 國學研究會	경북대학교	131p
	1948	尹炳喜	中國語教編	서울 : 乙酉文化社	서원대학교	98p
				서울 : 乙酉文化社	단국대학교 천안캠	98p
		尹炳喜	中國語教編	京城 : 乙酉文化社	계명대학교	1冊194p
		尹炳喜 著	中國語教編	서울 : 乙酉文化社	단국대학교 퇴계기념 중앙도서관죽전	2,2,98p
		尹永春	新編中國語教本	서울 : 同和出版社	울산대학교	80p
			新編中國語教本, 卷1	京城 : 同和出版社	연세대학교 열운문고	80p
		尹永春	新編中國語教本	서울 : 同和出版社	한국교원대학교	80p
			新編中國語教本, 卷1	서울 : 同和出版社	고려대학교	80p

도서 유형	발행/ 필사연도	저자	도서명	출판사	소장도서관	형태 사항
	1949	尹永春	新編中國語敎本, 2卷	京城 : 同和出版社	연세대학교 열운문고	79p
		尹永春	新編中國語敎本. 卷三/ 尹永春著	서울 : 同和出版社	국도관	86p
		尹永春	新編中國語敎本.卷3	서울 : 同和出版社	고려대학교	86p
	1951	盧東善 ; 權浩淵	中國語上	서울 : 장문사	전남대학교	280p
		서울永和出版社編輯部	現代中國語獨學	서울 : 영화출판사	전남대학교	142p
		盧東善, 權浩淵	中國語 上	서울 : 장문사	전남대학교	280p
	1952	宮島吉敏	中國語四週間	東京 : 大學書林	경희대학교 중앙도서관	285p
					대구가톨릭대학교	285p
			中國語四周間 : 四個星期中華國語	東京 : 大學書林	단국대학교 천안캠	285p
					단국대학교 퇴계기념 중앙도서관죽전	285p
		尹永春	新編中國語敎本.一卷	서울 : 鷄林社	단국대학교 천안캠	80p
		尹永春 著	新編中國語敎本	서울 : 鷄林社	단국대학교 율곡기념 중앙도서관천안	80p
		尹旰重	中國語四週間	서울 : 大東社	경희대학교 중앙도서관	478p
	1953	宮島吉敏	中國語四週間	東京 : 大學書林	연세대학교 원주	285p
		宮越健太郎 ; 杉武夫 共著	中國語敎科書 : 會話篇	東京 : 第三書房	국민대학교 성곡도서관	122p
		東文社 編輯部	三十日速成中國語自通	서울 : 東文社	국도관	104p
		東文社編輯部	三十日速成中國語自通	서울 : 東文社	영산대학교	104p
		朴魯胎 著	中國語講座	서울 : 一韓圖書出版社	경희대학교 중앙도서관	193p
		徐仁怡	中國語第一步	東京 : 白水社	영남대학교	319p
				東京 : 백수사	대구가톨릭대학교	319p
		徐仁怡 著	中國語第一步	東京 : 白水社	한국외국어대학교 서울캠퍼스 도서관	5, 319p
		鐘ケ江信光	中國語講座	東京 : 白水社	명지대학교 인문도서관	3卷1册
		倉石武四朗	中國語初級敎本	東京 : 岩波書店	부산외국어대학교	174p
		宮島吉敏, 鐘ケ江信光	中國語四週間 : 四個星期中國話	東京 : 大學書林	연세대학교 중앙도서관	306p
	1954	共同文化社, 김인성, 姜權馨	現代中國語獨學	서울 : 共同文化社	서원대학교	142p

도서 유형	발행/ 필사연도	저자	도서명	출판사	소장도서관	형태 사항
		共同文化社 編輯部	現代中國語獨學	서울 : 共同文化社	국도관	144p
		共同文化社 編輯部 編	現代中國語獨學	서울 : 共同文化社	고려대학교	142p
		공동문화사편집부	現代中國語獨學	서울 : 共同文化社	전북대학교	142p
		宮越健太郞 ; 杉武夫 共著	中國語教科書 : 會話篇	東京 : 第三書房	국민대학교 성곡도서관	144,25p
					한국외국어대학교 서울캠퍼스 도서관	iii, 168p
		金卿 ; 遜雲	中國語會話獨習	서울 : 豊國學園出版部	국도관	206p
		金寅性	現代中國語獨學	서울 : 共同文化社	대구대학교	142p
		東文社 編輯部 編	三十一速成中國語自通 : 三十日速成	서울 : 東文社	경북대학교	104p
		동문사편집부	三十月速成中國語自通	서울 : 東文社	건국대학교 상허기념도서관	104p
		宮島吉敏, 鐘ケ江信光 共著	四個星里期中國語	東京 : 大學書林	충북대학교	306p
			中國語四週間 : 四個星期中國語	東京 : 大學書林	서울대학교 중앙도서관 단행본자료실	306p
		宮越健太郞, 內之宮金城 共著	中國語教科書	東京 : 第三書房	국민대학교 성곡도서관	83p
					한국외국어대학교 서울캠퍼스 도서관	vi, 83p
		東文社編輯部 編	中國語自通	서울 : 東文社	국민대학교 성곡도서관	104p
			中國語自通 : 三十日速成	서울 : 東文社	충북대학교	104p
	1955	宮越健太郞 ; 內之宮金城 共著	中國語教科書 : 會話篇	東京 : 第三書房	홍익대학교 중앙도서관	144, 24p
		서울大學校 文理科大學 中國語文學科 語文硏究會 編	最新中國語敎科書.第1卷	서울 : 宇種社	고려대학교	136p
		서울大學校文理科大學 中國語文學科語文硏究會	最新中國語敎科書.第1卷	서울 : 宇鍾社	연세대학교 중앙도서관	136p
			最新中國語敎科書	서울 : 宇鍾社	성결대학교 학술정보관	136p
		서울大學校文理科大學 中國語文學科語文硏究會 編	最新中國語敎科書/第1卷	서울 : 宇鍾社	서울대학교 중앙도서관 수원보존도서관	136p
					한국외국어대학교 서울캠퍼스 도서관	ii, 136p

도서 유형	발행/ 필사연도	저자	도서명	출판사	소장도서관	형태 사항
		宇鍾社	最新中國語教科書 第1卷： 初級用	서울：宇鍾社	국도관	136p
		日本評論社 編	支那語讀本	東京：日本評論社	고려대학교	189, 63p
		鐘ケ江信光	白水社中國語講座	東京：白水社	경희대학교 국제C 중앙도서관	3冊133； 146； 126p
		鐘ケ江信光	中國語講座	東京：白水社	충북대학교	146p
		倉石武四郎	倉石中國語教本	東京：弘文堂	한국외국어대학교 서울캠퍼스 도서관	冊
		宮島吉敏, 鐘ケ江信光 共著	中國語四週間： 四個星期中國語	東京：大學書林	인하대학교 중앙도서관	306p
			中國語四週間： 四個星期中國語/第3改訂版	東京：大學書林	대구한의대학교	306p
			四個星期中國語： 中國語四週間	東京：大學書林	대구가톨릭대학교	306p
		金卿, 遜雲	中國語基礎完成	서울：豊國學園	전남대학교	206p
		遜雲, 金卿	中國語基礎完成	서울：豊國學園	국도관	206p
		遜雲, 金鄉	中國語基礎完成	서울：豊國學園	경희대학교 중앙도서관	206p
	1956	京都大學文學部 國語學國文學研究室	兒學編日語類解, 漢語初步	東京：三星堂書店	강릉원주대학교	1책
		宮島吉敏；鐘ケ江信光 共著	中國語四週間	東京：大學書林	성균관대학교 중앙학술정보관	306p
		朴魯胎	中國語講座	서울：一韓圖書出版社	광주교육대학교	193p
				서울：一韓圖書	대구가톨릭대학교	193p
				서울：一韓圖書	전남대학교	193p
			中國語講座：初級篇	서울：韓圖出版社	충북대학교	193p
				서울：一韓圖書出版社	충남대학교	193p
		遜雲, 金鄉 共著	教材中國語基礎完成	서울：豊國學園	이화여자대학교 중앙도서관	206p
		実藤恵秀	あたらしい中國語の學習	東京：日本評論新社	성균관대학교 중앙학술정보관	201p
		尹旿重	中國語四週間	서울：大東社	단국대학교 천안캠	478p

도서 유형	발행/ 필사연도	저자	도서명	출판사	소장도서관	형태 사항
					단국대학교 퇴계기념 중앙도서관죽전	478p
					광주교육대학교	478p
			無師自習中國語四週間	서울 : 大東社	국도관	478p
		尹旿重 著	中國語四週間	서울 : 大東社	침례신학대학교	478p
		丁秀山, 香坂順一, 柴垣芳太郎 共著	中國語會話入門 : 小萃の學習	東京 : 江南書院	영남대학교	159, 13 p
		中國語研究會	中國語四週間	서울 : 大東社	국민대학교 성곡도서관	478p
			無師自習短紀速成中國語 四週間	서울 : 大東社	서울시립대학교 도서관	478p
			中國語四周間 : 舞師自修	서울 : 大東社	연세대학교 중앙도서관	478
		尹旿重 著 ; 中國語研究會 編	無師自習短期速成中國語 四週間	서울 : 大東社	경북대학교	478p
					한남대학교	478p
	1957	宮越健太郎	中國語教科書	東京 : 第三書房	전북대학교	122p
		金子二郎	中國語のはなし方.下卷,初 級中國語讀本	東京 : 江南書院	국도관	197p
			初級中國語讀本 : 中國語のはなし方.上卷	東京 : 江南書院	국도관	154p
		金子二郎	中國語のはなし方	東京 : 江南書院	건국대학교 상허기념도서관	197, 23, 6p
		金子二郎	初級中國語讀本 : 中國語のはなし方	東京 : 江南書院	성균관대학교 중앙학술정보관	2冊 (154+197)
		楊秩華, 坂本一郎 共著	現代中國語會話	東京 : 江南書店	성균관대학교 중앙학술정보관	4, 106p
		張志暎·金用賢	中國語	서울 : 正音社	연세대학교 열운문고	?
			中國語.第一卷/金用賢	서울 : 正音社	국도관	101,13p
		鍾ケ江信光	初級中國會話讀本	東京 : 江南書院	성균관대학교 중앙학술정보관	121p
		鐘ケ江信光	白水社中國語講座	東京 : 白水社	성균관대학교 중앙학술정보관	冊
		中國語研究會 編	實用中國語.2 : 會話と手紙·挨拶	東京 : 江南書院	경북대학교	154p

도서 유형	발행/ 필사연도	저자	도서명	출판사	소장도서관	형태 사항
		中國語學研究會	實用中國語II會話と手紙· 挨拶	東京：江南書院	국민대학교 성곡도서관	154p
		中國語學研究會 編	實用中國語 2： 會話と手紙·挨拶	東京：江南書院	영남대학교	154p
			實用中國語II： 會話と手紙·挨拶	東京：江南書院	영남대학교	154p
		太田辰夫	中國歷代國語文中國歷代 口語文을 잘못 표기한 듯	東京：江南書院	성균관대학교 중앙학술정보관	155p
		노태준；韓昌洙 共著	中國語正則入門：發音教本	서울：韓國教授協會	경기대학교서울 금화도서관	142p
		姜槿馨	現代中國語獨學	서울：永和出版社	대구가톨릭대학교	142p
					충북대학교	142p
		宮島吉敏	中國語四週間	東京：大學書林	영산대학교	306p
		宮越健太郎；杉武夫	中國語敎科書：會話篇	東京：第三書房	국도관	24p
		矢野藤助	實用中國語會話	東京：大學書林	성균관대학교 중앙학술정보관	162p
		永和出版社 編輯部	現代中國語獨學	서울：永和出版社	경성대학교	142p
		尹旿重	初步부터會話까지中國語 첫걸음	서울：大東社	국도관	478p
				서울：大東社	경상대학교	478p
	1958	張志暎·金用賢	中國語	서울：正音社	삼육대학교 중앙도서관	?
		中國語研究會	中國語첫걸음	서울：大東社	경기대학교 금화도서관	478p
					경기대학교서울 금화도서관	478p
				서울：대동사	진주교육대학교	1책
			中國語첫걸음： 初步부터會話까지	서울：大東社	한국외국어대학교 서울캠퍼스 도서관	478p
					단국대학교 퇴계기념 중앙도서관죽전	478p
			初步부터會話까지中國語 첫걸음	서울：大東社	건국대학교 상허기념도서관	478p
		中國語研究會 編	中國語첫걸음： 初步부터會話까지	서울：大東社	단국대학교 천안캠	478p

도서 유형	발행/ 필사연도	저자	도서명	출판사	소장도서관	형태 사항
		倉石武四朗	中國語初級敎本 : ラテン化新文字による	東京 : 岩波書店	한국외국어대학교 서울캠퍼스 도서관	iii, 174p
		倉石武四郎	ローマ字中國語 : 初級	東京 : 岩波書店	경상대학교	85p
		宮島吉敏, 鐘江信光	中國語四週間 : 四個星期中國語	東京 : 大學書林	조선대학교	306p
		尹旿重 著 ; 中國語研究會	中國語첫걸음 : 初步부터會話까지	서울 : 大東社	조선대학교	478p
	1959	慶北大學校大學院 國語國文學研究室 [編.	朴通事 上	대구 : 慶北大學校大學院 國語國文學研究室	대구한의대학교	152p
		宮島吉敏	中國語四週間	東京 : 大學書林	중앙대학교 서울캠퍼스 중앙도서관	306p
		서도함남	淸語敎科書	大阪 : 大阪石塚書鋪	건국대학교 상허기념도서관	408p
		윤병찬 저	중국어자습독본.상	평양 : 국립문학예술 서적출판사	인하대학교 중앙도서관	428p
		李起馨	官話華語敎範	京城 : 普昌書館	영산선학대학교	180p
			중국어テキスト	東京 : 光生館	단국대학교 천안캠	38p
		?	中國語テキスト	東京 : 光生館	단국대학교 율곡기념 중앙도서관천안	38p
	1960	鐘ケ江信光	白水社中國語講座	東京 : 白水社	한국외국어대학교 서울캠퍼스 도서관	3冊
		鐘ケ江信光	中國語講座	東京 : 白水社	경북대학교	2v.
		倉石武四郎	ローマ字中國語初級	東京 : 岩波書店	성균관대학교 중앙학술정보관	85p
	19--	倉石武四郎 編	倉石中等支那語	東京 : 中等學校敎科書	충남대학교	冊
	1957- 1958	張志暎·金用賢	중국어.1~3	서울 : 正音社	이화여자대학교 중앙도서관	1책
	?	初級漢語編委會	初級漢語課本下冊	?	덕성여자대학교 도서관	135p
	1863- 1907	李應憲	華音啓蒙諺解	미상	국도관	2卷1冊
	1920 추정	李河鎔	支那語日用單語講義案	油印版	장서각	1冊16張

도서 유형	발행/ 필사연도	저자	도서명	출판사	소장도서관	형태 사항
	1921/ 1939	宋憲奭	支那語集成 : 自習完璧	京城 : 德興書林	영남대학교	371p
	1937- 1938	奈良和夫	支那語教科書	東京 : 第一書院	서울대학교 학과 및 연구소 중어중문학과 외	2-3卷 2冊零本
	1938/ 1940	倉石武四郎	支那語飜譯篇.卷1,2	東京 : 弘文堂書房	국도관	2책
	1938/ 1941	宮原民平, 土屋明治	初等支那語教科書	東京 : 東京開成館	연세대학교 열운문고	111p
	1939/ 1941	藤木敦實, 麻喜正吾 共著	標準支那語會話教科書	東京 : 光生館	고려대학교	上卷. 基礎編 ii,108p - 下卷. 應用編 2,4,85,7p
	1954/ 1971	宮島吉敏, 鍾ケ江信光 共著	中國語四週間第3改訂版	東京 : 大學書林	고려대학교	306p
	1954- 1957	鐘ケ江信光	白水社中國語講座	東京 : 白水社	경북대학교	2v.
	高宗 年刊	李應憲朝鮮	華音啓蒙諺解.卷上,下	미상	충남대학교	2卷1冊
미상		金元明	中華正音	필사본	연세대학교 열운문고	
		미상	官話指南	필사본	부산대학교	72장
			中國語教本	필사본	부산대학교	15장
			中華正音	필사본	장서각	1卷 1冊
			華音啓蒙諺解	全史字	부산대학교	75장
		石山福治	普通支那語講義	正則支那語學會	연세대학교 열운문고	228p
		李應憲	華音啓蒙	活字本	부산대학교	2卷1冊
		張志暎	中華官話自修卷2	필사본	연세대학교 열운문고	150p
		宮越健太郎, 杉武夫	模範滿支官話教程 : 教授用備考書	東京 : 外語学院出版部	연세대학교 열운문고	209
		尹泰駿朝鮮	華音啓蒙諺解	목판본	연세대학교 중앙도서관	1책
	1917c 1903	御幡雅文	華語跬步	東京 : 文求堂書店	동국대학교 중앙도서관	6, 2, 4, 352p

도서 유형	발행/ 필사연도	저자	도서명	출판사	소장도서관	형태 사항
	1931	金東淳	滿洲語問答會話集	京城：實生活社	경북대학교	154p
	1956	水世姬, 中山時子 編	生活與會話：趣味と生活の 中國語會話學習書	東京：書籍文物流通會	계명대학교	144, 10p

회화류 요약

도서 유형	발행/ 필사연도	저자	도서명	출판사	소장도서관	형태 사항
종합서	1926	渡部薰太郎	滿洲語文典	大阪：大阪東洋學會	동국대학교 경주캠퍼스 도서관	1책
					연세대학교 중앙도서관	102p
					이화여자대학교 중앙도서관	102p
					동국대학교경주	1책
				大阪：大阪東洋學會	고려대학교	iv
		渡部薰太郎 編	滿洲語文典	大阪：大阪東洋學會	경북대학교	1v.
		中谷鹿二	日支合辯語から正しき支那 語へ	大連：滿書堂	국도관	169p
	1931	저자불명	現代支那語講座	東京：太平洋書房	연세대학교 열운문고	8책
	1932	宮島吉敏	最新支那語講座 上,下卷	東京：大學書林	국도관	2책
			標準支那語講座 上	東京：大學書林	상명대학교 중앙도서관	391p
		宮島吉敏 編	標準支那語講座 下卷	東京：大學書林	고려대학교	344p
	1936	井上翠	現代實用支那語講座 7： 時文篇	東京：文求堂	연세대학교 중앙도서관	254p
			現代實用支那語講座 第7卷 時文篇	東京：文求堂	국도관	254p
		諸岡三郎	現代實用支那語講座 8： 尺牘篇	東京：文求堂	연세대학교 중앙도서관	302p
		土屋申一	現代實用支那語講座 4： 會話篇	東京：文求堂	연세대학교 중앙도서관	262p
		神谷衡平, 有馬健之助 共編	現代實用支那語講座 1： 基本篇	東京：文求堂	고려대학교	252, 28p
		神谷衡平, 有馬健之助	現代實用支那語講座 第1卷 基本篇	東京：文求堂	국도관	380p
	1937	渡會貞輔	支那語叢話	東京：外語學院出版部	국도관	392p

도서 유형	발행/ 필사연도	저자	도서명	출판사	소장도서관	형태 사항
				熊本： 熊本縣支那語學校	연세대학교 열운문고	392p
		渡會貞輔	支那語叢話	東京：外語學院出版部	고려대학교	392p
		清水元助 ; 有馬建之助	現代實用支那語講座 第6卷 作文編	東京：文求堂	국도관	272p
	1938	宮島吉敏	標準支那語講座 下卷	東京：大學書林	서울대학교 중앙도서관 고문헌자료실	344p
		渡會貞輔	支那語叢話	東京：外語學院出版部	영남대학교	392p
		神谷衡平, 有馬健之助	新法支那語教本.第一卷	東京：文求堂	연세대학교 열운문고	4, 152, [28]p
	1939	神谷衡平, 有馬健之助	新法支那語教本	東京：文求堂	서울대학교 중앙도서관 고문헌자료실	1冊
			新法支那語教本2	東京：文求堂	전남대학교	160p
		神谷衡平, 有馬健之助 共編	新法文支那語教本	東京：文求堂	경북대학교	v. : ill.
			新法支那語教本.第1-2卷	東京：文求堂	충남대학교	2 v?
		神谷衡平, 有馬楗之助 共編	現代實用支那語講座1： 基本篇	東京：文求堂	이화여자대학교 중앙도서관	252, 27p
		陳清金, 宗內鴻 共著	支那語滿洲語講座	東京：東江堂書店	영남대학교	3 冊
		陳清金, 宗內鴻	支那語滿洲語講座	東京：東江堂書店	울산대학교	3책
	1940	陳清金, 宗內鴻	支那語滿州語講座： 基礎及會話文法篇	大阪：巧人社書店	건국대학교 상허기념도서관	297p
	1941	魚返善雄	華語基礎讀本	東京：三省堂	경남대학교	134
					중앙대학교 서울캠퍼스 중앙도서관	134p
		魚返善雄	華語基礎讀本	東京：三省堂	경북대학교	134p
					고려대학교	134p
	1942	岩井武男	現代實用支那語講座 第15卷 讀本編	東京：文求堂	국도관	193p
	1943	魚返善雄	華語基礎讀本	東京：三省堂	건국대학교 상허기념도서관	133p
	1957	李元植	中國語解釋	서울：同學社	광주교육대학교	186p
					국도관	186p

도서 유형	발행/ 필사연도	저자	도서명	출판사	소장도서관	형태 사항
					국민대학교 성곡도서관	186p
					동국대학교 중앙도서관	186p
					부경대학교	186p
					서울대학교 중앙도서관 수원보존도서관	186p
					전남대학교	186p
					전북대학교	186p
			中國語解釋 : 中國語教材	서울 : 同學社	건국대학교 상허기념도서관	186p
					성균관대학교 중앙학술정보관	186p
			中國語解釋 : 中國語教材	서울 : 同學社	충남대학교	186p
		李元植	中國語解釋	서울 : 同學社	충북대학교	186p
			中國語解釋 : 中國語教材	서울 : 同學社	고려대학교	186p
			中國語解釋 : 中國語教材	서울 : 同學社	영남대학교	176p
		李元植 編	中國語解釋	서울 : 同學社	청주대학교	186p
		李原植 編	中國語解釋	서울 : 同學社	대구가톨릭대학교	186p
		中國語友の會	やさしい中國語	東京 : 江南書院	성균관대학교 중앙학술정보관	1冊
			やさしい中國語 : 中國語とは發音のしかた.1	東京 : 江南書院	국도관	2, 90, 6p
		中國語友の會 編	やさしい中國語 1 : 中國語とは.發音のしかた	東京 : 江南書院	영남대학교	2, 90, 6 p
			やさしい中國語 2 : III讀本	東京 : 江南書院	영남대학교	129, 6 p
			やさしい中國語 3	東京 : 江南書院	영남대학교	2, 2, 170, 6p
	1959	神谷衡平, 有馬健之助 共著	新法支那語教本.第1卷	東京 : 文求堂	고려대학교 세종캠	179p
					고려대학교	179p
	1960	李元植	中國語解釋 : 中國語教材	서울 : 同學社	영남대학교	186p
		伊地智善繼	新しい中國語教本	東京 : 光生館	연세대학교 중앙도서관	84p

도서 유형	발행/ 필사연도	저자	도서명	출판사	소장도서관	형태 사항
			新しい中國語教本: 改訂增補基礎編	東京:光生館	국도관	84p
			新しい中國語教本: 文法·作文篇	東京:光生館	국도관	95p
		中國語學會	綜合中國語	서울:新雅社	국도관	364p
					강남대학교 중앙도서관	364p
					경북대학교	364p
		中國語學會 編	綜合中國語	서울:新雅社	서울대학교 학과 및 연구소 중어중문학과	12, 364p
					인천대학교 학산도서관	364p
					포항공과대학교	364p
	1961	中國語學會	綜合中國語	서울:新雅社	연세대학교 중앙도서관	364p
	1956- 1959	車柱環, 金正祿, 車相轅	중국어 1,2	서울:우종사	이화여자대학교 중앙도서관	1책
	1929- 1930	杉武夫	最新支那語講座.第1-6卷	東京:文求堂書店	서울대학교 중앙도서관 고문헌자료실	6v.
	1959- 1960	伊地智善繼 等編	新しい中國語教本	東京:光生館	성균관대학교 중앙학술정보관	4册
	1960/ 1966	伊地智善繼, 香坂順一, 大原信一, 太田辰夫, 鳥居久靖 共著	新しい中國語教本 2: 文法·作文篇	東京:光生館	고려대학교	95p
	미상	岡本正文, 宮嶋吉敏, 佐藤留雄	支那語法規/支那語分解講 義/北京官話聲音異同辯	正則支那語學會	연세대학교 열운문고	

종합서 요약

미분류	1927	霜島勇氣南	高等漢文漢語詳解:及附錄	東京:大同館	단국대학교 천안캠	48p
	1930	中谷鹿二	新らしい支那語を研究せよ	大連:大阪屋號書店	국도관	244p
	1931	今西龍	滿洲語のはなし	미상	국도관	40p
				京城:발행자불명	고려대학교	40p
	1934	奧平定世	標準支那語讀本 上	東京:尙文堂	연세대학교 중앙도서관	120p
			標準支那語讀本 中卷	東京:尙文堂	연세대학교 중앙도서관	120p
			標準支那語讀本 下卷	東京:尙文堂	연세대학교 중앙도서관	118p

도서 유형	발행/ 필사연도	저자	도서명	출판사	소장도서관	형태 사항
	1939	Zōin, Hō Hō, Fumika	支那語新軌範	東京：s.n.	서울대학교 중앙도서관 고문헌자료실	100p
		瀧麟太郎	獨習自在支那語の學び方	東京：京文社書店	경상대학교	237p
	1940	Zōin, Hō Hō, Fumika	支那語新軌範敎授資料	東京：s.n.	서울대학교 중앙도서관 고문헌자료실	102p
		山田孝雄	國語の中に於ける漢語の研究	東京：寶文館	고려대학교	538, 35p
		李相殷 講議	ラヂオ・テキスト支那語講座	京城：朝鮮放送協會	고려대학교	66p
		陳文彬	支那語自修讀本	東京：大阪屋號書店	부산대학교	107p
	1941	隅田直則	最新支那語解釋法	東京：大阪屋號書店	국도관	1책
	1946	隅田直則	最新支那語解釋法	東京：大阪屋號書店	충남대학교	658p
	1949	金昌國	中國語敎科書全	서울：石村書店	성균관대학교 중앙학술정보관	96, 15p
	1958	山田孝雄	國語の中に於ける漢語の研究	東京：寶文館	영남대학교	504, 39p
				東京：寶文館出版	선문대학교	504p
			國語の中に於ける漢語の研究訂正版	東京：寶文館	고려대학교	504p
	1960	北京大學外國留學生中國語文專修班 編	中國語敎科書上	東京：光生館	고려대학교	330p
		北京大學外國留學生中國語文專修班 編	中國語敎科書下	東京：光生館	고려대학교	355p
		北京語言學院	中國語敎科書	東京：光生館	경북대학교	2v. : ill.
		北京言語學院 編	中國語敎科書上卷	東京：光生館	평택대학교 중앙도서관	330p
			中國語敎科書下卷	東京：光生館	평택대학교 중앙도서관	355p
		육군사관학교	중국어교본	서울：육군사관학교	경희대학교 중앙도서관	317p
				서울：육군사관학교	영남대학교	317p
		해군사관학교	중국어교본	鎭海：海軍士官學校	서울대학교 중앙도서관 단행본자료실	178p
		光生館編輯部	注音中國語テキスト	東京：光生館	경상대학교	94p
	1969	朴恩用	滿洲語文語硏究,1	大邱：螢雪出版社	연세대학교 중앙도서관	178p

도서 유형	발행/ 필사연도	저자	도서명	출판사	소장도서관	형태 사항
	1934- 1936	宮越健太郎 著, 岩波武雄 編輯	東洋言語の系統: 支那語の系統	東京 : 岩波書店	충남대학교	冊
	195?	金永淵	中國語讀本	서울 : 조선대학교	조선대학교	114p
	1960/ 1967	光生館編集部 編	中國語テキスト: 文字改革出版社版複製	東京 : 光生館	고려대학교	94p
	미상	石山福治	支那現在事情	正則支那語學會	연세대학교 열운문고	264p

미분류 요약

기	미상	미상	滿洲語筆法	필사본	부산대학교	14장

기 요약

	1944	魚返善雄	日本語と支那語	東京 : 慶應義塾大學 語學研究所	서울대학교 중앙도서관 고문헌자료실	398p
기타류				東京 : 慶應出版社	국도관	398p
	1957/ 1958	小溪學人 編	語源資料集成.上,中,下	미상	충남대학교	3冊

기타류 요약

		미상	中國語學習雙書	東京 : 江南書院	국민대학교 성곡도서관	
총서- 종합서	1956	中國語學習雙書 編輯委員會 編	現代中國語初級讀本	東京 : 江南書院	영남대학교	133, 19p
		中國語學習雙書 編集委員會 編	現代中國語中級讀本	東京 : 江南書院	영남대학교	127, 16p

총서-종합서 요약

회화류 간행물	1933-	?	支那語	東京 : 外語學院出版部	영남대학교	?

회화류간행물 요약

	1934	宮越健太郎	支那語の系統	東京 : 岩波書店	영남대학교	56p
개론서		宮越健太郎	支那語の系統	東京 : 岩波書店	경성대학교	1책
	1936	宮越健太郎	支那語の系統	東京 : 岩波書店	경북대학교	84p
					영남대학교	84p

개론서 요약

간행물	1931	?	支那語雜誌	東京 : 螢雪書院	계명대학교	?

간행물 요약

도서 유형	발행/ 필사연도	저자	도서명	출판사	소장도서관	형태 사항
독해 회화류	1939/ 1941	宮越健太郞, 淸水元助,杉武夫 共著	最新支那語敎科書： 時文篇, 會話篇	東京：外語學院出版部	단국대학교 천안캠	2冊

독해회화류 요약

3. 소장처 순

소장도서관	발행/ 필사연도	저자	도서명	출판사	형태 사항	도서 유형
가톨릭관동 대학교	1908	元泳義, 李起馨	초등작문법	경성 : 광동서방	55p	작문류
	1934	李祖憲	中語大全	경성 : 한성도서	313p	회화류
강남대학교 중앙도서관	1938	岡本正文	支那語教科書	東京 : 文求堂	2,3,164p	회화류
	1960	中國語學會 編	綜合中國語	서울 : 新雅社	364p	종합서
강릉원주대학교	1956	京都大學文學部 國語學國文學研究室	兒學編日語類解,漢語初步	東京 : 三星堂書店	1책	회화류
건국대학교 상허기념도서관	1912	宮錦舒	支那語文典	東京 : 文求堂	270p	어법류
	1925	常静仁	官話新編	東京 : 向文堂	122p	회화류
	1926	大橋末彦	官話急就篇詳譯/全	東京 : 文求堂	230p	회화류
	1929	宮島大八	官話急就篇/終	東京 : 文求堂	182p	회화류
	1933	江口良吉 著	支那語一二三の讀み方から	東京 : 太陽堂	345p	회화류
	1938	文世榮	速修滿洲語自通	서울 : 中國語研究會	474p	회화류
		傅芸子	支那語會話篇	東京 : 弘文堂	158p	회화류
	1940	宮越健太郎	支那語基礎單語四〇〇〇	東京 : タイムス出版社	199p	어휘집
		陳清金, 宗内鴻	支那語滿州語講座 : 基礎及會話文法篇	大阪 : 巧人社書店	297p	종합서
	1942	文世榮	無師速成目鮮滿洲語自通	서울 : 博文館	278p	회화류
	1943	魚返善雄	華語基礎讀本	東京 : 三省堂	133p	종합서
	1944	小原一雄	支那語讀本	大連 : 등進社	142p	독해류
	1954	동문사편집부	三十月速成中國語自通	서울 : 東文社	104p	회화류
	1955	宮越健太郎 ; 內之宮金城 共著	中國語教科書 : 讀本篇	東京 : 第三書房	83p	독해류
	1957	金子二郎	中國語のはなし方	東京 : 江南書院	197, 23, 6p	회화류
		藤堂明保	中國語音韻論	東京 : 江南書院	358p	음운류
		李元植	中國語解釋 : 中國語教材	서울 : 同學社	186p	종합서
	1958	中國語研究會	初步부터會話까지 中國語첫걸음	서울 : 大東社	478p	회화류
	1959	서도함남	淸語教科書	大阪 : 大阪石塚書鋪	408p	회화류
	1960	鍾ケ江信光	中國語辭典	東京 : 大學書林	1157p	사전류

소장도서관	발행/ 필사연도	저자	도서명	출판사	형태 사항	도서 유형
경기대학교 금화도서관	1958	中國語研究會	中國語첫걸음	서울:大東社	478p	회화류
경남대학교	1933	堀井仁	實際的研究支那語の自修	東京:大文館	26p	독해류
	1939	內之宮金城	初等支那語會話	東京:日本放送 出版協會	134p	회화류
	1941	魚返善雄	華語基礎讀本	東京:三省堂	134	종합서
경북대학교	1908	御幡雅文	華語跬步	發行地不明: 東亞同文會	352p	회화류
	1915	濱野知三郎 輯著	新譯漢和大辭典	東京:六合館	84p	사전류
	1926	渡部薰太郎 編	滿洲語文典	大阪:大阪東洋學會	1v.	종합서
	1930	飯河道雄	支那語の基礎と會話大全: 全	奉天:東方印書館	550, 6p	회화류
	1931	金東淳	滿洲語問答會話集	京城:實生活社	154p	회화류
	1932	吳泰壽 譯	官話指南總譯	東京:文求堂書店	264p	기타
	1934	宮越健太郎, 杉武夫 共著	支那語教科書:會話篇	東京:外語學院出版部	144p	회화류
	1936	宮原民平	支那語講座	東京:文求堂	v.	회화류
		宮越健太郎	支那語の系統	東京:岩波書店	84p	개론서
	1938	大石進海, 柿崎進 [共]著	軍事日常支那語	東京:大阪屋號書店	326p	회화류
	1939	神谷衡平, 有馬健之助 共編	新法文支那語教本	東京:文求堂	v. : ill.	종합서
		鈴木擇郎	支那語教本:高級編	上海:東亞同文書院 支那研究部	170p	회화류
	1940	宮原民平	中等支那語教本	東京:東京開成觀	v. : ill.	회화류
		宮越健太郎, 杉武夫 共著	支那語基準會話	東京:外語學院出版部	2v.	회화류
	1941	魚返善雄	華語基礎讀本	東京:三省堂	134p	종합서
		田中淸之助	華語辭典	大坂:大坂尾號書房	652p	사전류
	1943	石山福治	支那語大辭典	東京:第一書房	1746p	사전류
		武田寧信, 中澤信三 共著	軍用支那語大全	東京:帝國書院	602p	회화류
	1944	金松奎	內鮮滿最速成滿洲語自通	경성:광한서림	160p	회화류
	1947	表文化	蒙古語滿洲語教科書	서울:國學大學 國學研究會	131p	회화류

소장도서관	발행/ 필사연도	저자	도서명	출판사	형태 사항	도서 유형
	1954	東文社 編輯部 編	三十一速成中國語自通: 三十日速成	서울: 東文社	104p	회화류
	1956	中國科學院 言語研究所 編; 實藤惠芳, 北浦藤郎 共譯	中國語文法講話	東京: 江南書院	325p	어법류
		尹旿重 著; 中國語研究會 編	無師自習短期速成中國語四 週間	서울: 大東社	478p	회화류
	1957	王育德	臺灣語常用語彙	東京: 永和語學社	475p	어휘집
		中國語研究會 編	新しい中國語單語	東京: 江南書院	236p	어휘류
			實用中國語,1: 發音と解釋	東京: 江南書院	154p	음운류
			中國語概論	東京: 江南書院	138p	어법류
			中國語研究史	東京: 江南書院	180p	어법류
			中國語研究資料	東京: 江南書院	77, 2p	어법류
			實用中國語,2: 會話と手紙・挨拶	東京: 江南書院	154p	회화류
	1960	北京語言學院	中國語教科書	東京: 光生館	2v. : ill.	미분류
		鐘ケ江信光	中國語講座	東京: 白水社	2v.	회화류
		中國語學會 編	綜合中國語	서울: 新雅社	364p	종합서
	1938- 1940	倉石武四郎	支那語讀本	東京: 弘文堂書房	2v.	독해류
	1954- 1957	鐘ケ江信光	白水社中國語講座	東京: 白水社	2v.	회화류
경상대학교	1913	高永完	高等官話華語精選	京城: 普書館	288p	회화류
	1919	石川福治	最新支那語學研究法	東京: 文求堂書店	1책	기타
	1933	王小林	滿洲語無師自通	京城: 新滿蒙社	1冊	회화류
	1939	瀧麟太郎	獨習自在支那語の學び方	東京: 京文社書店	237p	미분류
	1940	張志暎	中國語會話全書	경성: 群書堂書店	492p	회화류
	1941	Bernhard Karlgren	北京語の發音	東京: 文求堂	1책	음운류
		文世榮	北京官話支那語大海	경성: 永昌書館	313p	회화류
	1942	文世榮	無師速成目鮮滿洲語自通	경성: 博文館	278p	회화류
	1955	石山福治	支那語の手紙	東京: 大學書林	133p	작문류

소장도서관	발행/ 필사연도	저자	도서명	출판사	형태 사항	도서 유형
	1958	尹旿重	初步부터會話까지中國語 첫걸음	서울 : 大東社	478p	회화류
		倉石武四郎	ロ-マ字中國語 : 初級	東京 : 岩波書店	85p	회화류
	1960	光生館編輯部	注音中國語テキスト	東京 : 光生館	94p	미분류
경성대학교	1936	宮越健太郎	支那語の系統	東京 : 岩波書店	1책	개론서
	1937	石山福治 ; 江口良吉	初等支那語研究	東京 : 崇文堂出版部	1책	회화류
	1939	神谷衝平	支那語基本敎科書	東京 : 文求堂書店	1책	회화류
	1940	井上翠	井上ポケット支那語辭典	東京 : 文求堂	754p	사전류
	1958	永和出版社 編輯部	現代中國語獨學	서울 : 永和出版社	142p	회화류
경희대학교 국제C 중앙도서관	1955	鐘ケ江信光	白水社中國語講座	東京 : 白水社	3冊133 ; 146 ; 126p	회화류
경희대학교 중앙도서관	1934	佐藤留雄	華語敎程	大阪 : 同文社	38p	회화류
	1952	宮島吉敏	中國語四週間	東京 : 大學書林	285p	회화류
		尹旿重	中國語四週間	서울 : 大東社	478p	회화류
	1953	朴魯胎 著	中國語講座	서울 : 一韓圖書出版社	193p	회화류
	1955	遜雲, 金鄕	中國語基礎完成	서울 : 豊國學園	206p	회화류
	1960	육군사관학교	중국어교본	서울 : 육군사관학교	317p	미분류
		鐘ケ江信光	中國語辭典	東京 : 大學書林	1157p	사전류
계명대학교	1881	吳啓太, 鄭永邦	官話指南	日本 : [刊寫者未詳]	東裝1冊	회화류
	1931	?	支那語雜誌	東京 : 螢雪書院	?	간행물
	1932	西島良爾	支那語敎程	大阪 : 近代文藝社	416p	회화류
	1936	秩父固太郎	簡易支那語會話篇	大連 : 大阪屋號書店	216p	회화류
	1938	魚返善雄	支那語讀本	東京 : 日本評論社	189, 63p	회화류
	1942	井上翠	井上ポケット支那語辭典	東京 : 文求堂	754p	사전류
	1948	尹炳喜	中國語敎編	京城 : 乙酉文化社	1冊194p.	회화류
	1954	長谷川寬	中國語作文	東京 : 白水社	301p	작문류
	1956	中國科學院言語研究所 編 ; 實藤惠秀 ; 北浦藤郎 [共譯]	中國語文法講話	東京 : 江南書院	325p	어법류

소장도서관	발행/ 필사연도	저자	도서명	출판사	형태 사항	도서 유형
		水世姮, 中山時子 編	生活與會話:趣味と生活の 中國語會話學習書	東京:書籍文物流通會	144, 10p	회화류
		呂叔湘 著;大原信一, 伊地智善繼 譯	中國語法學習	東京:江南書院	200p	어법류
		藤堂明保	中國語音韻論	東京:江南書院	358p	음운류
	1957	伊地智善繼;十本春彦[共著]	現代中國語の發音	東京:江南書院	3, 66, 11 p	음운류
		中國語學研究會 編	新しい中國語單語	東京:江南書院	236p	어휘류
고려대대학교 세종캠	1932	宮島吉敏, 矢野藤助 共著	Shobundo's Pocket Chinese Japanese dictionary	東京:尙文堂	71p	사전류
	1939	宮島吉敏, 包翰華 共著	日常華語會話	東京:東京開成館	148p	회화류
	1957	藤堂明保	中國語音韻論	東京:江南書院	358p	음운류
	1959	神谷衡平, 有馬健之助 共著	新法支那語教本.第1卷	東京:文求堂	179p	종합서
고려대학교	1881	吳啓太, 鄭永邦	官話指南鉛印	[발행지불명]	1册148頁	회화류
		吳啓太日本, 鄭永邦日本	官話指南鉛印本日本	[刊寫地未詳]	1册148p	회화류
	1883	李應憲 編	華音啓蒙全史字	미상	2卷1册	회화류
	1904	靑島巴陵會 公訂	官話黜虛崇正論	上海: 德國敎士安保羅藏板	120p	기타
	1905	吳泰壽 著	官話指南總譯	東京:文求堂	264p	기타
	1908	御幡雅文	華語跬步增補第20版	發行地不明: 東亞同文會	350p	회화류
		後藤朝太郎 著	現代支那語學	東京:博文館	286p	어법류
	1909	鄭永邦, 吳啓太 共著; 金國璞 改訂	改訂官話指南	東京:文永堂書局	230p	회화류
	1914	石山福治	支那語新會話篇	東京:文求堂	296p	회화류
	1915	李起馨	官話華語敎範	京城:普昌書館	180p	회화류
		李起馨	官話華語敎範	京城:普昌書館	180p	회화류
	1918	柳廷烈	修正獨習漢語指南鉛印	京城:惟一書館	1册	회화류
	1921	宋憲奭	自習完壁支那語集成	京城:德興書林	371p	회화류
	1922	宋憲奭	速修漢語自通	京城:博文書館	142p	회화류
	1923	飯河道雄	支那語分類會話讀本	大連:大阪屋號書店	163p	회화류

소장도서관	발행/ 필사연도	저자	도서명	출판사	형태 사항	도서 유형
	1926	渡部薰太郎	滿洲語文典	大阪 : 大阪東洋學會	iv	종합서
		佐藤留雄	標準支那語辭典	大阪 : 同文社書房	373p	사전류
	1928	秩父固太郎	簡易支那語會話篇 : 注音對譯	大連 : 大阪屋號書店	217p	회화류
	1930	佐藤留雄	華語敎程	大阪 : 同文社	38p	회화류
	1931	宮島大八	官話急就篇	東京 : 文求堂	182p	회화류
		今西龍	滿洲語のはなし	京城 : 발행자불명	40p	미분류
		神谷衡平, 淸水元助 共著	支那語獨習書	[發行地不明] : 春陽堂	247p	회화류
	1932	宮島吉敏 編	標準支那語講座 下卷	東京 : 大學書林	344p	종합서
		宮島吉敏, 矢野藤助 共著	支那語辭典	東京 : 尙文堂	748p	사전류
		石山福治	支那語辭彙	東京 : 文夫堂	8, 318, 8, p	사전류
		李仲剛	現代華語讀本 : 正編	大運 : 大阪屋號書店	146p	회화류
		宮島吉敏, 矢野藤助 共著	Shobundo's Pocket Chinese Japanese dictionary	東京 : 尙文堂	71p	사전류
	1933	李仲剛	現代華語讀本 : 續編	大運 : 大阪屋號書店	181p	회화류
		宮越健太郎, 杉武夫 共著	最新支那語敎科書 1 :作文篇	東京 : 外語學院	122p	작문류
	1935	岡井愼吾	國語科學講座.4,8 : 國語學B : 漢語と國語	東京 : 明治書院	1冊	기타
		李春一	滿洲語速成會話講義錄	京城 : 新滿蒙社	300p	회화류
		金東淳 著述 ; 曲俊鄕 校閱	實用官話滿洲語問答會話集	京城 : 實生活社	154p	회화류
	1936	宮越健太郎, 內之宮金城 共著	最新支那語敎科書 上卷 : 讀本篇	東京 : 外語學院出版部	83p	독해류
		神谷衡平, 有馬健之助 共編	現代實用支那語講座 1 : 基本篇	東京 : 文求堂	252, 28p	종합서
	1937	渡會貞輔	支那語叢話	東京 : 外語學院出版部	392p	종합서
		外語學院出版部 編.	受驗參考滿洲語問題捉へ方 再版	東京 : 外語學院出版部	149p	기타
		宮越健太郎, 杉武夫 共著	最新支那語敎科書 2 : 會話篇昭和12年度改訂版	東京 : 外語學院出版部	24p	회화류
		宮越健太郎, 內之宮金城 共著	最新支那語敎科書 上卷 : 讀本篇	東京 : 外語學院出版部	130p	독해류

소장도서관	발행/ 필사연도	저자	도서명	출판사	형태 사항	도서 유형
	1938	日本評論社 編	支那語讀本	東京：日本評論社	179, 180p	회화류
		宗內鴻	華語要訣	東京：三省堂	213	어법류
		宮越健太郎, 內之宮金城 共著	最新支那語敎科書 上卷：讀本篇改政版	東京：外語學院出版部	83p	독해류
			最新支那語敎科書 中卷：讀本篇	東京：外語學院出版部	101p	독해류
	1939	石橋哲爾	支那語捷徑新訂增補版	京都：平野書店	325p	회화류
		李相殷 著	標準支那語會話	京城：人文社	216p	회화류
		張志映	中國語會話全書	京城：群堂書店	492p	회화류
		井上翠	井上ポケット支那語辭典	東京：文夫堂	754p	사전류
		倉石武四郞	支那語法入門	東京：弘文堂書房	108p	어법류
		宮島吉敏, 包翰華 共著	日常華語會話	東京：東京開成館	148p	회화류
		宮越健太郎, 杉武夫 共著	支那語基準會話.上卷	東京：外語學院出版部	83p	회화류
			支那語基準會話.下卷	東京：外語學院出版部	120, 18p	회화류
		青柳篤恒, 吳主憲 共著	標準商業支那語敎科書	東京：松邑三松堂	128p	회화류
	1940	吉野美彌雄 著	支那語講習會敎本	[발행지불명]：甲文堂書店	82p	회화류
		山田孝雄	國語の中に於ける漢語の研究	東京：寶文館	538, 35p	미분류
		李相殷 講議	ラヂオ・テキスト支那語講座	京城：朝鮮放送協會	66p	미분류
		藤木敦實, 麻喜正吾 共著	標準支那語會話敎科書,下卷：應用篇御敎授用參考書	東京：光生館	45p	회화류
	1941	魚返善雄	華語基礎讀本	東京：三省堂	134p	종합서
		李相殷	最新華語敎科書 下卷	京城：東光堂	64, 15 p	회화류
		竹田復	支那語新辭典	東京：博文館	1冊 面數複雜	사전류
		倉石武四郞	支那語敎育の理論と實際	東京：岩波書店	260p	어법류
	1943	黎錦洪；大阪 外國語學校 大陸語學研究所 譯	黎氏支那語文法	大阪：甲文堂	414p	어법류
	1948	尹永春	新編中國語敎本.卷1	서울：同和出版社	80p	회화류

소장도서관	발행/ 필사연도	저자	도서명	출판사	형태 사항	도서 유형
	1949	大阪外國語大學 中國硏究會 編	中國語表現文型	大阪 : 大阪外國語大學 中國硏究會	105p	어법류
		尹永春	新編中國語教本.卷3	서울 : 同和出版社	86p	회화류
	1952	さねとうけいしゅう	現代中國語入門	東京 : 三一書房	316p	어법류
	1954	共同文化社 編輯部 編	現代中國語獨學	서울 : 共同文化社	142p	회화류
		井上翠	中國語新辭典	東京 : 江南書院	1111p	사전류
	1955	藤堂明保	中國語語源漫筆	東京 : 大學書林	148p	어법류
		서울大學校 文理科大學 中國語文學科 語文硏究會 編.	最新中國語教科書.第1卷	서울 : 宇種社	136p	회화류
		日本評論社 編	支那語讀本	東京 : 日本評論社	189, 63p	회화류
	1956	車哲男	中國語基礎構文論	[발행자불명] : [발행자불명]	87p	어법류
	1957	藤堂明保	中國語音韻論	東京 : 江南書院	358p	음운류
		李元植	中國語解釋 : 中國語教材	서울 : 同學社	186p	종합서
	1958	ジヤパン.タイムズ社 編	日本語中心六カ國語辭典 : 日.英.獨.佛.露.中國語	東京 : 原書房	678p	사전류
		山田孝雄	國語の中に於ける漢語の硏 究訂正版	東京 : 寶文館	504p	미분류
		中國語學硏究會 編	中國語學事典	東京 : 江京書院	1129p	사전류
	1959	車哲南	中國語發音의理論과實際油 印本	[발행자불명] : [발행자불명]	82p	음운류
		神谷衡平, 有馬健之助 共著	新法支那語教本.第1卷	東京 : 文求堂	179p	종합서
	1960	北京大學外國留學生中國語文 專修班 編	中國語教科書上	東京 : 光生館	330p	미분류
		北京大學外國留學生中國語文 專修班 編	中國語教科書下	東京 : 光生館	355p	미분류
	1935/ 1940	石山福治 編著	最新支那語大辭典	東京 : 第一書房	1746, 26, 20p	사전류
	1939/ 1941	藤木敦實, 麻喜正吾 共著	標準支那語會話教科書	東京 : 光生館	上卷. 基礎編 ii, 108p. -- 下卷. 應用編 2, 4, 85, 7p.	회화류

소장도서관	발행/ 필사연도	저자	도서명	출판사	형태 사항	도서 유형
	1954/ 1971	宮島吉敏, 鍾ケ江信光 共著	中國語四週間第3改訂版	東京：大學書林	306p	회화류
	1960/ 1966	伊地智善繼, 香坂順一, 大原信一, 太田辰夫, 鳥居久靖 共著	新しい中國語敎本 2： 文法·作文篇	東京：光生館	95p	종합서
	1960/ 1967	光生館編集部 編	中國語テキスト： 文字改革出版社版複製	東京：光生館	94p	미분류
	1954 1961	長谷川寬	中國語作文	東京：白水社	301p	작문류
공주교육대학교	1934	樂韶鳳	洪武正音	서울：亞世亞文化社	940p	음운류
광주교육대학교	1930	石山福治	支那語新式學習法	東京：文求堂	346p	회화류
	1956	朴魯胎	中國語講座	서울：一韓圖書出版社	193p	회화류
		尹旿重	中國語四週間	서울：大東社	478p	회화류
	1957	李元植	中國語解釋	서울：同學社	186p	종합서
광주대학교	1946	王弼明	기초中國語	서울：三榮書館	242p	회화류
국도관	1864	미상	華語類抄	금속활자본	60장	어휘집
	1883	李應憲	華音啓蒙		2卷1冊	회화류
	1905	張廷彦	支那語動字用法	東京：文求堂書店	137p	어법류
		小路眞平, 茂本一郎	北京官話常用例	東京：文求堂書店	155p	회화류
		岩村成允	北京正音支那新字典	東京：博文館	408p	사전류
	1906	英繼 著；宮島吉敏	官話北京事情	東京：文求堂書店	1책	회화류
		吳泰壽	官話指南總譯	東京：文求堂書店	264p	기타
	1907	伴直之助	華語跬步總譯	京都：裕隣師	1책	회화류
		靑柳篤恒	支那語助辭用法	東京：文求堂書店	151p	어법류
		鄭永邦, 吳啓太	改訂官話指南	東京：文求堂書店	230p	회화류
	1908	御幡雅文	增補華語跬步	東京：文求堂	352p	회화류
	1909	鄭永邦, 吳啓太	改訂官話指南	東京：文求堂書局	230p	회화류
	1913	高永完	高等官話華語精選	경성：普書館	288p	회화류
	1915	李起馨	官話華語敎範	京城：普昌書館	180p	회화류
		伊澤修三	支那語正音發微	東京：樂石社	473p	음운류

소장도서관	발행/ 필사연도	저자	도서명	출판사	형태 사항	도서 유형
	1917	東亞實進社	支那語自習完璧	東京：東亞實進社	414p	회화류
	1918	御幡雅文	華語跬步總譯	東京：文求堂書店	202p	회화류
		李起馨	官話華語新編	京城：東洋書院	192p	회화류
	1919	宮脇賢之介	北京官話支那語文法	大連：大阪屋號書店	122p	어법류
		石山福治	支那語大辭彙：及補遺	東京：文求堂書店	956p	사전류
	1920	御幡雅文	增補華語跬步	東京：文求堂	352p	회화류
	1923	足立忠入郎	北京官話支那語學捷徑	東京：金刺芳流堂	294p	회화류
	1924	미상	支那語難語句例解	미상	217p	회화류
		飯河道雄	官話指南自修書： 應對須知篇：使令通話篇	大連：大阪室號書店	194p	회화류
		櫻井德兵衛	支那語慣用句用法	大阪：同文社	109p	회화류
		打田重治郎	急就篇を基礎とせる支那語 獨習	大連：大阪屋號書店	318p	회화류
	1925	鈴江萬太郎, 下永憲次	北京官話俗諺集解	東京：大阪屋號	1책, 6149p	회화류
	1926	飯河道雄	ポケット形日本語から支那 語の字引	大連：大阪屋號	589p	사전류
		飯河研究室	官話指南自修書： 官話問答篇	大連：大阪室號書店	170p	회화류
		佐藤留雄	標準支那語辭典	東京：同文社書房	373p	사전류
		中谷鹿二	日支合辯語から正しき支那 語へ	大連：滿書堂	169p	종합서
	1927	福島正明	註釋關東廳滿鐵支那語獎勵 試驗問題集	大連：大阪屋號書店	410p	기타
		傅培蔭	傅氏華語教科書	大連：傅培蔭	81p	회화류
	1928	金敬琢	現代支那語公式會話	東京：東方文化機關 聚英庵出版部	1책	회화류
		井上翠	井上支那語辭典	東京：文求堂	1740p	사전류
		何盛三	北京官話文法	東京：太平洋書房	1책	어법류
		村上信太郎, 陳德安	新式標點華語演說集	大連：滿書堂書店	172p	기타
	1929	江口良吉	正しく覺えられる支那語 入門	東京：太陽堂書店	126p	회화류

소장도서관	발행/ 필사연도	저자	도서명	출판사	형태 사항	도서 유형
		堀井仁	支那語の自修 : 及索引	大阪 : 松雲堂	712p	회화류
		杉武夫	最新支那語講座 第1卷 : 會話篇	東京 : 文求堂書店	2책	회화류
			最新支那語講座 第2卷 : 會話篇	東京 : 文求堂書店	254p	회화류
			最新支那語講座 第3卷 : 文法篇	東京 : 文求堂書店	314p	어법류
			最新支那語講座 第4卷 : 文法篇 ; 作文篇	東京 : 文求堂書店	155p	어법/ 작문류
		井上翠	井上支那語辭典	東京 : 文求堂	1754p	사전류
		宮島吉敏, 하성삼	詳註對譯中華國語讀本	東京 : 太平洋書房	223p	독해류
	1930	飯河道雄	支那語速成講座	大連 : 東方文化會	761p	회화류
			支那語速成講座.續	大連 : 東方文化會	761p	회화류
		杉武夫	最新支那語講座 第6卷 : 時文篇 ; 文學篇	東京 : 文求堂書店	123p	독해류
		中谷鹿二	新らしい支那語を研究せよ	大連 : 大阪屋號書店	244p	미분류
			日本語から支那語への道	大連 : 大阪屋號	578p	어휘집
	1931	宮島吉敏	支那語四週間 : 4個星期中華國語	東京 : 大學書林	238p	회화류
		今西龍	滿洲語のはなし	미상	40p	미분류
		神曲衡平 ; 淸水元助	高級中華通用門讀本	東京 : 文求堂	1책	독해류
	1932	江口良吉	支那語一二三の讀み方	東京 : 太陽堂書店	345p	회화류
		宮島吉敏	最新支那語講座 上,下卷	東京 : 大學書林	2책	종합서
		三科樂山	滿洲語一週間	東京 : 內外社	172p	회화류
		石山福治 ; 江口良吉	初等支那語研究	東京 : 崇文堂	1책, 290p	회화류
		松浦珪三	支那語發音五時間	東京 : 大學書林	76p	음운류
		宮島吉敏, 矢野藤助	向文堂支那語辭典 : 及支那歷代紀元對照表	東京 : 尙文堂	756p	사전류
	1933	ザイデル 著 ; 奧平定世	ザイデル簡易支那語文典	東京 : 尙文堂	150p	어법류
		宮越健太郎 著 ; 內之宮金城	袖珍支那語速習	東京 : 太陽堂書店	280p	회화류

소장도서관	발행/ 필사연도	저자	도서명	출판사	형태 사항	도서 유형
		權寧世	華語大辭典	東京：大阪屋號書店	587p	사전류
			華語發音辭典：及附錄	東京：大阪屋號書店	160p	사전류
		何盛三	支那語發音の研究	東京：外語研究社	84p	음운류
	1934	杉武夫	最新支那語講座 第5卷： 作文篇；時文篇	東京：文求堂書店	146p	작문 독해류
		永昌書館	無先生速修中國語自通	京城：永昌書館	131p	회화류
		李春一	滿洲語速成會話講義錄合本	京城：新滿蒙社	1책	회화류
		宮越健太郎, 杉武夫	支那語教科書：會話篇	東京：外語學院出版部	144p	회화류
		吉野美彌雄	滿洲語基礎	大阪：甲文書店	286	회화류
		金東淳	滿洲語問答會話集	京城：實生活社	154p	회화류
	1935	木全德太郎	適用支那語解釋：及附錄	東京：文求堂	1책, 458p	회화류
		外語學院出版部	受驗參考滿洲語問題の捉へ 方	東京：外語學院出版部	149p	기타
		李春一	無師速修滿洲語大王	京城：新滿蒙社	4, 150, 16p	회화류
		內之宮金城	現代実用支那講座 第1卷： 會話編	東京：文求堂	267p	회화류
		吳主惠	華語文法研究	東京：文求堂書店	195p	어법류
		井上翠	現代實用支那語講座 第7卷 時文篇	東京：文求堂	254p	종합서
	1936	諸岡三郎	尺牘編.第8卷	東京：文求堂	302p	작문류
		土屋明治	現代実用支那語講座 第2卷： 會話編	東京：文求堂	299p	회화류
		土屋申一	現代実用支那語講座 第3卷： 會話編	東京：文求堂	262p	회화류
		神谷衡平, 有馬健之助	現代實用支那語講座 第1卷 基本篇	東京：文求堂	380p	종합서
		渡會貞輔	支那語叢話	東京：外語學院出版部	392p	종합서
	1937	木全德太郎	支那語旅行會話	東京：文求堂書店	292p	회화류
		淸水元助；有馬建之助	現代實用支那語講座 第6卷 作文編	東京：文求堂	272p	종합서
	1938	藤枝丈夫	現代支那語の發音指導	東京：育生社	300p	음운류

소장도서관	발행/ 필사연도	저자	도서명	출판사	형태 사항	도서 유형
		文世榮	官話中國語自通	京城：漢城圖書	361p	회화류
			速修滿洲語自通	京城：以文堂	474p	회화류
		傅藝子	支那語會話編	東京：弘文堂書房	152p	회화류
		杉武夫	日支對譯支那語演說挨拶式 辭集	東京：外語學院出版部	330p	기타
		完內鴻	華語要訣	東京：三省堂	213p	어법류
		倉石武四郎	支那語語法篇	東京：弘文堂書房	112p	어법류
	1939	ザイデル 著；奧平定世 譯註	ザイデル簡易支那語文典	東京：三修社	150p	어법류
		內之宮金城	初等支那語會話	東京： 日本放送出版協會	1책	회화류
		木全德太郎	官話指南精解	東京：文求堂	384p	기타
		Denzel Carr 著 (デンツエル.カ)	現代支那語科學	東京：文求堂書店	134p	어법류
		陸軍士官學校	支那語學校程： 昭和15年版.乙,丙	神奈川縣座間： 陸軍士官學校	2책	회화류
		上野光次郎	初年生の支那語	東京：太陽堂書店	1책	회화류
	1940	徐仁怡	支那語第一步	東京：白永社	319p	회화류
		栗山茂	支那語發音要義	東京：甲文堂書店	106p	음운류
		諏訪廣太郎	支那語一二三から會話まで	東京：太陽堂書店	317p	회화류
		宮越健太郎	華語文法提要：及附錄	東京：外語學院出版部	151p	어법류
		陸軍豫科士官學校	支那語教程 卷1	東京： 陸軍豫科士官學校	86p	회화류
		岩井武男；近藤子周	自修華語會話	東京：螢雲書院	235p	회화류
	1941	隅田直則	最新支那語解釋法	東京：大阪屋號書店	1책	미분류
		倉石武四郎	支那語教育の理論と實際	東京：岩波書店	1책	어법류
		香坂順一	支那語難語句集解	東京：外語學院出版部	213p	회화류
			支那語文法詳解	東京：タイムス出版社	247p	어법류
		高木宣	支那語學入門	東京：興文社	205p	어법류
	1942	教育摠監部	支那語教程： 陸軍豫科士官學校用	東京：教育摠監部	26p	회화류

소장도서관	발행/필사연도	저자	도서명	출판사	형태사항	도서유형
		岩井武男	現代實用支那語講座 第15卷 讀本編	東京：文求堂	193p	종합서
		野口正之	系統的支那語會話	東京：國華書籍株式會社	557p	회화류
		魚返善雄	支那語の發音と記號	東京：三省堂	27p	음운류
		牛窪愛之進；蘇鴻麟	支那語自在	東京：富士書店	642p	회화류
		陳彦博 著；菱川八郎	中日對譯支那語文法綱要	東京：大阪屋號書店	268p	어법류
		倉石武四郎	支那語讀本.1卷	東京：弘文堂書房	130p	독해류
			支那語發音入門	東京：弘文堂書房	90p	음운류
		香坂順一	新編支那語發音辭典	東京：タイムス出版社	284p	사전류
	1943	加賀谷林之助	日常支那語圖解	東京：東京開城館	246p	기타
		教育總監部	支那語教程：陸軍豫科士官學校用	東京：教育總監部	36p	회화류
		文夢我	商業會話編 第16卷	東京：文求堂	188p	회화류
		黎錦熙	黎氏支那語文法	大阪：甲文堂書店	414p	어법류
		永持德一	趣味の支那語	東京：泰山房	1책	어법류
		武田寧信, 中澤信三	軍用支那語大全	東京：帝國書院	602p	회화류
	1944	魚返善雄	日本語と支那語	東京：慶應出版社	398p	기타류
		李顚塵 等著	實用中國語文法	東京：文求堂	538p	어법류
	1948	金泰明	中國語基礎讀本	서울：大潮出版文化社	96p	독해류
	1949	尹永春	新編中國語教本. 卷三/尹永春著	서울：同和出版社	86p	회화류
	1953	東文社 編輯部	三十日速成中國語自通	서울：東文社	104p	회화류
	1954	共同文化社 編輯部	現代中國語獨學	서울：共同文化社	144p	회화류
		金卿；遜雲	中國語會話獨習	서울：豊國學園出版部	206p	회화류
	1955	宇鍾社	最新中國語教科書 第1卷：初級用	서울：宇鍾社	136p	회화류
		遜雲, 金卿	中國語基礎完成	서울：豊國學園	206p	회화류
	1956	尹旿重	無師自習中國語四週間	서울：大東社	478p	회화류
		車相轅, 金正祿, 車柱環	高等學教外國語科中國語讀本.第一-三學年用/車相轅	서울：宇鍾社	123, 102, 99p	독해류

소장도서관	발행/ 필사연도	저자	도서명	출판사	형태 사항	도서 유형
	1957	金子二郎	中國語のはなし方.下卷,初 級中國語讀本	東京:江南書院	197p	회화류
			初級中國語讀本: 中國語のはなし方.上卷	東京:江南書院	154p	회화류
		李元植	中國語解釋	서울:同學社	186p	종합서
		長谷川寬	中國語作文入門	東京:江南書院	123p	작문류
		張志暎·金用賢	中國語.第一卷/金用賢	서울:正音社	101,13p	회화류
		中國語友の會	やさしい中國語: 中國語とは發音のしかた.1	東京:江南書院	2,90,6p	종합서
		中國語學研究會	中國語槪論	東京:江南書院	138p	어법류
	1958	宮越健太郎;杉武夫	中國語敎科書:會話篇	東京:第三書房	24p	회화류
		尹旴重	初步부터會話까지中國語첫 걸음	서울:大東社	478p	회화류
	1960	伊地智善繼	新しい中國語敎本: 改訂增補基礎編	東京:光生館	84p	종합서
			新しい中國語敎本: 文法·作文篇	東京:光生館	95p	종합서
		鍾ケ江信光	中國語辭典	東京:大學書林	1157p	사전류
		中國語學會	綜合中國語	서울:新雅社	364p	종합서
	1.9E+ 07	倉石武四郎	支那語讀本.卷1,2	東京:弘文堂書房	2책	독해류
	1863- 1907	李應憲	華音啓蒙諺解	미상	2卷1冊	회화류
	1938/ 1940	倉石武四郎	支那語飜譯篇.卷1,2	東京:弘文堂書房	2책	회화류
	미상	미상	華語類抄		60장	어휘집
국민대학교 성곡도서관	1939	橋本泰治郎	標準支那語會話	東京:丸善株式會社	214p	회화류
	1953 1954	宮越健太郎;杉武夫 共著	中國語敎科書:會話篇	東京:第三書房	122p	회화류
		宮越健太郎;杉武夫 共著	中國語敎科書:會話篇	東京:第三書房	144,25p	회화류
		井上翠	中國語新辭典	東京:江南書院	1111,64p	사전류
		宮越健太郎, 內之宮金城 共著	中國語敎科書	東京:第三書房	83p	회화류
		東文社編輯部 編	中國語自通	서울:東文社	104p	회화류

소장도서관	발행/ 필사연도	저자	도서명	출판사	형태 사항	도서 유형
	1956	大阪市立大學中國語學研究室	中國發音小字典	東京:江南書院	222p	사전류
			中國常用字典	東京:江南書院		사전류
		미상	中國語學習雙書	東京:江南書院	141p	총서- 종합서
		中國語研究會	中國語四週間	서울:大東社	478p	회화류
	1957	藤堂明保	中國語音韻論	東京:江南書院	358p	음운류
		李元植	中國語解釋	서울:同學社	186p	종합서
		中國語學研究會	新しい中國語單語	東京:江南書院	236p	어휘류
			中國語比較研究	東京:江南書院	154p	어법류
			中國語研究史	東京:江南書院	180p	어법류
			中國語學事典	東京:江南書院	1129p	사전류
			實用中國語I:發音と解釋	東京:江南書院	189p	음운류
			實用中國語II會話と手紙·挨拶	東京:江南書院	154p	회화류
		中國語學研究會	中國語槪論	東京:江南書院	138p	어법류
	1959	Japan Times 편집국	日英華語辭典	東京:原書房	356p	사전류
국회도서관	1892	廣部精 日 編輯	亞細亞言語集 上	日本木版本	1책	회화류
	1938	土屋申一	支那語會話 上編	京城:日滿語學會	28p	회화류
단국대학교 동양학 도서실	1931	櫻井德兵衛,십原八二三 共著	華語文法敎程	大阪:同文社	54, 12p	어법류
	1938	井上翠 編著	井上ポケット支那語辭典	東京:文求堂	803p	사전류
단국대학교 천안캠	1911	吳泰壽	官話指南總譯	東京:文求堂書局	264p	기타
	1912	京都大學文學部 國語學國文學研究室	兒學編日語類解·漢語初步	東京:三省堂	1冊	회화류
	1917	御幡雅文	華語跬步增補12版	東京:文求堂	352p	회화류
	1927	霜島勇氣南	高等漢文漢語詳解:及附錄	東京:大同館	48p	미분류
	1930	渡部薰太郎 編輯	滿洲語綴字全書	大阪:大阪東洋學會	1冊	기타
	1931	櫻井德兵衛,십原八二三 共著	華語文法敎程	大阪:同文社	54, 12p	어법류
	1935	竹田復	支那語新辭典	[발행지불명]:博文館	852p	사전류
	1938	井上翠	井上ポケット支那語辭典	東京:文求堂	803p	사전류

소장도서관	발행/ 필사연도	저자	도서명	출판사	형태 사항	도서 유형
	1939	張志暎	中國語會話全書	京城 : 群書堂	492p	회화류
	1940	宮越健太郎	支那語基準會話 : 教授用備考書.上	東京 : 外語學院出版部	83p	회화류
	1941	上田萬年 等編	大字典.1941.華語增補版	東京 : 啓哉社	2812p	사전류
		王化 編	高級華語新集	東京 : 文求堂書店	150p	회화류
	1942	徐仁怡	支那語第一步	東京 : 白永社	319p	회화류
	1943	熊野正平	現代支那語法入門	東京 : 三省堂	145p	어법류
	1944	李顚塵	實用中國語文法	東京 : 文求堂	538p	어법류
	1948	尹炳喜	中國語教編	서울 : 乙酉文化社	98p	회화류
	1952	宮島吉敏	中國語四周間 : 四個星期中華國語	東京 : 大學書林	285p	회화류
		尹永春	新編中國語教本.一卷	서울 : 鷄林社	80p	회화류
	1956	朴魯胎	初級中國語講座	서울 : 一韓圖書出版社	193p	어법류
		尹旿重	中國語四週間	서울 : 大東社	478p	회화류
	1957	藤堂明保	中國語音韻論	東京 : 江南書院	358p	음운류
		中國語學研究會 編	中國語比較研究	東京 : 江南書院	154p	어법류
	1958	中國語研究會 編	中國語첫걸음 : 初步부터會話까지	서울 : 大東社	478p	회화류
	1959	Japan Times (ジャパン・タイムズ社)	日英華語辭典 : 英語索引付	東京 : 原書房	356p	사전류
	1960	?	중국어테키스트	東京 : 光生館	38p	회화류
		鍾ケ江信光	中國語辭典	東京 : 大學書林	1157p	사전류
	1939/ 1941	宮越健太郎, 清水元助,杉武夫 共著	最新支那語教科書 : 時文篇, 會話篇	東京 : 外語學院出版部	2冊	독해 회화류
대구가톨릭 대학교	1932	宮島吉敏, 矢野藤助 共著	支那語辭典	東京 : 尙文堂	748p	사전류
		麻喜正吾	支那語會話教程	東京 : 광생관	111p	회화류
	1936	滿洲語普及會 編	初等滿洲語の第一步	大阪 : 功人社	686p	회화류
	1938	西島良爾	滿洲語會話 : 支那語獨習	大阪 : 송영관	351p	회화류
	1939	法本義弘	支那語教典	東京 : 향산당서방	148p	회화류
	1940	佐藤三郎治	支那語會話獨習	大阪 : 巧人社	52p	회화류

소장도서관	발행/ 필사연도	저자	도서명	출판사	형태 사항	도서 유형
	1941	杉武夫 編著	日支對譯支那語演說挨拶式 辭集	東京：外語学院	330p	기타
	1942	井上翠	井上ポケット支那語辭典	東京：文求堂	754p	사전류
	1944	金松奎	內鮮滿最速成滿洲語自通	경성：광한서림	160p	회화류
	1945	李永燮 編述；邵樹洲中國 校閱	現代中國語獨學	경성：태화서관	176p	회화류
	1952	宮島吉敏	中國語四週間	東京：大學書林	285p	회화류
	1953	徐仁怡	中國語第一步	東京：백수사	319p	회화류
	1954	長谷川寬	中國語作文	東京：白水社	301p	작문류
	1955	宮島吉敏, 鐘ケ江信光 共著	四個星期中國語： 中國語四週間	東京：大學書林	306p	회화류
	1956	朴魯胎	中國語講座	서울：一韓圖書	193p	회화류
	1957	藤堂明保	中國語音韻論	東京：江南書院	358p	음운류
		李原植 編	中國語解釋	서울：同學社	186p	종합서
	1958	姜權馨	現代中國語獨學	서울：永和出版社	142p	회화류
대구대학교	1954	金寅性	現代中國語獨學	서울：共同文化社	142p	회화류
대구한의대학교	1955	宮島吉敏, 鐘ケ江信光 共著	中國語四週間： 四個星期中國語/第3改訂版	東京：大學書林	306p	회화류
	1959	慶北大學校大學院 國語國文學研究室 [編.	朴通事 上	대구： 慶北大學校大學院 國語國文學研究室	152p	회화류
덕성여자대학교 도서관	?	初級漢語編委會	初級漢語課本下冊	?	135p	회화류
동국대학교 경주캠퍼스 도서관	1926	渡部薰太郎	滿洲語文典	大阪：大阪東洋學會	1책	종합서
	1932	宋憲奭	自習完璧支那語集成	서울：德興書林	371p	회화류
	1958	宮島吉敏；失野藤助 共著	中國語辭典	東京：酒井書店	1책	사전류
동국대학교 중앙도서관	1955	藤堂明保	中國語語源漫筆	東京：大學書林	148p	어법류
	1957	李元植	中國語解釋	서울：同學社	186p	종합서
	1917c 1903	御幡雅文	華語跬步	東京：文求堂書店	6, 2, 4, 352p	회화류
동아대학교	1943	野副重勝 著	滿日銀行會話	東京：巖松堂書店	237p	회화류

소장도서관	발행/필사연도	저자	도서명	출판사	형태사항	도서유형
명지대학교 인문도서관	1939	Denzel Carr 著 ; 魚返善雄 譯	現代支那語科學	東京 : 文求堂書店	134p	어법류
	1943	石山福治 編著	最新支那語大辭典	東京 : 第一書房	1746p	사전류
	1953	鐘ケ江信光	中國語講座	東京 : 白水社	3卷 1冊	회화류
	1958	太田辰夫	中國語歷史文法	東京 : 江南書院	439p	어법류
명지대학교 자연도서관	1938	石山福治 編著	最新支那語大辭典	東京 : 第一書房	[64], 1746, 20p	사전류
목원대학교	1941	文世榮	北京官話支那語大海一名滿洲語	경성 : 永昌書館	313p	회화류
	1956	閔泳珪, 延禧大學校出版部	韓漢淸文鑑	서울 : 延禧大學校出版部	471p	사전류
목포대학교	1935	石山福治	支那語大辭典	東京 : 第一書房	1746p	사전류
부경대학교	1919	石山福治	支那語大辭典	東京 : 文求堂	63p	사전류
	1939	井上翠	井上支那語辭典	東京 : 文求堂	1643,98p	사전류
	1957	李元植	中國語解釋	서울 : 同學社	186p	종합서
부산교육대학교	1957	藤堂明保	中國語音韻論	東京 : 江南書院	358p	음운류
부산대학교	1909	吳啓太, 鄭永邦	官話指南	東京 : 文永堂書局	230p	회화류
	1924	佐騰留雄	華語教程詳註	大阪 : 同文社	64p	회화류
	1926	金堂文雄	白話體支那語の手紙	上海 : 至誠堂	399p	기타
	1931	戶川芳郎	中國語	서울 : 東洋文化社	?	회화류
	1932	高木宣	簡要支那語教程	東京 : 文淵閣	71p	회화류
	1935	石山福治	最新支那語大辭典	東京 : 第一書房	1책	사전류
	1936	【가】麾徒	滿洲國語文法 : 現代支那語-北京官話	東京 : 東學社	403p	어법류
	1937	支那語普及會	初めて學ふ人の支那語独習より会話迄	大阪 : 博潮社書店	26p	회화류
	1938	吳主憲	華語文法研究 : 會話應用發音添府	東京 : 文求堂書店	196p	어법류
	1940	上野光次郎	初年生の支那語	東京 : 太陽堂書店	301p	회화류
		陳文彬	支那語自修讀本	東京 : 大阪屋號書店	107p	미분류
		加藤克巳 ; 韓恒久	初等支那語作文講義	東京 : 積善館	230p	작문류

소장도서관	발행/ 필사연도	저자	도서명	출판사	형태 사항	도서 유형
		藤木敦實, 麻喜正吾	標準支那語會話敎科書	東京：光生館	108p	회화류
	1941	木全德太郎	初步北京官話	東京：文求堂書店	273p	회화류
		三原增水 著；詳註對	初等支那語會話	奉天：滿洲文化普及會	312p	회화류
		植松金枝；鮫島宗範	速成支那語全	大連：滿洲書籍	135p	회화류
	1942	滿洲語普及會	初等滿洲語の第一步	大阪：功人社	670p	회화류
	1943	石山福治	最新支那語大辭典	東京：第一書房	1801p	사전류
	1944	華北交通株式會社	標準華語敎本	北京： 華北交通株式會社	142p	회화류
	미상	미상	官話指南	필사본	72장	회화류
			滿洲語筆法	필사본	14장	기
			中國語敎本	필사본	15장	회화류
			華語類抄	필사본	60장	어휘집
			華音啓蒙諺解	全史字	75장	회화류
		李應憲	華音啓蒙	活字本	2卷1冊	회화류
부산외국어대학 교	1953	倉石武四朗	中國語初級敎本	東京：岩波書店	174p	회화류
삼육대학교 중앙도서관	1938	佐藤留雄	支那時文大字彙	東京：同文社	1067p	사전류
	1958	張志暎·金用賢	中國語	서울：正音社	?	회화류
상명대학교 중앙도서관	1932	宮島吉敏	標準支那語講座 上	東京：大學書林	391p	종합서
		宮島吉敏；鍾江信光 共著	中國語四潮間	東京：大學書林	306p	회화류
서울대학교 농학도서관 고문헌자료실	1943	宮越健太郎, 杉武夫	支那語基準會話/上卷	東京：外語學院出版部	83p	회화류
서울대학교 사범대교육정보 도서관 단행본서가	1960	鍾ケ江信光	中國語辭典	東京：大學書林	viii, 1157p	사전류
서울대학교 중앙도서관 고문헌자료실	1877	張儒珍；高第조	支那文典卷上,下	東京日本：小林新兵衛	?	어법류
	1915	伊澤修二	支那語正音發微	東京：樂石社	1v.	음운류
			支那語正音練習書	東京：s.n.	1v.	음운류
	1917	皆川秀孝	支那語動詞形容詞用法	東京：s.n.	1v.	어법류

소장도서관	발행/ 필사연도	저자	도서명	출판사	형태 사항	도서 유형
	1924	石山福治	支那語大辭彙	東京 : s.n.	1v.	사전류
		張廷彦	華語捷徑	東京 : s.n.	59p	회화류
	1925	石山福治	支那語辭彙	東京 : s.n.	1v.	사전류
	1926	權寧世	日用支那語 : 羅馬字發音及假名附	東京 : 大阪屋號書店	14, 216p	회화류
		張廷彦	支那語動字用法	東京 : s.n.	1冊	어법류
	1928	何盛三	北京官話文法	東京 : 太平洋書房	2, 6, 2, 9, 360p	어법류
	1929	宮島大八	官話急就篇	東京 : s.n.	1v.	회화류
		井上翠 編著	井上支那語辭典	東京 : 文求堂	1643p	사전류
		靑柳篤恒	支那語助辭用法	東京 : s.n.	1v.	어법류
		岡本正文著, 木全德太郎譯	支那語敎科書總譯	東京 : s.n.	1v.	회화류
	1930	渡部薰太郎	滿洲語俗語讀本	大阪 大阪東洋學會 : 三島開文堂	1v.	회화류
	1932	高木宣	簡要支那語敎程	東京 : 文淵閣	71p	회화류
		宮島吉敏, 矢野藤助 共著	支那語辭典	東京 : 尙文堂	748p	사전류
	1933	岡田博(Okada, Hiroshi)	最新華語初步	東京 : 平野書店	42p	회화류
	1935	石山福治 編著	最新支那語大辭典	東京 : 第一書房	1746p	사전류
	1938	宮島吉敏	標準支那語講座 下券	東京 : 大學書林	344p	종합서
		傅芸子	支那語會話篇	東京 : 弘文堂	158p	회화류
		石山福治 編著	最新支那語大辭典	東京 : 第一書房	[64], 1746, 20p	사전류
		宗內鴻	華語要缺	東京 : 三省堂	213p	어법류
		倉石武四郎	支那語繙譯篇.卷1	東京 : s.n.	78p	회화류
		鄭永邦, 吳啓太 共著 ; 金國璞 改訂	改訂官話指南	東京 : s.n.	230p	회화류
		魚返善雄Nihon Hyōronsha	支那語讀本	東京 : s.n.	189, 53p	회화류
		宮原民平, 土屋明治 共著	初等支那語敎科書	東京 : s.n.	101,2p	회화류
	1939	Zōin, Hō Hō Fumika	支那語新軌範	東京 : s.n.	100p	미분류
		木全德太郎	適用支那語解釋	東京 : 文求堂	458p	회화류

소장도서관	발행/ 필사연도	저자	도서명	출판사	형태 사항	도서 유형
		神谷衡平, 有馬健之助	新法支那語敎本	東京 : 文求堂	1冊	종합서
		吳主惠	華語文法研究	東京 : 文求堂	195, 196p	어법류
		井上翠 編著	井上ポケット支那語辭典	東京 : 文求堂	754, 46, 3, 3p	사전류
		倉石武四郎	支那語法入門	東京 : s.n.	108p	어법류
		宮越健太郎, 杉武夫	模範滿支官話敎程	東京 : 外語学院出版部	119p	회화류
		Nihon Hōsō Kyōkai.	支那語講座	東京 : s.n.	63, 40p	회화류
		土屋明治, 鮑啓彰	支那語新敎科書 上,下卷	東京 : 弘道館	2v.	회화류
	1940	Zōin, Hō Hō, Fumika	支那語新軌範敎授資料	東京 : s.n.	102p	미분류
		宮越健太郎	支那語基礎單語四〇〇〇	東京 : s.n.	199p	어휘집
		李相殷	最新華語敎科書/上-下	京城 : 발행자불명	2冊	회화류
		木全德太郎	支那語旅行會話	東京 : s.n.	292p	회화류
		外語學院出版部	支那語文法研究號	東京 : s.n.	90p	어법류
		倉石武四郎	支那語發音篇	東京 : s.n.	80p	음운류
			支那語法篇	東京 : s.n.	112p	어법류
			倉石中等支那語.卷一	東京 : s.n.	120,8p	회화류
	1941	香坂順一	黎錦熙氏·周有光氏の著書 を基とせる支那語文法詳解	東京 : タイムス出版社	247p	어법류
		Hitoshi, Horii	學び方入門滿洲語の第一步	大阪 : 巧人社	686, 26p	회화류
	1943	黎錦熙 原著 ; 大阪外國語學校 大陸語學研究所 譯	黎氏支那語文法	大阪 : 甲文堂	400p	어법류
		有馬健之助	新聞支那語の研究	東京 : 外語學院出版部	335, 10p	어법류
	1944	魚返善雄	日本語と支那語	東京 : 慶應義塾大學 語學研究所	398p	기타류
			支那語注音符號の發音	東京 : 帝國書院	208p	음운류
	1929- 1930	杉武夫	最新支那語講座.第1-6卷	東京 : 文求堂書店	6v.	종합서
	1938- 1940	倉石武四郎	支那語讀本.卷1-2	東京 : 弘文堂書房	2v.	독해류

소장도서관	발행/ 필사연도	저자	도서명	출판사	형태 사항	도서 유형
서울대학교 중앙도서관 단행본자료실	1954	宮島吉敏, 鐘ケ江信光 共著	中國語四週間 : 四個星期中國語	東京 : 大學書林	306p	회화류
	1956	俞敏 ; 牛島德次 譯	現代漢語語法縮編	東京 : 江南書院	101, 6p	어법류
	1957	中國語學研究會	中國語概論	東京 : 江南書院	138, 2p	어법류
			中國語研究史	東京 : 江南書院	180, 2p	어법류
	1960	해군사관학교	중국어교본	鎭海 : 海軍士官學校	178p	미분류
서울대학교 중앙도서관 수원보존도서관	1954	長谷川寬	中國語作文	東京 : 白水社	312p	작문류
	1955	서울大學校文理科大學中國語 文學科語文研究會 編	最新中國語敎科書/第1卷	서울 : 宇鍾社	136p	회화류
	1957	李元植	中國語解釋	서울 : 同學社	186p	종합서
서울대학교 학과 및 연구소 국어교육과	1933	佐藤三郎治	支那語會話獨習 : 支那語辭典入	大阪 : 巧人社	2, 169, 52p	회화류
	1936	武田寧信, 岡本吉之助	支那語基本語彙	東京 : 春陽堂書店	10, 225, 27p	어휘집
서울대학교 학과 및 연구소 국어국문학과 외	1957	中國語學研究會	中國語比較研究	東京 : 江南書院	154, 2p	어법류
서울대학교 학과 및 연구소 중어중문학과	1920	皆川秀孝	支那語動詞形容詞用法	東京 : 文求堂書店	1v. various pagings	어법류
	1935	何盛三	北京官話文法	東京 : 東學社	360p	어법류
	1937	岡田博	支那語小音聲學	大阪 : 駸駸堂	111p	음운류
	1939	宋憲奭	自習完璧支那語集成	서울 : 德興書林	371p	회화류
		長谷川正直	支那語作文敎科書 前編	東京 : 文求堂	2, 4, 133p	작문류
	1940	?	支那語會話敎科書	東京 : 文求堂書店	3, 1, 124p	회화류
	1960	中國語學會 編	綜合中國語	서울 : 新雅社	12, 364p	종합서
서울대학교 학과 및 연구소 중어중문학과 외	1927	岡本正文	支那語敎科書	東京 : 文求堂	2, 3, 164p	회화류
	1937- 1938	奈良和夫	支那語敎科書	東京 : 第一書院	2-3卷 2冊零本	회화류
서울시립대학교 도서관	1931	柳廷烈	官話速成篇	京城 : 淸進書館	244p	회화류
	1940	三原增水	支那語會話獨習	奉天 : 滿洲文化普及會	50p	회화류
	1956	朴魯胎 著	初級中國語講座	서울 : 一韓圖書出版社	193p	어법류

소장도서관	발행/ 필사연도	저자	도서명	출판사	형태 사항	도서 유형
서울여자대학교 중앙도서관		中國語研究會	無師自習短紀速成中國語四 週間	서울 : 大東社	478p	회화류
	1960	劉曉民	日本語中國語慣用語法辭典/ 見開き對照式 : 日漢慣用句型例解辭典	東京 : 日本實業出版社	27, 445, 24p	어법류
서원대학교	1876	志貴瑞芳	漢語用文作文自在/上	大阪 : 출판사불명	48p	작문류
			漢語用文作文自在/下	大阪 : 출판사불명	42p	작문류
	1881	吳啓太, 鄭永邦	官話指南	[발행지불명]: [발행자불명]	1책	회화류
	1913	柳廷烈	獨習漢語指南	京城 : 光東書局 : 唯一書館	316p	회화류
	1915	李起馨	官話華語教範	京城 : 普昌書館	180p	회화류
	1934	文世榮	速修滿洲語自通	京城 : 以文堂	474p	회화류
	1939	宋憲奭	自習完璧支那語集成	京城 : 德興書林	371p	회화류
		張志暎	中國語會話全書	京城 : 群書堂書店	492p	회화류
	1940	金敬琢	中國語 第2輯	京城 : 聚英庵出版部	46p	회화류
	1947	김득초	華語教本	서울 : 高麗出版社	66p	회화류
	1948	尹炳喜	中國語教編	서울 : 乙酉文化社	98p	회화류
	1954	共同文化社,김인성, 姜權馨	現代中國語獨學	서울 : 共同文化社	142p	회화류
선문대학교	1939	宋憲奭	支那語集成	서울 : 덕흥서림	371p	회화류
	1958	山田孝雄	國語の中に於ける漢語の 研究	東京 : 寶文館出版	504p	미분류
성결대학교 학술정보관	1955	서울大學校文理科大學中國語 文學科語文研究會 編	最新中國語教科書	서울 : 宇鍾社	136p	회화류
성균관대학교 중앙학술정보관	1915	伊澤修二	支那語正音發微	東京 : 樂石社	473p	음운류
	1926	張廷彦 ; 田中慶太郎 譯	支那語動字用法	東京 : 文求堂書店	2, 123, 10p	어법류
	1927	岡本正文	支那語教科書	東京 : 文求堂	164p	회화류
	1928	宮脇賢之介	新體華語階梯全	東京 : 大阪屋號書店	188, 85p	회화류
	1932	矢野藤助	實用支那語會話	東京 : 大學書林	6, 162p	회화류
	1937	藤木敦實, 麻喜正吾	綜合支那語發音字典	東京 : 外語學院出版部	面數複雜	사전류

소장도서관	발행/ 필사연도	저자	도서명	출판사	형태 사항	도서 유형
		姜義永	支那語大海：北京官話	京城：永昌書館	313p	회화류
	1938	滿洲語普及會	初等滿洲語の第1步	大阪：博潮社	686p	회화류
		宮原民平, 土屋明治 共著	初等支那語教科書	東京：東京開成館	101p	회화류
		橋本泰治郎	標準支那語會話	東京：丸善株式會社	214p	회화류
	1939	宮越健太郎, 靑水元助, 杉武夫 共監修	短期支那語講座	東京：外國語學院 出版部	1冊	회화류
		劉光	對譯實用支那語會話篇	東京：文求堂	152p	회화류
	1940	三原增水	支那語會話獨習	奉天：滿洲文化普及會	11, 328, 50p	회화류
		石山福治 編著	最新支那語大辭典	東京：第一書房	1746p	사전류
	1949	金昌國	中國語敎科書全	서울：石村書店	96, 15p	미분류
	1954	長谷川寬	中國語作文	東京：白水社	312p	작문류
	1955	大阪外國語大學 中國語學硏究室	中國常用字典	東京：江南書院	141p	사전류
		古屋二夫	簡明中國語解析	東京：江南書院	3 冊	어법류
		宮島吉敏；鐘ケ江信光 共著	中國語四週間	東京：大學書林	306p	회화류
		大原信一, 伊地智善經 共著	中國語法現文型	東京：江南書院	201p	어법류
		大阪市立大學 中國語學硏究室	中國發音小字典	東京：江南書院	222p	사전류
		呂叔湘；大原信一, 伊地智善經 共譯	中國語法學習	東京：江南書院	200p	어법류
	1956	実藤惠秀	あたらしい中國語の學習	東京：日本評論新社	201p	회화류
		鈴木直治, 望月入十吉, 山岸共 共著	中國語常用虛詞辭典	東京：江南書院	160p	사전류
		有田忠弘	簡明中國語作文	東京：江南書院	107p	작문류
		中國科學院語言硏究所 編； 實藤惠秀, 北浦藤郎 共譯	中國語文法講話	東京：江南書院	325p	어법류
		中國語學習雙書編集委員會	現代中國語作文	東京：江南書院	137p	작문류
		香坂順一	簡明中國語文法	東京：江南書院	188p	어법류
		俞敏；牛島德次 譯	現代漢語語法縮編	東京：江南書院	101p	어법류
	1957	太田辰夫	現代中國語入門	東京：江南書院	93, 14, 6p	어법류

소장도서관	발행/필사연도	저자	도서명	출판사	형태사항	도서유형
		金子二郎	初級中國語讀本 : 中國語のはなし方	東京 : 江南書院	2册 (154+197)	회화류
		藤堂明保	中國語音韻論	東京 : 江南書院	358p	음운류
		楊秩華, 坂本一郎 共著	現代中國語會話	東京 : 江南書店	4, 106p	회화류
		李元植	中國語解釋 : 中國語敎材	서울 : 同學社	186p	종합서
		長谷川寬	中國語作文入門	東京 : 江南書院	123, 6p	작문류
		鍾ケ江信光	初級中國語會話讀本	東京 : 江南書院	121p	회화류
		鐘ケ江信光	白水社中國語講座	東京 : 白水社	册	회화류
		中國語友の會	やさしい中國語	東京 : 江南書院	1册	종합서
		中國語學研究會	中國語槪論	東京 : 江南書院	138p	어법류
			中國語比較研究	東京 : 江南書院	154p	어법류
		太田辰夫	中國歷代國語文中國歷代口語文을 잘못 표기한 듯	東京 : 江南書院	155p	회화류
	1958	矢野藤助	實用中國語會話	東京 : 大學書林	162p	회화류
		井上翠	井上中國語新辭典	東京 : 江南書院	1111p	사전류
		中國語學研究會	中國語學事典	東京 : 江南書院	1129p	사전류
			中国語学事典	東京 : 江南書院	1129p	사전류
		宮島吉敏 ; 矢野藤助 共著	中國語辭典	東京 : 酒井書店	1007p	사전류
	1960	鐘ケ江信光	中國語辭典	東京 : 大學書林	1157p	사전류
		倉石武四郎	ロ-マ字中國語初級	東京 : 岩波書店	85p	회화류
	1959-1960	伊地智善繼 等編	新しい中國語敎本	東京 : 光生館	4册	종합서
세종대학교 학술정보원	1944	魚返善雄	支那語注音符號の發音	東京 : 帝國書院	208p	음운류
수원대학교 도서관	1932	佐藤三郎治	標準支那語會話獨習	大阪 : 松雲堂	169, 52p	회화류
	1943	石山福治 編著	最新支那語大辭典	東京 : 第一書房	1책	사전류
숙명여자대학교 도서관	1940	倉石武四郎	支那語 : 飜譯篇	東京 : 弘文堂書房	100p	회화류
순천향대학교	1900	?	漢語音韻	發行地不明 : 龍泉書屋	209p	음운류
숭실대학교 중앙도서관	1937	羽田亨 編	滿和辭典	京都 : 京都帝國大學滿蒙調査會	viiI, 478p	사전류

소장도서관	발행/ 필사연도	저자	도서명	출판사	형태 사항	도서 유형
연세대학교 열운문고	1881	吳啓太, 鄭永邦	官話指南	東京:文求堂書店	148p	회화류
	1898	狄考文	官話類編	上海:美華書館	160p	회화류
	1905	張廷彦	支那語動字用法	東京:文求堂	137p	어법류
		小路眞平, 茂木一郎	北京官話常言用例	東京:文求堂書店	155p	회화류
	1906	井上翠	日華語學辭林	東京:東亞公司	619p	사전류
		馮世傑, 野村幸太郎	北京官話淸國風俗會話篇	東京:靑木嵩山堂	56p	회화류
	1907	靑柳篤恒	支那語助辭用法	東京:文求堂	157p	어법류
	1908	後藤朝太郎	現代支那語學	東京:博文館	286p	어법류
	1910	鄭永邦, 吳啓太 ; 金國璞 改訂	改訂官話指南	東京:文永堂書局	230p	회화류
	1913	岡本正文	支那語教科書	東京:文求堂	164p	회화류
	1916	宋憲奭	速修漢語自通	京城:漢城書館	142p	회화류
	1917	柳廷烈	修正獨習漢語指南	京城:惟一書館	317p	회화류
	1921	宋憲奭	自習完璧支那語集成	京城:德興書林	371p	회화류
	1922	大橋末彦	官話急就篇詳譯	東京:文求堂	203p	회화류
	1924	文求堂編輯局	華語教科書	東京:文求堂書店	125p	회화류
		石山福治	華語教科書譯本	東京:文求堂	86p	회화류
	1927	張廷彦	華語捷徑	東京:文求堂	59p	회화류
	1931	저자불명	現代支那語講座	東京:太平洋書房	8책	종합서
	1932	松浦珪三	支那語發音五時間	東京:大學書林	76p	음운류
		李仲剛	現代華語讀本:正編	大連:大阪屋號書店	146p	회화류
		淸水元助	語學講座支那語講座	東京: 日本放送出版協會	68p	회화류
	1933	宮島吉敏	支那語の輪廓	東京:尙文堂	115p	회화류
		宮越健太郎	最新支那語教科書作文篇: 教授用備考	東京:文求堂	39p	작문류
		吉野美彌雄	支那語會話教科書	京都:平野書店	111p	회화류
		石山福治	新支那大辭典	東京:文求堂書店	1746?	사전류
			日支大辭彙	東京:文求堂	154p	사전류
		矢野藤助	支那語作文:初級編	東京:尙文堂	84p	작문류

소장도서관	발행/ 필사연도	저자	도서명	출판사	형태 사항	도서 유형
		張志暎	滿州語講座	京城：朝鮮放送協會	50p	회화류
		宮越健太郎, 杉武夫	最新支那語教科書作文篇	東京：外語學院出版部	122p	작문류
	1934	井上翠	支那語辭典	東京：文求堂	1643p	사전류
		宮越健太郎, 杉武夫	最新支那語教科書：會話篇	東京：外語學院出版部	24p	회화류
		宮越健太郎, 清水元助	最新支那語教科書：時文編	東京：外語學院出版部	131p	기타
	1935	宮越健太郎	華語發音全表	東京：外語學院出版部	1책	음운류
			最新支那語教科書： 慣用語句應用篇	東京：外語学院出版部	107p	회화류
			最新支那語教科書會話篇： 教授用備考	東京：外語学院出版部	123p	회화류
		藤木敦實·麻喜正吾	支那語教科書：發音篇	東京：外語學院出版部		음운류
		包翰華·宮島吉敏	華語教本	東京：奎光書院	163p	회화류
		宮越健太郎, 井上義澄	最新支那語教科書：風俗篇	東京：外語學院出版部	127p	기타
				東京：外語學院出版部	127p	기타
	1936	宮島吉敏	華語教本譯本	東京：奎光書院	124p	회화류
		宮越健太郎, 内之宮金城	最新支那語教科書：讀本篇	東京：外語學院出版部	83p	독해류
	1937	渡會貞輔	支那語叢話	熊本： 熊本縣支那語學校	392p	종합서
	1938	岡田博	最新華語中級編	京都：平野書店	47p	회화류
			最新華語初步	東京：平野書店	42p	회화류
		神谷衡平, 有馬健之助	新法支那語教本 第一卷	東京：文求堂	4, 152, [28]p	종합서
		鈴木擇郎	支那語教本：高級編	東京：東亞同文書院 支那研究部	1책	회화류
		帝國書院編輯部	支那語教科書： 基礎·會話文の作り方	東京：帝國書院	37p	회화류
		宮原民平, 土屋明治	初等支那語教科書教授必携	東京：東京開成館	113p	회화류
	1939	吉野美弥雄	華語教程	京都：平野書店	124p	회화류
		金邦彦	最新會話華語初階	熊本： 熊本縣支那語學校	176p	회화류
		武田寧信	興亜支那語読本	東京：三省堂	88p	회화류

소장도서관	발행/ 필사연도	저자	도서명	출판사	형태 사항	도서 유형
		松枝茂夫	標準支那語會話初級篇	東京：右文書院	62, 22p	회화류
		神谷衡平・岩井武男	支那語教科書： 基礎・會話文の作り方	東京：帝國書院	68, 12p	회화류
		鈴木擇郎	標準支那語教本：初級編	東京：東亞同文書院 支那研究部	115p	회화류
		張志暎	中國語會話全書	京城：群書堂書店	492p	회화류
		包象寅・包翰華	最新華語教本	東京：東京開成館	96p	회화류
		張志暎, 金用賢	高等中國語教本	正音社		회화류
		宮越健太郎, 杉武夫	支那語基準會話.下卷	東京：外語學院出版部	120, 18p	회화류
		宮島吉敏, 包翰華	日常華語會話	東京：東京開成館	148p	회화류
		土屋明治, 鮑啓彰	支那語新教科書	東京：弘道館	2책	회화류
		藤木敦實, 麻喜正吾	標準支那語會話教科書	東京：光生館	2책	회화류
	1940	宮原民平	新編中等支那語教本教授必携	東京：東京開成館	1책	회화류
			中等支那語教本	東京：東京開成觀		회화류
		吉野美彌雄	支那語讀本A	東京：博多成象堂	88p	독해류
		金敬琢	中國語 第1輯	京城：聚英庵	39p	회화류
		杉武夫	現地携行支那語軍用會話	東京：外語學院	286p	회화류
		櫻庭巖	警務支那語會話	東京：大阪屋號書店	530p	회화류
		奧平定世	模範支那語教程	東京：開隆堂	2책	회화류
		宮越健太郎, 杉武夫	支那語基準會話	東京：大阪屋號書店	2책	회화류
			支那語基準會話： 教授用備考書	東京：文求堂	2책	회화류
			支那語基準會話： 教授用備考書.上	東京：外語學院出版部	190p	회화류
		藤木敦實, 麻喜正吾	標準支那語會話教科書： 御教授用參考書	東京：光生館	2책	회화류
	1941	井上翠	井上ポケット支那語辭典	東京：文求堂	754p	사전류
		竹田復	支那語新辭典	東京：博文館	1책	사전류
		岩井武男, 近藤子周	簡易支那語會話教本	東京：螢雪書院	105p	회화류
	1942	倉石武四郎	支那語讀本.卷1	東京：弘文堂書房	130p	회화류

소장도서관	발행/ 필사연도	저자	도서명	출판사	형태 사항	도서 유형
	1948	尹永春	新編中國語敎本,卷1	京城 : 同和出版社	80p	회화류
	1949	尹永春	新編中國語敎本,2卷	京城 : 同和出版社	79p	회화류
	1957	張志暎·金用賢	中國語	서울 : 正音社	?	회화류
	1917 추정	張志暎	漢語字彙	필사본	1책	사전류
	1938/ 1941	宮原民平, 土屋明治	初等支那語敎科書	東京 : 東京開成館	111p	회화류
	미상	金元明	中華正音	필사본		회화류
		石山福治	支那現在事情	正則支那語學會	264p	미분류
			普通支那語講義	正則支那語學會	228p	회화류
		張志暎	中國語字典	필사본	2책	사전류
			中華官話自修卷2	필사본	150p	회화류
		宮越健太郎, 杉武夫	模範滿支官話敎程 : 敎授用備考書	東京 : 外語学院出版部	209	회화류
		岡本正文, 宮嶋吉敏, 佐藤留雄	支那語法規/支那語分解講義 /北京官話聲音異同辯	正則支那語學會		종합서
연세대학교 원주	1953	宮島吉敏	中國語四週間	東京 : 大學書林	285p	회화류
연세대학교 중앙도서관	1913	柳廷烈	獨習漢語指南	京城 : 光東書局	316p	회화류
	1914	石山福治	支那語大辭彙	東京 : 文求堂	924p	사전류
	1921	宋憲奭	自習完璧支那語集成	京城 : 德興書林	371p	회화류
	1926	渡部薰太郎	滿洲語文典	大阪 : 大阪東洋學會	102p	종합서
	1933	校閱者 : 宋憲奭	五個月速成中國語自通	京城 : 德興書林	164p	회화류
	1934	奧平定世	標準支那語讀本 上	東京 : 尙文堂	120p	미분류
			標準支那語讀本 中卷	東京 : 尙文堂	120p	미분류
			標準支那語讀本 下卷	東京 : 尙文堂	118p	미분류
	1936	井上翠	現代實用支那語講座 7 : 時文篇	東京 : 文求堂	254p	종합서
		諸岡三郎	現代實用支那語講座 8 : 尺牘篇	東京 : 文求堂	302p	종합서
		土屋申一	現代實用支那語講座 4 : 會話篇	東京 : 文求堂	262p	종합서

소장도서관	발행/ 필사연도	저자	도서명	출판사	형태 사항	도서 유형
	1938	宗內鴻	華語要訣	東京 : 三省堂	213p	어법류
		橋本泰治郎	標準支那語會話	東京 : 丸善株式會社	214p	회화류
	1939	金敬琢	中國語發音解釋	京城 : 聚英庵	32p	음운류
		許도?	滿州語自通 : 日鮮滿最速成	京城 : 新興書館	160p	회화류
	1940	石山福治	最新支那語大辭典	東京 : 第一書房	51, 1746, [46]p	사전류
	1941	宮越健太郎	華語文法提要	東京 : 外語學院出版部	130, 30p	어법류
		王化, 魚返善雄	雙譯華日語法讀本	東京 : 三省堂	165p	어법류
	1943	加賀谷林之助	日常支那語圖解	東京 : 東京開成館	246p	기타
	1953	宮島吉敏, 鐘ケ江信光	中國語四週間 : 四個星期中國話	東京 : 大學書林	306p	회화류
	1954	井上翠	井上中國語新辭典	東京 : 江南書院	63p	사전류
	1955	서울大學校文理科大學 中國語文學科語文研究會	最新中國語教科書. 第1卷	서울 : 宇鍾社	136p	회화류
	1956		中國語四週間 : 舞師自修	서울 : 大東社	478	회화류
	1958	中国語学研究会	中国語学事典	東京 : 江南書院	1129p	사전류
	1960	伊地智善繼	新しい中國語教本	東京 : 光生館	84p	종합서
		鐘ケ江信光	中國語辭典	東京 : 大學書林	1157p	사전류
	1961	中國語學會	綜合中國語	서울 : 新雅社	364p	종합서
	1963	高橋君平	漢語形體文法論	東京 : 大安	637p	어법류
	1969	朴恩用	滿洲語文語研究,1	大邱 : 螢雪出版社	178p	미분류
		山本謙吾	滿洲語口語基礎語彙集	東京 : 東京外國大學	234p	사전류
	미상	尹泰駿朝鮮	華音啓蒙諺解	목판본	1책	회화류
영남대학교	1925	石山福治	支那語辭彙	東京 : 文求堂	8, 318, 8p	사전류
	1932	松浦珪三	支那語發音五時間	東京 : 大學書林	76p	음운류
		支那語研究會 著	支那語發音早わかり	東京 : 外國語研究社	84p	음운류
	1933	岡本正文	支那語教科書	東京 : 文求堂	164p	회화류
	1934	宮越健太郎	支那語の系統	東京 : 岩波書店	56p	개론서
		宮越健太郎, 杉武夫 共著	最新支那語教科書 : 會話篇	東京 : 外語學院出版部	24p	회화류

소장도서관	발행/ 필사연도	저자	도서명	출판사	형태 사항	도서 유형
	1936	宮越健太郎	支那語の系統	東京：岩波書店	84p	개론서
	1937	宮越健太郎, 内之宮金城 共著	最新支那語教科書：讀本篇	東京：外語學院出版部	3冊	독해류
	1938	渡會貞輔	支那語叢話	東京：外語學院出版部	392p	종합서
	1939	甲斐靖	支那語會話：わかりやすい	大阪：침침堂	234p	회화류
		張源祥	支那語の會話	大阪：東方學藝社	8, 冊	회화류
		靑嵐文世榮	支那語大海	東京：永昌書館	313p	회화류
		表文化	初等支那語教本： 發音と文法詳解を中心とした	東京：タイムス出版社	208p	회화류
		宮越健太郎, 杉武夫 共著	最新支那語教科書：作文篇	東京：外語學院出版部	122p	작문류
		陳淸金, 宗内鴻 共著	支那語滿洲語講座	東京：東江堂書店	3 冊	종합서
	1940	表文化	支那語會話練習帳	東京：タイムス出版社	198p	회화류
		朴永瑞	中國語自通：日鮮滿最速成	京城：新興書館	160p	회화류
		宮越健太郎, 杉武夫 共著	支那語基準會話： 教授用備考書.上	東京：外語學院出版部	190p	회화류
	1941	文世榮	官話中國語自通	京城： 漢城圖書株式會社	361p	회화류
		李相殷	最新華語教科書 2	경성：東光堂書店	64, 15 p	회화류
		李相殷	最新華語教科書 1	경성：東光堂書店	71, 9, p	회화류
		張源祥	支那語の會話	東京：象山閣	250p	회화류
		秩父固太郎	簡易支那語會話篇： 主音對譯	大連：大阪屋號書店	216p	회화류
		倉石武四郎	支那語教育の理論と實際	東京：岩波書店	260p	어법류
		藤木敦實, 麻喜正吾 共著	標準支那語會話教科書1： 基礎篇	東京：光生館	108p	회화류
		Denzel Carr 著(デンツエル.カ- 著)；魚返善雄 譯	現代支那語科學	東京：文求堂	134p	어법류
	1942	牛窪愛之進, 蕭鴻麟 共著	支那語自在	東京：富士書店	642p	회화류
	1953	徐仁怡	中國語第一步	東京：白水社	319p	회화류
	1954	呂叔湘 著；大原信一, 伊地智善繼 共譯	中國語法學習	東京：江南書院	200p	어법류

소장도서관	발행/ 필사연도	저자	도서명	출판사	형태 사항	도서 유형
	1956	丁秀山, 香坂順一, 柴垣芳太郎 共著	中國語會話入門 : 小華の學習	東京 : 江南書院	159, 13 p	회화류
		中國語學習雙書編輯委員會 編	現代中國語の發音	東京 : 江南書院	3, 66, 11 p	음운류
			現代中國語初級讀本	東京 : 江南書院	133, 19p	총서· 종합서
		中國語學習雙書編集委員會 編	現代中國語中級讀本	東京 : 江南書院	127, 16p	총서· 종합서
	1957	藤堂明保	中國語音韻論	東京 : 江南書院	358p	음운류
		李元植	中國語解釋 : 中國語敎材	서울 : 同學社	176p	종합서
		中國語學研究會 編	中國語槪論	東京 : 江南書院	138p	어법류
			中國語比較研究	東京 : 江南書院	154p	어법류
			中國語研究史	東京 : 江南書院	180p	어법류
			實用中國語 1 : 發音と解釋	東京 : 江南書院	189p	음운류
			實用中國語 2 : 會話と手紙·挨拶	東京 : 江南書院	154p	회화류
			實用中國語II : 會話と手紙·挨拶	東京 : 江南書院	154p	회화류
		中国語学研究会 編	実用中国語.I : 発音と解釈	東京 : 江南書院,	189p	음운류
		中國語學研究會 編	新しい中國語單語	東京 : 江南書院	236p	어휘류
		中局語學研究會 編	中國語研究資料	東京 : 江南書院	77, 2p	어법류
		中國語友の會 編	やさしい中國語 1 : 中國語とは,發音のしかた	東京 : 江南書院	2, 90, 6p	종합서
			やさしい中國語 2 : III讀本	東京 : 江南書院	129, 6p	종합서
			やさしい中國語 3	東京 : 江南書院	2, 2, 170, 6p	종합서
	1958	山田孝雄	國語の中に於ける漢語の 研究	東京 : 寶文館	504, 39, p	미분류
	1960	육군사관학교	중국어교본	서울 : 육군사관학교	317p	미분류
		李元植	中國語解釋 : 中國語敎材	서울 : 同學社	186p	종합서
		鍾ケ江信光	中國語辭典 : 大學書林	東京 : 大學書林	1157p	사전류
	1921/ 1939	宋憲奭	支那語集成 : 自習完璧	京城 : 德興書林	371p	회화류

소장도서관	발행/필사연도	저자	도서명	출판사	형태사항	도서유형
	1933-	?	支那語	東京:外語學院出版部	?	회화류 간행물
영산대학교	1937	文世榮	速修滿洲語自通	서울:中國語研究會	474p	회화류
	1953	東文社編輯部	三十日速成中國語自通	서울:東文社	104p	회화류
	1958	宮島吉敏	中國語四週間	東京:大學書林	306p	회화류
영산선학대학교	1939	문세영	支那語大海	京城:永昌書館	313p	회화류
		倉石武四郎	支那語發音篇	東京:	80p	음운류
	1940	佐藤三郎治	實際支那語會話獨習	大阪:巧人社	52p	회화류
		倉石武四郎	支那語法入門	東京:弘文堂書房	108p	어법류
	1941	吳主憲	華語文法研究 AnElementary GrammarofChineseLanguage	早稻:文求堂書店	186p	어법류
		香坂順一	支那語文法詳解	東京:タイムス出版社	247p	어법류
	1944	魚返善雄.	支那語注音符號の發音	東京:帝國書院	208p	음운류
	1959	李起馨	官話華語教範	京城:普昌書館	180p	회화류
울산대학교	1912	京都大學文學部 國語學國文學研究室	兒學編日語類解.漢語初步	東京:京都大學國文學會	340p	회화류
	1937	奈良一雄	支那語教科書	第一書院	?	회화류
	1939	陳清金, 宗内鴻	支那語滿洲語講座	東京:東江堂書店	3책	종합서
	1948	尹永春	新編中國語教本	서울:同和出版社	80p	회화류
원광대학교	1924	宋憲奭	漢語獨學	京城:廣益書館	109p	회화류
	1933	宮越健太郎	支那語作文教程	東京:外語學院出版部	119p	작문류
이화여자대학교 중앙도서관	1897	西島良爾	淸語30日間速成	東京:嵩山堂	212p	회화류
	1913	柳廷烈	獨習漢語指南	京城:光東書局: 唯一書館	316p	회화류
	1918	宋憲奭	速修漢語自通全	京城:唯一書館: 漢城書館	142p	회화류
	1926	渡部薰太郎	滿洲語文典	大阪:大阪東洋學會	102p	종합서
		宋憲奭	漢語獨學,全	京城:廣益書館	2, 6, 109p	회화류
	1939	神谷衡平, 有馬健之助 共編	現代實用支那語講座1: 基本篇	東京:文求堂	252, 27p	종합서
	1956	遜雲, 金鄕 共著	教材中國語基礎完成	서울:豊國學園	206p	회화류

소장도서관	발행/ 필사연도	저자	도서명	출판사	형태 사항	도서 유형
	1956- 1959	車柱環, 金正祿, 車相轅	중국어 1,2	서울 : 우종사	1책	종합서
	1957- 1958	張志暎 · 金用賢	중국어.1~3	서울 : 正音社	1책	회화류
인제대학교	1945	中國建設朶誌社	入門中國語	東京 : 光生館	96p	회화류
인천대학교 학산도서관	1919	鄭永邦, 吳啓太 共著; 金國璞 改訂	改訂官話指南	東京 : 文永堂書局	230p	회화류
	1960	中國語學會 編	綜合中國語	서울 : 新雅社	364p	종합서
인하대학교 중앙도서관	1934	三原增水	初等滿洲語會話	奉天 : 滿洲文化普及會	250, 10p	회화류
	1936	張廷彦	最新官話談論集	東京 : 文求堂	214p	회화류
	1955	宮島吉敏, 鐘ケ江信光 共著	中國語四週間 : 四個星期中國語	東京 : 大學書林	306p	회화류
	1959	윤병찬 저	중국어자습독본.상	평양 : 국립문학예술 서적출판사	428p	회화류
장서각	1881	吳啓太, 鄭永邦	官話指南		4권1책	회화류
	1920 추정	李泗鎔	支那語日用單語講義案	油印版	1冊16張	회화류
	미상	미상	中華正音	필사본	1卷 1冊	회화류
			華語類抄		1冊61張	어휘집
전남대학교	1921	宋憲奭	自習完璧支那語集成	京城 : 德興書林	371p	회화류
	1934	宮越健太郎, 杉武夫	最新支那語教科書	東京 : 外語學院出版部	144p	회화류
	1939	神谷衡平, 有馬健之助	新法支那語教本2	東京 : 文求堂	160p	종합서
	1940	宮越健太郎, 淸水元助, 杉武夫	短期支那語講座	東京 : 外國語學院	면수복잡	회화류
	1941	倉石武四郎	支那語教育の理論と實際	東京 : 岩波書店	300p	어법류
		藤木敦實, 麻喜正吾	標準支那語會話教科書,1 : 基礎編	東京 : 光生館	108p	회화류
	1943	石山福治	最新支那語大辭典	東京 : 第一書房	1746, 20, 25p	사전류
	1944	足立忠八郎	北京官話支那語學捷徑	東京 : 金刺芳流堂	294p	회화류
	1951	盧東善; 權浩淵	中國語上	서울 : 장문사	280p	회화류
		서울永和出版社編輯部	現代中國語獨學	서울 : 영화출판사	142p	회화류

소장도서관	발행/필사연도	저자	도서명	출판사	형태사항	도서유형
		盧東善, 權浩淵	中國語 上	서울：장문사	280p	회화류
	1954	長谷川寬	中國語作文	東京：白水社	301p	작문류
	1955	金卿, 遜雲	中國語基礎完成	서울：豊國學園	206p	회화류
	1956	朴魯胎	中國語講座：初級篇	서울：一韓圖書	193p	회화류
	1957	李元植	中國語解釋	서울：同學社	186p	종합서
		中國語學研究會	實用中國語：發音と解釋	東京：江南書院	189p	음운류
			中國語比較研究	東京：江南書院	154p	어법류
	1958	中國語學研究會	中國語學事典	東京：江南書院	1128p	사전류
	1960	宮島吉敏；矢野藤助	中國語辭典	東京：酒井書店	1007p	사전류
		鐘ケ江信光	中國語辭典	東京：大學書林	1157p	사전류
전북대학교	1940	倉石武四郎	支那語發音篇	東京：弘文堂書房	80p	음운류
	1941	魚返善雄	北京語の發音	東京：文求堂	72p	음운류
	1954	공동문화사편집부	現代中國語獨學	서울：共同文化社	142p	회화류
	1957	宮越健太郎	中國語教科書	東京：第三書房	122p	회화류
		李元植	中國語解釋	서울：同學社	186p	종합서
조선대학교	1938	金敬琢 著；劉作舟 校閱	現代支那語公式會話	서울[京城]：聚英庵出版部	221p	회화류
	1958	宮島吉敏, 鐘江信光	中國語四週間：四個星期中國語	東京：大學書林	306p	회화류
		尹旿重 著；中國語研究會	中國語첫걸음：初步부터會話까지	서울：大東社	478p	회화류
	1960	鐘ケ江信光	中國語辭典	東京：大學書林	1157p	사전류
	195?	金永淵	中國語讀本	서울：조선대학교	114p	미분류
중앙대학교 서울캠퍼스 중앙도서관	1941	魚返善雄	華語基礎讀本	東京：三省堂	134p	종합서
	1942	香坂順一	新編支那語發音辭典	東京：タイムス出版社	314p	사전류
	1957	藤堂明保	中國語音韻論	東京：江南書院	358p	음운류
		中國語學研究會	中國語研究史	東京：江南書院	180p	어법류
	1959	宮島吉敏	中國語四週間	東京：大學書林	306p	회화류
진주교육대학교	1958	中國語研究會	中國語첫걸음	서울：대동사	1책	회화류
청주대학교	1939	矢野藤助 編	中國語基礎1500語	東京：大學書林	115p	회화류

소장도서관	발행/ 필사연도	저자	도서명	출판사	형태 사항	도서 유형
충남대학교	1957	李元植 編	中國語解釋	서울 : 同學社	186p	종합서
	1932	宮島吉敏, 矢野藤助 共著	ポケット支那語辭典	東京 : 尙文堂	748p	사전류
	1935	井上翠	井上ポケット支那語辭典	東京 : 文求堂	754p	사전류
	1937	文世榮	速修滿洲語自通	京城 : 以文堂	474p	회화류
	1938	宮越健太郎, 杉武夫	支那語教科書	東京 : 外國語學院	144p	회화류
		藤木敦實, 麻喜正吾	支那語發音字典	東京 : 外國語學院	178p	사전류
		佐藤三郎治	實際支那語會話獨習 : 支那語辭典入	大阪 : 巧人社	52p	회화류
	1939	神谷衡平, 有馬健之助 共編	新法支那語教本.第1-2卷	東京 : 文求堂	2 v?	종합서
	1941	木全德太郎 編	初步官話字彙	東京 : 文求堂	611p	사전류
		王化, 王之淳 共編	現代華語新編	東京 : 目黑書店	159, 7p	회화류
		李顊塵	實用中國語文法	東京 : 文求堂	432p	어법류
		저자 없음	支那語講座	東京 : 文求堂	12v?	회화류
		竹田復	支那語新辭典	東京 : 博文館	1冊	사전류
					852p	사전류
		倉石武四郎	支那語教育の理論と實際	東京 : 岩波書店	260p	어법류
		香坂順一	支那語文法詳解 : 黎錦熙氏, 周有光氏の著書を基とせる	東京 : タイムス出版社	247p	어법류
	1942	牛窪愛之進, 蕭鴻麟	支那語自在	東京 : 富士書店	642p	회화류
	1943	石山福治 編	最新支那語大辭典	東京 : 第一書房	1746p	사전류
	1944	李顊塵	實用中國語文法	東京 : 文求堂	538p	어법류
	1946	隅田直則	最新支那語解釋法	東京 : 大阪屋號書店	658p	미분류
	1956	朴魯胎	中國語講座 : 初級篇	서울 : 一韓圖書出版社	193p	회화류
	1957	藤堂明保	中國語音韻論	東京 : 江南書院	358p	음운류
		李元植	中國語解釋 : 中國語教材	서울 : 同學社	186p	종합서
	1958	太田辰夫	中國語歷史文法	東京 : 江南書院	439p	어법류
	19--	倉石武四郎 編	倉石中等支那語	東京 : 中等學校教科書	冊	회화류
	1934- 1936	宮越健太郎 著, 岩波武雄 編輯	東洋言語の系統 : 支那語の系統	東京 : 岩波書店	冊	미분류

소장도서관	발행/ 필사연도	저자	도서명	출판사	형태 사항	도서 유형
	1957/ 1958	小溪學人 編	語源資料集成.上,中,下	미상	3冊	기타류
	刊寫年 未詳	編者未詳	華語類抄	[刊寫地未詳] : [刊寫者未詳]	1卷1冊	어휘집
	高宗 年刊	李應憲朝鮮	華音啓蒙諺解.卷上,下	미상	2卷1冊	회화류
	미상	李滉朝鮮 編;柳希春 編; 鄭瀁 編.	語錄解	미상	1冊58p	어휘집
충북대학교	1935	何盛三	北京官話文法	東京 : 東學社	360p	어법류
	1939	井上翠	井上ポケット支那語辭典	東京 : 文求堂	754p	사전류
	1940	宮越健太郎	支那語基礎單語4000	東京 : タイムス出版社	199p	어휘집
	1954	宮島吉敏, 鐘ケ江信光 共著	四個星里期中國語	東京 : 大學書林	306p	회화류
		東文社編輯部 編	中國語自通 : 三十日速成	서울 : 東文社	104p	회화류
	1955	鐘ケ江信光	中國語講座	東京 : 白水社	146p	회화류
	1956	朴魯胎	中國語講座 : 初級篇	서울 : 韓圖出版社	193p	회화류
	1957	李元植	中國語解釋	서울 : 同學社	186p	종합서
	1958	姜槿馨	現代中國語獨學	서울 : 永和出版社	142p	회화류
침례신학대학교	1956	尹旿重 著	中國語四週間	서울 : 大東社	478p	회화류
평택대학교 중앙도서관	1960	北京言語學院 編	中國語教科書上卷	東京 : 光生館	330p	미분류
			中國語教科書下卷	東京 : 光生館	355p	미분류
포항공과대학교	1960	中國語學會 編	綜合中國語	서울 : 新雅社	364p	종합서
한국교원대학교	1939	靑柳篤恒, 吳主惠 共著	標準商業支那語教科書	東京 : 松邑三松堂	128p	회화류
	1948	尹永春	新編中國語敎本	서울 : 同和出版社	80p	회화류
한국외국어 대학교 서울캠퍼스 도서관	1937	江口良吉 著	支那語一二三の讀み方から	東京 : 太陽堂	345p	회화류
	1942	井上翠 編著	井上支那語辭典	東京 : 文求堂	1643, 98p	사전류
	1953	宮越健太郎 ; 杉武夫 共著	中國語教科書 : 作文篇	東京 : 第三書房	vii, 122p	작문류
		徐仁怡 著	中國語第一步	東京 : 白水社	5, 319p	회화류
	1954	宮越健太郎 ; 杉武夫 共著	中國語教科書 : 會話篇	東京 : 第三書房	iii, 168p	회화류
		長谷川寬	中國語作文	東京 : 白水社	312p	작문류

소장도서관	발행/ 필사연도	저자	도서명	출판사	형태 사항	도서 유형
		井上翠	井上中國語新辭典	東京 : 江南書院	1174p	사전류
		宮越健太郎, 內之宮金城 共著	中國語教科書	東京 : 第三書房	vi, 83p	회화류
	1955	서울大學校文理科大學中國語文學科語文硏究會 編	最新中國語教科書/第1卷	서울 : 宇鍾社	ii, 136p	회화류
		倉石武四郎	倉石中國語教本	東京 : 弘文堂	冊	회화류
		大塚恒雄	中國語文法入門	東京 : 邦光書房	297p	어법류
		鈴木直治, 望月八十吉, 山岸共 共著	中國語常用虛詞辭典	東京 : 江南書院	160p	사전류
		有田忠弘	簡明中國語作文	東京 : 江南書院	107p	작문류
	1956	中國科學院言語硏究所 編; 實藤惠秀, 北浦藤郎 共譯	中國語文法講話	東京 : 江南書院	iv, 341p	어법류
		香坂順一	簡明中國語文法	東京 : 江南書院	188p	어법류
			初級中國語文法	東京 : 五月書房	276p	어법류
		志賀正年, 小林武三, 太田辰夫 共著	現代中國語作文	東京 : 江南書院	iv, 137p	작문류
	1957	藤堂明保	中國語音韻論	東京 : 江南書院	358p	음운류
		中國語學硏究會	中國語學事典	東京 : 江南書院	6冊	사전류
		藤堂明保	中國語語源漫筆	東京 : 大學書林	148p	어법류
		中國語硏究會	中國語첫걸음 : 初步부터會話까지	서울 : 大東社	478p	회화류
	1958	中國語學硏究會	中國語學事典	東京 : 江南書院	xxiii, 1129p	사전류
		倉石武四朗	中國語初級教本 : ラテン化新文字による	東京 : 岩波書店	iii, 174p	회화류
		太田辰夫	中國語歷史文法	東京 : 江南書院	ix, 439p	어법류
	1960	鍾ケ江信光	中國語辭典	東京 : 大學書林	viii, 1155p viii, 1157p	사전류
		鍾ケ江信光	白水社中國語講座	東京 : 白水社	3冊	회화류
한국해양대학교	1937	李命七	滿音華音新字典	서울 : 三文堂	704p	사전류
	1943	井上翠	井上ポケット支那語辭典	東京 : 文求堂	754,40, 3p	사전류
한남대학교	1956	尹旿重 著 ; 中國語硏究會 編	無師自習短期速成中國語四週間	서울 : 大東社	478p	회화류

소장도서관	발행/ 필사연도	저자	도서명	출판사	형태 사항	도서 유형
한림대학교	1924	飯河道雄	支那語難語句例解： 譯註, 聲音重念附	大連：大阪屋號書店	217p	회화류
한양대학교 백남학술정보관	1941	吳主惠	華語文法研究	東京：文求堂	5, 196, 10p	어법류
		宗內鴻	華語要訣	東京：三省堂	4, 16, 213p	어법류
	1942	宮越健太郎	支那語重要單語集	東京：タイムス	xxxi, 314p	어휘류
		表文化	支那語會話鍊習帳	東京：タイムス	i, vii, 198p	회화류
	1957	宮島吉敏；失野藤助 共著	中國語辭典	東京：酒井書店	75, 1007p	사전류
	1960	鐘ケ江信光	中國語辭典	東京：大學書林	viii, 1157p	사전류
한일장신대학교	1937	吉野美彌雄	滿洲語基礎	大阪：甲文堂書店	286p	회화류
홍익대학교 중앙도서관	1955	宮越健太郎；內之宮金城 共著	中國語敎科書：會話篇	東京：第三書房	144, 24p	회화류
단국대학교 퇴계기념 중앙도서관죽전	1917	御幡雅文	華語跬步	東京：文求堂	xiv, 352p	회화류
	1930	渡部薰太郎 編輯	滿洲語綴字全書	大阪：大阪東洋學會	1冊	기타
	1939	張志暎	中國語會話全書	京城：群書堂	492p	회화류
	1940	宮越健太郎 著	支那語基準會話： 敎授用備考書.上	東京：外語學院出版部	83p	회화류
	1941	上田萬年 等編	大字典.1941.華語增補版	東京：啓哉社	2812p	사전류
		王化 編	高級華語新集	東京：文求堂書店	150p	회화류
	1942	徐仁怡	支那語第一步	東京：白永社	319p	회화류
	1944	李顚廛	實用中國語文法	東京：文求堂	538p	어법류
	1948	尹炳喜 著	中國語敎編	서울：乙酉文化社	2,2,98p	회화류
	1952	宮島吉敏	中國語四周間： 四個星期中華國語	東京：大學書林	285p	회화류
	1956	朴魯胎 著	初級中國語講座	서울：一韓圖書出版社	193p	어법류
		尹旿重	中國語四週間	서울：大東社	478p	회화류
	1957	藤堂明保	中國語音韻論	東京：江南書院	358p	음운류
		中國語學研究會	中國語比較研究	東京：江南書院	154p	어법류
	1958	中國語研究會	中國語첫걸음： 初步부터會話까지	서울：大東社	478p	회화류

소장도서관	발행/ 필사연도	저자	도서명	출판사	형태 사항	도서 유형
	1959	Japan Times 편집국	日英華語辭典 : 英語索引付	東京 : 原書房	356p	사전류
	1960	鍾ヶ江信光	中國語辭典	東京 : 大學書林	ⅷ,1157p	사전류
동국대학교경주	1926	渡部薫太郎	滿洲語文典	大阪 : 大阪東洋學會	1책	종합서
	1932	宋憲奭	自習完璧支那語集成	京城 : 德興書林	371p	회화류
	1958	宮島吉敏 ; 矢野藤助 [共著]	中國語辭典	東京 : 酒井書店	1책	사전류
단국대학교 율곡기념 중앙도서관천안	1912	京都大學文學部 國語學國文學研究室	兒學編日語類解 · 漢語初步	東京 : 三省堂	1冊 면수복잡	회화류
	1943	熊野正平 著	現代支那語法入門	東京 : 三省堂	145p	어법류
	1952	尹永春 著	新編中國語教本	서울 : 鷄林社	80p	회화류
	1960	?	中國語テキスト	東京 : 光生館	38p	회화류
경기대학교서울 금화도서관	1957	노태준 ; 韓昌洙 共著	中國語正則入門 : 發音教本	서울 : 韓國教授協會	142p	회화류
	1958	中國語研究會	中國語첫걸음	서울 : 大東社	478p	회화류

4. 출판사 순

출판사	발행/ 필사연도	저자	도서명	소장도서관	형태 사항	도서 유형
江南書院	1954	呂叔湘 著; 大原信一, 伊地智善繼 共譯	中國語法學習	영남대학교	200p	어법류
		井上翠	井上中國語新辭典	연세대학교 중앙도서관	63p	사전류
				한국외국어대학교 서울캠퍼스 도서관	1174p	사전류
			中國語新辭典	국민대학교 성곡도서관	1111, 64p	사전류
		井上翠	中國語新辭典	고려대학교	1111p	사전류
	1955	大阪外國語大學 中國語學研究室	中國常用字典	성균관대학교 중앙학술정보관	141p	사전류
	1956	古屋二夫	簡明中國語解析	성균관대학교 중앙학술정보관	3冊	어법류
		大原信一, 伊地智善經 共著	中國語法現文型	성균관대학교 중앙학술정보관	201p	어법류
		大阪市立大學中國語學研究室	中國發音小字典	국민대학교 성곡도서관	222p	사전류
			中國常用字典	국민대학교 성곡도서관	141p	사전류
		呂叔湘 著; 大原信一, 伊地智善經 共譯	中國語法學習	성균관대학교 중앙학술정보관	200p	어법류
		미상	中國語學習雙書	국민대학교 성곡도서관		총서- 종합서
		鈴木直治, 望月八十吉, 山岸共 共著	中國語常用虛詞辭典	성균관대학교 중앙학술정보관	160p	사전류
		鈴木直治, 望月八十吉, 山岸共 共著	中國語常用虛詞辭典	한국외국어대학교 서울캠퍼스 도서관	160p	사전류
		有田忠弘	簡明中國語作文	성균관대학교 중앙학술정보관	107p	작문류
				한국외국어대학교 서울캠퍼스 도서관	107p	작문류
		丁秀山, 香坂順一, 柴垣芳太郎 共著	中國語會話入門 : 小苹の學習	영남대학교	159, 13p	회화류
		中國科學院 言語研究所 編; 實藤惠芳, 北浦藤郎 共譯	中國語文法講話	경북대학교	325p	어법류
		中國科學院語言研究所 編; 實藤惠秀, 北浦藤郎 共譯	中國語文法講話	성균관대학교 중앙학술정보관	325p	어법류

출판사	발행/ 필사연도	저자	도서명	소장도서관	형태 사항	도서 유형
		中國科學院言語研究所 編; 實藤惠秀; 北浦藤郎 [共譯	中國語文法講話	계명대학교	325p	어법류
		中國科學院言語研究所 編; 實藤惠秀, 北浦藤郎 共譯	中國語文法講話	한국외국어대학교 서울캠퍼스 도서관	iv, 341p	어법류
		中國語學習雙書編集委員會	現代中國語作文	성균관대학교 중앙학술정보관	137p	작문류
		中國語學習雙書編輯委員會 編	現代中國語の發音	영남대학교	3, 66, 11p	음운류
		中國語學習雙書編集委員會 編	現代中國語中級讀本	영남대학교	127, 16p	총서- 종합서
		香坂順一	簡明中國語文法	성균관대학교 중앙학술정보관	188p	어법류
				한국외국어대학교 서울캠퍼스 도서관	188p	어법류
		呂叔湘 著; 大原信一, 伊地智善繼 譯	中國語法學習	계명대학교	200p	어법류
		志賀正年, 小林武三, 太田辰夫 共著	現代中國語作文	한국외국어대학교 서울캠퍼스 도서관	iv, 137p	작문류
		俞敏; 牛島德次 譯	現代漢語語法縮編	서울대학교 중앙도서관 단행본자료실	101, 6p	어법류
				성균관대학교 중앙학술정보관	101p	어법류
	1957	太田辰夫	現代中國語入門	성균관대학교 중앙학술정보관	93, 14, 6p	어법류
		金子二郎	中國語のはなし方. 下卷, 初級 中國語讀本	국도관	197p	회화류
			初級中國語讀本: 中國語のはなし方. 上卷	국도관	154p	회화류
		金子二郎	初級中國語讀本: 中國語のはなし方	성균관대학교 중앙학술정보관	2冊 (154+197)	회화류
		藤堂明保	中國語音韻論	건국대학교 상허기념도서관	358p	음운류
				고려대학교 세종캠	358p	음운류
				국민대학교 성곡도서관	358p	음운류

출판사	발행/ 필사연도	저자	도서명	소장도서관	형태 사항	도서 유형
				단국대학교 천안캠	358p	음운류
				부산교육대학교	358p	음운류
				성균관대학교 중앙학술정보관	358p	음운류
				중앙대학교 서울캠퍼스 중앙도서관	358p	음운류
				충남대학교	358p	음운류
				한국외국어대학교 서울캠퍼스 도서관	358p	음운류
				단국대학교 퇴계기념 중앙도서관죽전	358p	음운류
				계명대학교	358p	음운류
		藤堂明保	中國語音韻論	고려대학교	358p	음운류
				대구가톨릭대학교	358p	음운류
		藤堂明保	中國語音韻論	영남대학교	358p	음운류
		伊地智善繼 ; 十本春彦[共著]	現代中國語の發音	계명대학교	3, 66, 11p	음운류
				국도관	123p	작문류
		長谷川寬	中國語作文入門	성균관대학교 중앙학술정보관	123, 6p	작문류
		鍾ケ江信光	初級中國語會話讀本	성균관대학교 중앙학술정보관	121p	회화류
			新しい中國語單語	경북대학교	236p	어휘류
			實用中國語, 1 : 發音と解釋	경북대학교	154p	음운류
			中國語槪論	경북대학교	138p	어법류
		中國語研究會 編	中國語研究史	경북대학교	180p	어법류
			中國語研究資料	경북대학교	77, 2p	어법류
			實用中國語, 2 : 會話と手紙・挨拶	경북대학교	154p	회화류
		中國語友の會	やさしい中國語	성균관대학교 중앙학술정보관	1冊	종합서

출판사	발행/ 필사연도	저자	도서명	소장도서관	형태 사항	도서 유형
		中國語學研究會	やさしい中國語 : 中國語とは發音のしかた.1	국도관	2, 90, 6p	종합서
			新しい中國語單語	국민대학교 성곡도서관	236p	어휘류
			實用中國語 : 發音と解釋	전남대학교	189p	음운류
			中國語槪論	국도관	138p	어법류
				서울대학교 중앙도서관 단행본자료실	138, 2p	어법류
				성균관대학교 중앙학술정보관	138p	어법류
			中國語比較研究	국민대학교 성곡도서관	154p	어법류
				서울대학교 학과 및 연구소 국어국문학과 외	154, 2p	어법류
				성균관대학교 중앙학술정보관	154p	어법류
				전남대학교	154p	어법류
				단국대학교 퇴계기념 중앙도서관죽전	154p	어법류
			中國語研究史	국민대학교 성곡도서관	180p	어법류
				서울대학교 중앙도서관 단행본자료실	180, 2p	어법류
				중앙대학교 서울캠퍼스 중앙도서관	180p	어법류
			中國語學事典	국민대학교 성곡도서관	1129p	사전류
				한국외국어대학교 서울캠퍼스 도서관	6冊	사전류
			實用中國語 I : 發音と解釋	국민대학교 성곡도서관	189p	음운류
			實用中國語 II : 會話と手紙・挨拶	국민대학교 성곡도서관	154p	회화류
		中國語學研究會	中國語槪論	국민대학교 성곡도서관	138p	어법류
		中國語學研究會 編	新しい中國語單語	계명대학교	236p	어휘류
			中國語比較研究	단국대학교 천안캠	154p	어법류
		中國語學研究會 編	中國語槪論	영남대학교	138p	어법류

출판사	발행/필사연도	저자	도서명	소장도서관	형태사항	도서유형
			中國語比較研究	영남대학교	154p	어법류
			中國語研究史	영남대학교	180p	어법류
			實用中國語 1：發音と解釋	영남대학교	189p	음운류
			實用中國語 2：會話と手紙・挨拶	영남대학교	154p	회화류
			實用中國語 Ⅱ：會話と手紙・挨拶	영남대학교	154p	회화류
		中國語學研究會 編	新しい中國語單語	영남대학교	236p	어휘류
		中局語學研究會 編	中國語研究資料	영남대학교	77, 2p	어법류
		太田辰夫	中國歷代國文中國歷代口語文을 잘못 표기한 듯	성균관대학교 중앙학술정보관	155p	회화류
		中國語友の會 編	やさしい中國語 2：Ⅲ讀本	영남대학교	129, 6p	종합서
			やさしい中國語 3	영남대학교	2, 2, 170, 6p	종합서
	1958	井上翠	井上中國語新辭典	성균관대학교 중앙학술정보관	1111p	사전류
		中國語學研究會	中國語學事典	성균관대학교 중앙학술정보관	1129p	사전류
				전남대학교	1128p	사전류
				한국외국어대학교 서울캠퍼스 도서관	xxiii, 1129p	사전류
			中国語学事典	성균관대학교 중앙학술정보관	1129p	사전류
		中国語学研究会	中国語学事典	연세대학교 중앙도서관	1129p	사전류
		太田辰夫	中國語歷史文法	명지대학교 인문도서관	439p	어법류
				충남대학교	439p	어법류
				한국외국어대학교 서울캠퍼스 도서관	ix, 439p	어법류
금속활자본	1864	미상	華語類抄	국도관	60장	어휘집
목판본	미상	尹泰駿朝鮮	華音啓蒙諺解	연세대학교 중앙도서관	1책	회화류
미상	1876	志貴瑞芳	漢語用文作文自在/上	서원대학교	48p	작문류

출판사	발행/필사연도	저자	도서명	소장도서관	형태사항	도서유형
			漢語用文作文自在/下	서원대학교	42p	작문류
	1881	吳啓太, 鄭永邦	官話指南	계명대학교	東裝1冊	회화류
				서원대학교	1책	회화류
			官話指南鉛印	고려대학교	1冊148頁	회화류
		吳啓太, 鄭永邦	官話指南	장서각	4권1책	회화류
		吳啓太日本, 鄭永邦日本	官話指南鉛印本日本	고려대학교	1冊148p	회화류
	1883	李應憲 編	華音啓蒙全史字	고려대학교	2卷1冊	회화류
	1924	미상	支那語難語句例解	국도관	217p	회화류
	1931	今西龍	滿洲語のはなし	고려대학교	40p	미분류
				국도관	40p	미분류
	1956	車哲男	中國語基礎構文論	고려대학교	87p	이법류
	1959	車哲南	中國語發音의 理論과 實際油印本	고려대학교	82p	음운류
	1863-1907	李應憲	華音啓蒙諺解	국도관	2卷1冊	회화류
	1957/1958	小溪學人 編	語源資料集成.上,中,下	충남대학교	3冊	기타류
	刊寫年未詳	編者未詳	華語類抄	충남대학교	1卷1冊	어휘집
	高宗年刊	李應憲朝鮮	華音啓蒙諺解.卷上,下	충남대학교	2卷1冊	회화류
	미상	李滉朝鮮 編;柳希春 編;鄭瀁 編.	語錄解	충남대학교	1冊58p	어휘집
油印版	1920 추정	李沔鎔	支那語日用單語講義案	장서각	1冊16張	회화류
日本木版本	1892	廣部精 日 編輯	亞細亞言語集 上	국회도서관	1책	회화류
正音社	1939	張志暎, 金用賢	高等中國語敎本	연세대학교 열운문고		회화류
	1957	張志暎·金用賢	中國語	연세대학교 열운문고	?	회화류
			中國語.第一卷/金用賢	국도관	101, 13p	회화류
	1958	張志暎·金用賢	中國語	삼육대학교 중앙도서관	?	회화류

출판사	발행/ 필사연도	저자	도서명	소장도서관	형태 사항	도서 유형
	1957- 1958	張志暎·金用賢	중국어 1~3	이화여자대학교 중앙도서관	1책	회화류
正則支那 語學會	미상	石山福治	支那現在事情	연세대학교 열운문고	264p	미분류
			普通支那語講義	연세대학교 열운문고	228p	회화류
		岡本正文, 宮嶋吉敏, 佐藤留雄	支那語法規/支那語分解講義/ 北京官話聲音異同辯	연세대학교 열운문고		종합서
第一書院	1937	奈良一雄	支那語教科書	울산대학교	?	회화류
필사본	1917 추정	張志暎	漢語字彙	연세대학교 열운문고	1책	사전류
	미상	金元明	中華正音	연세대학교 열운문고		회화류
		미상	官話指南	부산대학교	72장	회화류
			滿洲語筆法	부산대학교	14장	기
			中國語教本	부산대학교	15장	회화류
			中華正音	장서각	1卷1冊	회화류
			華語類抄	부산대학교	60장	어휘집
		張志暎	中國語字典	연세대학교 열운문고	2책	사전류
			中華官話自修卷2	연세대학교 열운문고	150p	회화류
螢雪出版社	1969	朴恩用	滿洲語文語研究,1	연세대학교 중앙도서관	178p	미분류
活字本	미상	李應憲	華音啓蒙	부산대학교	2卷1冊	회화류
	1883	李應憲	華音啓蒙	국도관	2卷1冊	회화류
	미상	미상	華語類抄	장서각	1冊61張	어휘집
			華語類抄	국도관	60장	어휘집
全史字 尙文堂	미상	미상	華音啓蒙諺解	부산대학교	75장	회화류
	1925	常静仁	官話新編	건국대학교 상허기념도서관	122p	회화류
	192	宮島吉敏, 矢野藤助 共著	Shobundo's Pocket Chinese Japanesedictionary	고려대학교 세종캠	71p	사전류
				고려대학교	71p	사전류
日本評論新社	1956	実藤恵秀	あたらしい中國語の學習	성균관대학교 중앙학술정보관	201p	회화류

출판사	발행/필사연도	저자	도서명	소장도서관	형태사항	도서유형
尙文堂	1932	宮島吉敏, 矢野藤助 共著	ポケット支那語辭典	충남대학교	748p	사전류
			支那語辭典	대구가톨릭대학교	748p	사전류
		宮島吉敏, 矢野藤助 共著	支那語辭典	고려대학교	748p	사전류
				서울대학교 중앙도서관 고문헌자료실	748p	사전류
		宮島吉敏, 矢野藤助	尙文堂支那語辭典: 及支那歷代紀元對照表	국도관	756p	사전류
	1933	ザイデル 著; 奧平定世	ザイデル簡易支那語文典	국도관	150p	어법류
		宮島吉敏	支那語の輪廓	연세대학교 열운문고	115p	회화류
	1934	奧平定世	標準支那語讀本 上	연세대학교 중앙도서관	120p	미분류
			標準支那語讀本 中卷	연세대학교 중앙도서관	120p	미분류
			標準支那語讀本 下卷	연세대학교 중앙도서관	118p	미분류
三修社	1939	ザイデル 著; 奧平定世 譯註	ザイデル簡易支那語文典	국도관	150p	어법류
大阪屋號	1925	鈴江萬太郎, 下永憲次	北京官話俗諺集解	국도관	1책, 6149p	회화류
	1926	飯河道雄	ポケット形日本語から支那語の字引	국도관	589p	사전류
	1930	中谷鹿二	日本語から支那語への道	국도관	578p	어휘집
江南書院	1956	大阪市立大學 中國語學硏究室	中國發音小字典	성균관대학교 중앙학술정보관	222p	사전류
		中國語學習雙書編輯委員會 編	現代中國語初級讀本	영남대학교	133, 19p	총서-종합서
	1957	金子二郎	中國語のはなし方	건국대학교 상허기념도서관	197, 23, 6p	회화류
		中國語友の會 編	やさしい中國語 1: 中國語とは.發音のしかた	영남대학교	2, 90, 6p	종합서
朝鮮放送協會	1940	李相股 講議	ラヂオ・テキスト支那語講座	고려대학교	66p	미분류
岩波書店	1934	宮越健太郎	支那語の系統	영남대학교	56p	개론서
	1936	宮越健太郎	支那語の系統	경성대학교	1책	개론서
		宮越健太郎	支那語の系統	경북대학교	84p	개론서
				영남대학교	84p	개론서

출판사	발행/ 필사연도	저자	도서명	소장도서관	형태 사항	도서 유형
	1941	倉石武四郎	支那語教育の理論と實際	국도관	1책	어법류
				전남대학교	300p	어법류
				충남대학교	260p	어법류
		倉石武四郎	支那語教育の理論と實際	고려대학교	260p	어법류
				영남대학교	260p	어법류
	1953	倉石武四朗	中國語初級教本	부산외국어대학교	174p	회화류
	1958	倉石武四朗	中國語初級教本: ラテン化新文字による	한국외국어대학교 서울캠퍼스 도서관	iii, 174p	회화류
		倉石武四郎	ロ-マ字中國語:初級	경상대학교	85p	회화류
	1960	倉石武四郎	ロ-マ字中國語初級	성균관대학교 중앙학술정보관	85p	회화류
	1934- 1936	宮越健太郎 著, 岩波武雄 編輯	東洋言語の系統: 支那語の系統	충남대학교	冊	미분류
螢雪書院	1941	岩井武男, 近藤子周	簡易支那語會話教本	연세대학교 열운문고	105p	회화류
大阪屋號 書店	1919	宮脇賢之介	北京官話支那語文法	국도관	122p	어법류
	1923	飯河道雄	支那語分類會話讀本	고려대학교	163p	회화류
	1924	飯河道雄	支那語難語句例解: 譯註, 聲音重念附	한림대학교	217p	회화류
		打田重治郎	急就篇を基礎とせる 支那語獨習	국도관	318p	회화류
	1927	福島正明	註釋關東廳滿鐵支那語奬勵 試驗問題集	국도관	410p	기타
	1928	宮脇賢之介	新體華語階梯全	성균관대학교 중앙학술정보관	188, 85p	회화류
		秩父固太郎	簡易支那語會話篇:注音對譯	고려대학교	217p	회화류
	1930	中谷鹿二	新らしい支那語を研究せよ	국도관	244p	미분류
	1932	李仲剛	現代華語讀本:正編	연세대학교 열운문고	146p	회화류
	1933	權寧世	華語大辭典	국도관	587p	사전류
			華語發音辭典:及附錄	국도관	160p	사전류
	1936	秩父固太郎	簡易支那語會話篇	계명대학교	216p	회화류
	1938	大石進海, 柿崎進 [共]著	軍事日常支那語	경북대학교	326p	회화류

출판사	발행/ 필사연도	저자	도서명	소장도서관	형태 사항	도서 유형
	1940	櫻庭巖	警務支那語會話	연세대학교 열운문고	530p	회화류
		陳文彬	支那語自修讀本	부산대학교	107p	미분류
		宮越健太郎, 杉武夫	支那語基準會話	연세대학교 열운문고	2책	회화류
	1941	隅田直則	最新支那語解釋法	국도관	1책	미분류
		秩父固太郎	簡易支那語會話篇 : 主音對譯	영남대학교	216p	회화류
	1942	陳彦博 著 ; 菱川八郎	中日對譯支那語文法綱要	국도관	268p	어법류
	1946	隅田直則	最新支那語解釋法	충남대학교	658p	미분류
文淵閣	1932	高木宣	簡要支那語教程	부산대학교	71p	회화류
				서울대학교 중앙도서관 고문헌자료실	71p	회화류
	1881	吳啓太, 鄭永邦	官話指南	연세대학교 열운문고	148p	회화류
	1905	張廷彦	支那語動字用法	국도관	137p	어법류
		小路眞平, 茂木一郎	北京官話常言用例	연세대학교 열운문고	155p	회화류
		小路眞平, 茂本一郎	北京官話常言用例	국도관	155p	회화류
	1906	英繼 著 ; 宮島吉敏	官話北京事情	국도관	1책	회화류
		吳泰壽	官話指南總譯	국도관	264p	기타
	1907	靑柳篤恒	支那語助辭用法	국도관	151p	어법류
文求堂書店		鄭永邦, 吳啓太	改訂官話指南	국도관	230p	회화류
	1918	御幡雅文	華語跬步總譯	국도관	202p	회화류
	1919	石山福治	支那語大辭彙 : 及補遺	국도관	956p	사전류
		石川福治	最新支那語學研究法	경상대학교	1책	기타
	1924	文求堂編輯局	華語教科書	연세대학교 열운문고	125p	회화류
	1926	張廷彦 ; 田中慶太郎 譯	支那語動字用法	성균관대학교 중앙학술정보관	2, 123, 10p	어법류
	1929	杉武夫	最新支那語講座 第1卷 : 會話篇	국도관	2책	회화류
			最新支那語講座 第2卷 : 會話篇	국도관	254p	회화류
			最新支那語講座 第3卷 : 文法篇	국도관	314p	어법류

출판사	발행/ 필사연도	저자	도서명	소장도서관	형태 사항	도서 유형
			最新支那語講座 第4卷： 文法篇；作文篇	국도관	155p	어법/ 작문류
	1930	杉武夫	最新支那語講座 第6卷： 時文篇；文學篇	국도관	123p	독해류
	1932	吳泰壽 譯	官話指南總譯	경북대학교	264p	기타
	1933	石山福治	新支那大辭典	연세대학교 열운문고	1746?	사전류
	1934	杉武夫	最新支那語講座 第5卷： 作文篇；時文篇	국도관	146p	작문 독해류
	1936	吳主惠	華語文法研究	국도관	195p	어법류
	1937	木全德太郎	支那語旅行會話	국도관	292p	회화류
	1938	吳主憲	華語文法研究： 會話應用發音添府	부산대학교	196p	어법류
		Denzel Carr 著；魚返善雄 譯	現代支那語科學	명지대학교 인문도서관	134p	어법류
	1939	神谷衝平	支那語基本教科書	경성대학교	1책	회화류
		Denzel Carr 著(デンツエル.カ)	現代支那語科學	국도관	134p	어법류
	1940	？	支那語會話教科書	서울대학교 학과 및 연구소 중어중문학과	3, 1, 124p	회화류
		木全德太郎	初步北京官話	부산대학교	273p	회화류
		吳主憲	華語文法研究 An Elementary Grammar of ChineseLanguage	영산선학대학교	186p	어법류
	1941			단국대학교 천안캠	150p	회화류
		王化 編	高級華語新集	단국대학교 퇴계기념 중앙도서관죽전	150p	회화류
	1917c 1903	御幡雅文	華語跬步	동국대학교 중앙도서관	6, 2, 4, 352p	회화류
文求堂書局	1909	鄭永邦, 吳啓太	改訂官話指南	국도관	230p	회화류
	1911	吳泰壽	官話指南總譯	단국대학교 천안캠	264p	기타
文永堂書局	1909	吳啓太, 鄭永邦	官話指南	부산대학교	230p	회화류
	1910	鄭永邦, 吳啓太；金國璞 改訂	改訂官話指南	연세대학교 열운문고	230p	회화류
	1919	鄭永邦, 吳啓太 共著； 金國璞 改訂	改訂官話指南	인천대학교 학산도서관	230p	회화류

출판사	발행/필사연도	저자	도서명	소장도서관	형태사항	도서유형
s.n.	1915	伊澤修二	支那語正音練習書	서울대학교 중앙도서관 고문헌자료실	1v	음운류
	1917	皆川秀孝	支那語動詞形容詞用法	서울대학교 중앙도서관 고문헌자료실	1v	어법류
	1924	石山福治	支那語大辭彙	서울대학교 중앙도서관 고문헌자료실	1v	사전류
		張廷彦	華語捷徑	서울대학교 중앙도서관 고문헌자료실	59p	회화류
	1926	張廷彦	支那語動字用法	서울대학교 중앙도서관 고문헌자료실	1冊	어법류
	1929	宮島大八	官話急就篇	서울대학교 중앙도서관 고문헌자료실	1v	회화류
		青柳篤恒	支那語助辭用法	서울대학교 중앙도서관 고문헌자료실	1v	어법류
	1938	鄭永邦, 吳啓太 共著; 金國璞 改訂	改訂官話指南	서울대학교 중앙도서관 고문헌자료실	230p	회화류
	1939	Zōin, Hō Hō, Fumika	支那語新軌範	서울대학교 중앙도서관 고문헌자료실	100p	미분류
		Nihon Hōsō, Kyōkai.	支那語講座	서울대학교 중앙도서관 고문헌자료실	63, 40p	회화류
	1940	Zōin, Hō Hō, Fumika	支那語新軌範敎授資料	서울대학교 중앙도서관 고문헌자료실	102p	미분류
		木全德太郎	支那語旅行會話	서울대학교 중앙도서관 고문헌자료실	292p	회화류
		外語學院出版部	支那語文法研究號	서울대학교 중앙도서관 고문헌자료실	90p	어법류
		倉石武四郎	倉石中等支那語.卷一	서울대학교 중앙도서관 고문헌자료실	120,8p	회화류
文永堂書局	1909	鄭永邦, 吳啓太 共著; 金國璞 改訂	改訂官話指南	고려대학교	230p	회화류
國華書籍株式會社	1942	野口正之	系統的支那語會話	국도관	557p	회화류
文求堂	1905	張廷彦	支那語動字用法	연세대학교 열운문고	137p	어법류
	1907	青柳篤恒	支那語助辭用法	연세대학교 열운문고	157p	어법류

출판사	발행/ 필사연도	저자	도서명	소장도서관	형태 사항	도서 유형
	1908	御幡雅文	增補華語跬步	국도관	352p	회화류
	1913	岡本正文	支那語教科書	연세대학교 열운문고	164p	회화류
	1914	石山福治	支那語大辭彙	연세대학교 중앙도서관	924p	사전류
	1917	御幡雅文	華語跬步	단국대학교 퇴계기념 중앙도서관죽전	xiv, 352p	회화류
			華語跬步增補12版	단국대학교 천안캠	352p	회화류
	1919	石山福治	支那語大辭典	부경대학교	63p	사전류
	1920	御幡雅文	增補華語跬步	국도관	352p	회화류
	1922	大橋末彦	官話急就篇詳譯	연세대학교 열운문고	203p	회화류
	1924	石山福治	華語教科書譯本	연세대학교 열운문고	86p	회화류
	1925	石山福治	支那語辭彙	서울대학교 중앙도서관 고문헌자료실	1v	사전류
				영남대학교	8,318,8p	사전류
	1927	岡本正文	支那語教科書	서울대학교 학과 및 연구소 중어중문학과 외	2, 3, 164p	회화류
				성균관대학교 중앙학술정보관	164p	회화류
		張廷彦	華語捷徑	연세대학교 열운문고	59p	회화류
	1928	井上翠	井上支那語辭典	국도관	1740p	사전류
	1929	井上翠	井上支那語辭典	국도관	1754p	사전류
		井上翠 編著	井上支那語辭典	서울대학교 중앙도서관 고문헌자료실	1643p	사전류
	1930	石山福治	支那語新式學習法	광주교육대학교	346p	회화류
	1931	宮島大八	官話急就篇	고려대학교	182p	회화류
		神曲衡平;清水元助	高級中華通用門讀本	국도관	1책	독해류
	1933	岡本正文	支那語教科書	영남대학교	164p	회화류
		宮越健太郎	最新支那語教科書作文篇: 教授用備考	연세대학교 열운문고	39p	작문류
		石山福治	日支大辭彙	연세대학교 열운문고	154p	사전류
	1934	井上翠	支那語辭典	연세대학교 열운문고	1643p	사전류

출판사	발행/필사연도	저자	도서명	소장도서관	형태사항	도서유형
	1935	木全德太郎	適用支那語解釋：及附錄	국도관	1책, 458p	회화류
		井上翠	井上ポケット支那語辭典	충남대학교	754p	사전류
	1936	宮原民平	支那語講座	경북대학교	v.	회화류
		內之宮金城	現代実用支那講座 第1卷：會話編	국도관	267p	회화류
		張廷彦	最新官話談論集	인하대학교 중앙도서관	214p	회화류
		井上翠	現代實用支那語講座 7：時文篇	연세대학교 중앙도서관	254p	종합서
			現代實用支那語講座 第7卷 時文篇	국도관	254p	종합서
		諸岡三郎	尺牘編.第8卷	국도관	302p	작문류
			現代實用支那語講座 8：尺牘篇	연세대학교 중앙도서관	302p	종합서
		土屋明治	現代実用支那講座 第2卷：會話編	국도관	299p	회화류
		土屋申一	現代実用支那講座 第3卷：會話編	국도관	262p	회화류
			現代實用支那語講座 4：會話篇	연세대학교 중앙도서관	262p	종합서
		神谷衡平, 有馬健之助	現代實用支那語講座 第1卷 基本篇	국도관	380p	종합서
	1937	淸水元助；有馬建之助	現代實用支那語講座 第6卷 作文編	국도관	272p	종합서
	1938	岡本正文	支那語教科書	강남대학교 중앙도서관	2, 3, 164p	회화류
		神谷衡平, 有馬健之助	新法支那語教本. 第一卷	연세대학교 열운문고	4, 152, [28]p	종합서
		井上翠	井上ポケット支那語辭典	단국대학교 천안캠	803p	사전류
		井上翠 編著	井上ポケット支那語辭典	단국대학교 동양학도서실	803p	사전류
	1939	木全德太郎	官話指南精解	국도관	384p	기타
			適用支那語解釋	서울대학교 중앙도서관 고문헌자료실	458p	회화류

출판사	발행/ 필사연도	저자	도서명	소장도서관	형태 사항	도서 유형
		神谷衡平, 有馬健之助	新法支那語教本	서울대학교 중앙도서관 고문헌자료실	1冊	종합서
			新法支那語教本2	전남대학교	160p	종합서
		神谷衡平, 有馬健之助 共編	新法文支那語教本	경북대학교	v. : ill.	종합서
			新法支那語教本.第1-2卷	충남대학교	2 v?	종합서
		神谷衡平, 有馬楗之助 共編	現代實用支那語講座1: 基本篇	이화여자대학교 중앙도서관	252, 27p	종합서
		劉光	對譯實用支那語會話篇	성균관대학교 중앙학술정보관	152p	회화류
		井上翠	井上支那語辭典	부경대학교	1643,98p	사전류
		井上翠	井上ポケット支那語辭典	충북대학교	754p	사전류
		井上翠 編著	井上ポケット支那語辭典	서울대학교 중앙도서관 고문헌자료실	754,46, 3, 3p	사전류
	1940	井上翠	井上ポケット支那語辭典	경성대학교	754p	사전류
		宮越健太郎, 杉武夫	支那語基準會話: 教授用備考書	연세대학교 열운문고	2책	회화류
		Bernhard Karlgren	北京語の發音	경상대학교	1책	음운류
		木全德太郎 編	初步官話字彙	충남대학교	611p	사전류
		魚返善雄	北京語の發音	전북대학교	72p	음운류
	1941	李顗麐	實用中國語文法	충남대학교	432p	어법류
		저자 없음	支那語講座	충남대학교	12v?	회화류
		井上翠	井上ポケット支那語辭典	연세대학교 열운문고	754p	사전류
		Denzel Carr 著(デンツエル.カ- 著);魚返善雄 譯	現代支那語科學	영남대학교	134p	어법류
		岩井武男	現代實用支那語講座 第15卷 讀本編	국도관	193p	종합서
	1942	井上翠	井上ポケット支那語辭典	계명대학교	754p	사전류
				대구가톨릭대학교	754p	사전류
		井上翠 編著	井上支那語辭典	한국외국어대학교 서울캠퍼스 도서관	1643,98p	사전류
	1943	文夢我	商業會話編 第16卷	국도관	188p	회화류

출판사	발행/ 필사연도	저자	도서명	소장도서관	형태 사항	도서 유형
		井上翠	井上ポケット支那語辭典	한국해양대학교	754, 40, 3p	사전류
	1944	李顚塵	實用中國語文法	단국대학교 천안캠	538p	어법류
				충남대학교	538p	어법류
				단국대학교 퇴계기념 중앙도서관죽전	538p	어법류
		李顚塵 等著	實用中國語文法	국도관	538p	어법류
	1959	神谷衡平, 有馬健之助 共著	新法支那語敎本.第1卷	고려대학교 세종캠	179p	종합서
				고려대학교	179p	종합서
普書館	1913	高永完	高等官話華語精選	경상대학교	288p	회화류
				국도관	288p	회화류
宇鐘社	1956	車相轍, 金正祿, 車柱環	高等學敎外國語科中國語讀 本.第一-三學年用/車相轍	국도관	123, 102, 99p	독해류
大同館	1927	霜島勇氣南	高等漢文漢語詳解 : 及附錄	단국대학교 천안캠	48p	미분류
文求堂	1905	吳泰壽 著	官話指南總譯	고려대학교	264p	기타
	1912	宮錦舒	支那語文典	건국대학교 상허기념도서관	270p	어법류
	1914	石山福治	支那語新會話篇	고려대학교	296p	회화류
	1926	大橋末彦	官話急就篇詳譯/全	건국대학교 상허기념도서관	230p	회화류
	1929	宮島大八	官話急就篇/終	건국대학교 상허기념도서관	182p	회화류
	1936	神谷衡平, 有馬健之助 共編	現代實用支那語講座 1 : 基本篇	고려대학교	252, 28p	종합서
	1939	吳主惠	華語文法研究	서울대학교 중앙도서관 고문헌자료실	195p	어법류
					196p	어법류
		長谷川正直	支那語作文敎科書 前編	서울대학교 학과 및 연구소 중어중문학과	2, 4, 133p	작문류
	1941	吳主惠	華語文法研究	한양대학교 백남학술정보관	5, 196, 10p	어법류
美華書館	1898	狄考文	官話類編	연세대학교 열운문고	160p	회화류
淸進書館	1931	柳廷烈	官話速成篇	서울시립대학교 도서관	244p	회화류

출판사	발행/필사연도	저자	도서명	소장도서관	형태사항	도서유형
漢城圖書	1938	文世榮	官話中國語自通	국도관	361p	회화류
漢城圖書株式會社	1941	文世榮	官話中國語自通	영남대학교	361p	회화류
大阪室號書店	1924	飯河道雄	官話指南自修書 : 應對須知篇 : 使令通話篇	국도관	194p	회화류
	1926	飯河研究室	官話指南自修書 : 官話問答篇	국도관	170p	회화류
德國敎士安保羅藏板	1904	靑島巴陵會 公訂	官話黜虛崇正論	고려대학교	120p	기타
普昌書館	1915	李起馨	官話華語教範	국도관	180p	회화류
				서원대학교	180p	회화류
	1959	李起馨	官話華語教範	영산선학대학교	180p	회화류
普昌書館	1915	李起馨	官話華語教範	고려대학교	180p	회화류
		李起馨	官話華語教範	고려대학교	180p	회화류
東洋書院	1918	李起馨	官話華語新編	국도관	192p	회화류
豊國學園	1955	金卿, 遜雲	中國語基礎完成	전남대학교	206p	회화류
		遜雲, 金卿	中國語基礎完成	국도관	206p	회화류
		遜雲, 金鄕	中國語基礎完成	경희대학교 중앙도서관	206p	회화류
	1956	遜雲, 金鄕 共著	教材中國語基礎完成	이화여자대학교 중앙도서관	206p	회화류
寶文館	1940	山田孝雄	國語の中に於ける漢語の研究	고려대학교	538, 35p	미분류
	1958	山田孝雄	國語の中に於ける漢語の研究	영남대학교	504, 39p	미분류
			國語の中に於ける漢語の研究 訂正版	고려대학교	504p	미분류
寶文館出版	1958	山田孝雄	國語の中に於ける漢語の研究	선문대학교	504p	미분류
明治書院	1935	岡井愼吾	國語科學講座.4.8 : 國語學B : 漢語と國語	고려대학교	1冊	기타
帝國書院	1938	帝國書院編輯部	支那語教科書 : 基礎・會話文の作り方	연세대학교 열운문고	37p	회화류
	1939	神谷衡平・岩井武男	支那語教科書 : 基礎・會話文の作り方	연세대학교 열운문고	68, 12p	회화류
	1943	武田寧信, 中澤信三	軍用支那語大全	국도관	602p	회화류

출판사	발행/ 필사연도	저자	도서명	소장도서관	형태 사항	도서 유형
		武田寧信, 中澤信三 共著	軍用支那語大全	경북대학교	602p	회화류
	1944	魚返善雄	支那語注音符號の發音	서울대학교 중앙도서관 고문헌자료실	208p	음운류
		魚返善雄	支那語注音符號の發音	세종대학교 학술정보원	208p	음운류
		魚返善雄.	支那語注音符號の發音	영산선학대학교	208p	음운류
三榮書館	1946	王弼明	기초中國語	광주대학교	242p	회화류
광한서림	1944	金松奎	內鮮滿最速成滿洲語自通	경북대학교	160p	회화류
				대구가톨릭대학교	160p	회화류
外國語學院 出版部	1939	宮越健太郎, 青水元助, 杉武夫 共監修	短期支那語講座	성균관대학교 중앙학술정보관	1冊	회화류
外國語學院	1938	宮越健太郎, 杉武夫	支那語教科書	충남대학교	144p	회화류
		藤木敦實, 麻喜正吾	支那語發音字典	충남대학교	178p	사전류
	1940	宮越健太郎, 清水元助, 杉武夫	短期支那語講座	전남대학교	면수복잡	회화류
永和語學社	1957	王育德	臺灣語常用語彙	경북대학교	475p	어휘집
啓哉社	1941	上田萬年 等編	大字典.1941.華語增補版	단국대학교 천안캠	2812p	사전류
				단국대학교 퇴계기념 중앙도서관죽전	2812p	사전류
京文社書店	1939	瀧麟太郎	獨習自在支那語の學び方	경상대학교	237p	미분류
光東書局	1913	柳廷烈	獨習漢語指南	연세대학교 중앙도서관	316p	회화류
光東書局 : 唯一書館	1913	柳廷烈	獨習漢語指南	서원대학교	316p	회화류
光東書局 : 唯一書館	1913	柳廷烈	獨習漢語指南	이화여자대학교 중앙도서관	316p	회화류
タイムス 出版社	1940	宮越健太郎	支那語基礎單語四〇〇〇	건국대학교 상허기념도서관	199p	어휘집
				서울대학교 중앙도서관 고문헌자료실	199p	어휘집
		表文化	支那語會話鍊習帳	영남대학교	198p	회화류
	1941	香坂順一	黎錦熙氏·周有光氏の著書 を基とせる支那語文法詳解	서울대학교 중앙도서관 고문헌자료실	247p	어법류
	1942	香坂順一	新編支那語發音辭典	중앙대학교 서울캠퍼스 중앙도서관	314p	사전류

출판사	발행/ 필사연도	저자	도서명	소장도서관	형태 사항	도서 유형
三文堂	1937	李命七	滿音華音新字典	한국해양대학교	704p	사전류
巖松堂書店	1943	野副重勝 著	滿日銀行會話	동아대학교	237p	회화류
東學社	1935	何盛三	北京官話文法	충북대학교	360p	어법류
	1936	【ア】麿徒	滿洲國語文法 : 現代支那語-北京官話	부산대학교	403p	어법류
朝鮮放送協會	1933	張志暎	滿州語講座	연세대학교 열운문고	50p	회화류
東京外國語大學	1969	山本謙吾	滿洲語口語基礎語彙集	연세대학교 중앙도서관	234p	사전류
甲文堂書店	1935	吉野美彌雄	滿洲語基礎	국도관	286	회화류
	1937	吉野美彌雄	滿洲語基礎	한일장신대학교	286p	회화류
	1940	栗山茂	支那語發音要義	국도관	106p	음운류
	1943	黎錦熙	黎氏支那語文法	국도관	414p	어법류
新滿蒙社	1933	王小林	滿洲語無師自通	경상대학교	1冊	회화류
	1934	李春一	滿洲語速成會話講義錄合本	국도관	1책	회화류
	1935	李春一	無師速修滿洲語大王	국도관	4, 150, 16p	회화류
實生活社	1931	金東淳	滿洲語問答會話集	경북대학교	154p	회화류
	1935	金東淳	滿洲語問答會話集	국도관	154p	회화류
大阪東洋 學會	1926	渡部薰太郎	滿洲語文典	동국대학교 경주캠퍼스 도서관	1책	종합서
				연세대학교 중앙도서관	102p	종합서
				이화여자대학교 중앙도서관	102p	종합서
				동국대학교경주	1책	종합서
	1930	渡部薰太郎 編輯	滿洲語綴字全書	단국대학교 천안캠	1冊	기타
				단국대학교 퇴계기념 중앙도서관죽전	1冊	기타
	1926	渡部薰太郎	滿洲語文典	고려대학교	iv	종합서
	1926	渡部薰太郎 編	滿洲語文典	경북대학교	1v.	종합서
新滿蒙社	1935	李春一	滿洲語速成會話講義錄	고려대학교	300p	회화류
大阪東洋學會: 三島開文堂	1930	渡部薰太郎	滿洲語俗語讀本	서울대학교 중앙도서관 고문헌자료실	1v.	회화류

출판사	발행/ 필사연도	저자	도서명	소장도서관	형태 사항	도서 유형
內外社	1932	三科樂山	滿洲語一週間	국도관	172p	회화류
新興書館	1939	許도?	滿州語自通：日鮮滿最速成	연세대학교 중앙도서관	160p	회화류
	1940	朴永瑞	中國語自通：日鮮滿最速成	영남대학교	160p	회화류
송영관	1938	西島良爾	滿洲語會話：支那語獨習	대구가톨릭대학교	351p	회화류
京都帝國大學滿 蒙調査會	1937	羽田亨 編	滿和辭典	숭실대학교 중앙도서관	viiI, 478p	사전류
外語学院 出版部	1935	宮越健太郎	最新支那語教科書： 慣用語句應用篇	연세대학교 열운문고	107p	회화류
			最新支那語教科書會話篇： 教授用備考	연세대학교 열운문고	123p	회화류
	1939	宮越健太郎, 杉武夫	模範滿支官話教程	서울대학교 중앙도서관 고문헌자료실	119p	회화류
	미상	宮越健太郎, 杉武夫	模範滿支官話教程： 教授用備考書	연세대학교 열운문고	209	회화류
開隆堂	1940	奧平定世	模範支那語教程	연세대학교 열운문고	2책	회화류
國學大學 國學研究會	1947	表文化	蒙古語滿洲語教科書	경북대학교	131p	회화류
博文館	1942	文世榮	無師速成目鮮滿洲語自通	건국대학교 상허기념도서관	278p	회화류
博文館	1906	岩村成允	北京正音支那新字典	국도관	408p	사전류
	1908	後藤朝太郎	現代支那語學	연세대학교 열운문고	286p	어법류
		後藤朝太郎 著	現代支那語學	고려대학교	286p	어법류
	1935	竹田復	支那語新辭典	단국대학교 천안캠	852p	사전류
	1941	竹田復	支那語新辭典	연세대학교 열운문고	1책	사전류
				충남대학교	1冊	사전류
					852p	사전류
		竹田復	支那語新辭典	고려대학교	1冊 面數複雜	사전류
	1942	文世榮	無師速成目鮮滿洲語自通	경상대학교	278p	회화류
大東社	1952	尹旿重	中國語四週間	경희대학교 중앙도서관	478p	회화류
	1956	尹旿重	中國語四週間	광주교육대학교	478p	회화류

출판사	발행/ 필사연도	저자	도서명	소장도서관	형태 사항	도서 유형
				단국대학교 천안캠	478p	회화류
				단국대학교 퇴계기념 중앙도서관죽전	478p	회화류
			無師自習中國語四週間	국도관	478p	회화류
		尹旿重 著	中國語四週間	침례신학대학교	478p	회화류
		中國語研究會	中國語四週間	국민대학교 성곡도서관	478p	회화류
			無師自習短紀速成中國語 四週間	서울시립대학교 도서관	478p	회화류
			中國語四周間 : 舞師自修	연세대학교 중앙도서관	478	회화류
		尹旿重 著 ; 中國語研究會 編	無師自習短期速成中國語四 週間	경북대학교	478p	회화류
				한남대학교	478p	회화류
	1958	尹旿重	初步부터會話까지中國語 첫걸음	경상대학교	478p	회화류
				국도관	478p	회화류
		中國語研究會	中國語첫걸음	경기대학교 금화도서관	478p	회화류
				경기대학교 서울 금화도서관	478p	회화류
			中國語첫걸음 : 初步부터會話까지	한국외국어대학교 서울캠퍼스 도서관	478p	회화류
				단국대학교 퇴계기념 중앙도서관죽전	478p	회화류
			初步부터會話까지中國語 첫걸음	건국대학교 상허기념도서관	478p	회화류
		中國語研究會 編	中國語첫걸음 : 初步부터 會話까지	단국대학교 천안캠	478p	회화류
		尹旿重 著 ; 中國語研究會	中國語첫걸음 : 初步부터 會話까지	조선대학교	478p	회화류
永昌書館	1934	永昌書館	無先生速修中國語自通	국도관	131p	회화류
	1938	姜義永	支那語大海 : 北京官話	성균관대학교 중앙학술정보관	313p	회화류
	1939	문세영	支那語大海	영산선학대학교	313p	회화류
		青嵐文世榮	支那語大海	영남대학교	313p	회화류
	1941	文世榮	北京官話支那語大海	경상대학교	313p	회화류

출판사	발행/ 필사연도	저자	도서명	소장도서관	형태 사항	도서 유형
慶北大學校 大學院 國語國文學 研究室	1959	慶北大學校大學院 國語國文學研究室 [編].	朴通事 上	대구한의대학교	152p	회화류
白水社	1953	徐仁怡	中國語第一步	영남대학교	319p	회화류
		徐仁怡 著	中國語第一步	한국외국어대학교 서울캠퍼스 도서관	5, 319p	회화류
		鐘ケ江信光	中國語講座	명지대학교 인문도서관	3卷 1冊	회화류
	1954	長谷川寬	中國語作文	계명대학교	301p	작문류
				성균관대학교 중앙학술정보관	312p	작문류
				전남대학교	301p	작문류
				한국외국어대학교 서울캠퍼스 도서관	312p	작문류
		長谷川寬	中國語作文	대구가톨릭대학교	301p	작문류
	1955	鐘ケ江信光	白水社中國語講座	경희대학교 국제C 중앙도서관	3冊133 ; 146 ; 126p	회화류
		鐘ケ江信光	中國語講座	충북대학교	146p	회화류
	1957	鐘ケ江信光	白水社中國語講座	성균관대학교 중앙학술정보관	冊	회화류
	1960	鐘ケ江信光	白水社中國語講座	한국외국어대학교 서울캠퍼스 도서관	3冊	회화류
		鐘ケ江信光	中國語講座	경북대학교	2v.	회화류
	1954- 1957	鐘ケ江信光	白水社中國語講座	경북대학교	2v.	회화류
	1954 1961	長谷川寬	中國語作文	고려대학교	301p	작문류
至誠堂	1926	金堂文雄	白話體文那語の手紙	부산대학교	399p	기타
太平洋書房	1928	何盛三	北京官話文法	서울대학교 중앙도서관 고문헌자료실	2, 6, 2, 9, 360p	어법류
	1928	何盛三	北京官話文法	국도관	1책	어법류
	1929	宮島吉敏, 하성삼	詳註對譯中華國語讀本	국도관	223p	독해류

출판사	발행/ 필사연도	저자	도서명	소장도서관	형태 사항	도서 유형
	1931	저자불명	現代支那語講座	연세대학교 열운문고	8책	종합서
東學社	1935	何盛三	北京官話文法	서울대학교 학과 및 연구소 중어중문학과	360p	어법류
永昌書館	1941	文世榮	北京官話支那語大海一名滿 洲語	목원대학교	313p	회화류
金剌芳流堂	1923	足立忠入郎	北京官話支那語學捷徑	국도관	294p	회화류
	1944	足立忠八郎	北京官話支那語學捷徑	전남대학교	294p	회화류
青木嵩山堂	1906	馮世傑, 野村幸太郎	北京官話清國風俗會話篇	연세대학교 열운문고	56p	회화류
大學書林	1931	宮島吉敏	支那語四週間: 4個星期中華國語	국도관	238p	회화류
	1932	宮島吉敏	最新支那語講座 上,下卷	국도관	2책	종합서
			標準支那語講座 上	상명대학교 중앙도서관	391p	종합서
		宮島吉敏;鍾江信光 共著	中國語四潮間	상명대학교 중앙도서관	306p	회화류
		松浦珪三	支那語發音五時間	국도관	76p	음운류
				연세대학교 열운문고	76p	음운류
				영남대학교	76p	음운류
		矢野藤助	實用支那語會話	성균관대학교 중앙학술정보관	6, 162p	회화류
	1939	矢野藤助 編	中國語基礎1500語	청주대학교	115p	회화류
	1952	宮島吉敏	中國語四週間	경희대학교 중앙도서관	285p	회화류
				대구가톨릭대학교	285p	회화류
			中國語四周間: 四個星期中華國語	단국대학교 천안캠	285p	회화류
				단국대학교 퇴계기념 중앙도서관죽전	285p	회화류
	1953	宮島吉敏, 鐘ケ江信光	中國語四週間: 四個星期中國話	연세대학교 중앙도서관	306p	회화류
	1954	宮島吉敏, 鐘ケ江信光 共著	四個星里期中國語	충북대학교	306p	회화류
	1955	藤堂明保	中國語語源漫筆	고려대학교	148p	어법류
				동국대학교 중앙도서관	148p	어법류
		石山福治	支那語の手紙	경상대학교	133p	작문류

출판사	발행/필사연도	저자	도서명	소장도서관	형태사항	도서유형
		宮島吉敏, 鐘ケ江信光 共著	中國語四週間：四個星期中國語	인하대학교 중앙도서관	306p	회화류
			中國語四週間：四個星期中國語/第3改訂版	대구한의대학교	306p	회화류
			四個星期中國語：中國語四週間	대구가톨릭대학교	306p	회화류
	1956	宮島吉敏；鐘ケ江信光 共著	中國語四週間	성균관대학교 중앙학술정보관	306p	회화류
		宮島吉敏	中國語四週間	영산대학교	306p	회화류
		藤堂明保	中國語語源漫筆	한국외국어대학교 서울캠퍼스 도서관	148p	어법류
	1958	矢野藤助	實用中國語會話	성균관대학교 중앙학술정보관	162p	회화류
		宮島吉敏, 鐘江信光	中國語四週間：四個星期中國語	조선대학교	306p	회화류
	1959	宮島吉敏	中國語四週間	중앙대학교 서울캠퍼스 중앙도서관	306p	회화류
	1960	鍾ケ江信光	中國語辭典	건국대학교 상허기념도서관	1157p	사전류
				경희대학교 중앙도서관	1157p	사전류
				국도관	1157p	사전류
				서울대학교 사범대교육정보도서관 단행본서가	viii, 1157p	사전류
				한국외국어대학교 서울캠퍼스 도서관	viii, 1155p	사전류
					viii, 1157p	사전류
				단국대학교 퇴계기념 중앙도서관죽전	viii, 1157p	사전류
		鐘ケ江信光	中國語辭典	성균관대학교 중앙학술정보관	1157p	사전류
				연세대학교 중앙도서관	1157p	사전류
				전남대학교	1157p	사전류

출판사	발행/ 필사연도	저자	도서명	소장도서관	형태 사항	도서 유형
				조선대학교	1157p	사전류
				한양대학교 백남학술정보관	viii, 1157p	사전류
		鍾ケ江信光	中國語辭典	단국대학교 천안캠	1157p	사전류
			中國語辭典：大學書林	영남대학교	1157p	사전류
	1954/ 1971	宮島吉敏, 鍾ケ江信光 共著	中國語四週間第3改訂版	고려대학교	306p	회화류
東文社	1953	東文社 編輯部	三十日速成中國語自通	국도관	104p	회화류
		東文社編輯部	三十日速成中國語自通	영산대학교	104p	회화류
	1954	東文社 編輯部 編	三十一速成中國語自通： 三十日速成	경북대학교	104p	회화류
		동문사편집부	三十月速成中國語自通	건국대학교 상허기념도서관	104p	회화류
		東文社編輯部 編	中國語自通	국민대학교 성곡도서관	104p	회화류
			中國語自通：三十日速成	충북대학교	104p	회화류
書籍文物 流通會	1956	水世姮, 中山時子 編	生活與會話：趣味と生活の 中國語會話學習書	계명대학교	144, 10p	회화류
滿洲書籍	1941	植松金枝；鮫島宗範	速成支那語全	부산대학교	135p	회화류
以文堂	1934	文世榮	速修滿洲語自通	서원대학교	474p	회화류
中國語研究會	1937	文世榮	速修滿洲語自通	영산대학교	474p	회화류
以文堂	1937	文世榮	速修滿洲語自通	충남대학교	474p	회화류
	1938	文世榮	速修滿洲語自通	국도관	474p	회화류
中國語研究會	1938	文世榮	速修滿洲語自通	건국대학교 상허기념도서관	474p	회화류
漢城書館	1916	宋憲奭	速修漢語自通	연세대학교 열운문고	142p	회화류
博文書館	1922	宋憲奭	速修漢語自通	고려대학교	142p	회화류
唯一書館： 漢城書館	1918	宋憲奭	速修漢語自通全	이화여자대학교 중앙도서관	142p	회화류
惟一書館	1917	柳廷烈	修正獨習漢語指南	연세대학교 열운문고	317p	회화류
	1918	柳廷烈	修正獨習漢語指南鉛印	고려대학교	1冊	회화류
太陽堂書店	1929	江口良吉	正しく覺えられる支那語入門	국도관	126p	회화류

출판사	발행/필사연도	저자	도서명	소장도서관	형태사항	도서유형
	1932	江口良吉	支那語一二三の讀み方	국도관	345p	회화류
	1933	宮越健太郎 著;內之宮金城	袖珍支那語速習	국도관	280p	회화류
	1940	上野光次郎	初年生の支那語	국도관	1책	회화류
				부산대학교	301p	회화류
		諏訪廣太郎	支那語一二三から會話まで	국도관	317p	회화류
	1933	宮越健太郎	支那語作文教程	원광대학교	119p	작문류
		宮越健太郎, 杉武夫	最新支那語教科書作文篇	연세대학교 열운문고	122p	작문류
		宮越健太郎, 杉武夫 共著	最新支那語教科書 1 : 作文篇	고려대학교	122p	작문류
	1934	宮越健太郎, 杉武夫	支那語教科書 : 會話篇	국도관	144p	회화류
			最新支那語教科書	전남대학교	144p	회화류
			最新支那語教科書 : 會話篇	연세대학교 열운문고	24p	회화류
		宮越健太郎, 杉武夫 共著	支那語教科書 : 會話篇	경북대학교	144p	회화류
		宮越健太郎, 杉武夫 共著	最新支那語教科書 : 會話篇	영남대학교	24p	회화류
		宮越健太郎, 淸水元助	最新支那語教科書 : 時文編	연세대학교 열운문고	131p	기타
外語學院 出版部	1935	宮越健太郎	華語發音全表	연세대학교 열운문고	1책	음운류
		藤木敦實·麻喜正吾	支那語教科書 : 發音篇	연세대학교 열운문고		음운류
		外語學院出版部	受驗參考滿洲語問題の捉へ方	국도관	149p	기타
		宮越健太郎, 井上義澄	最新支那語教科書 : 風俗篇	연세대학교 열운문고	127p	기타
	1936	宮越健太郎, 內之宮金城	最新支那語教科書 : 讀本篇	연세대학교 열운문고	83p	독해류
	1937	渡會貞輔	支那語叢話	국도관	392p	종합서
		渡會貞輔	支那語叢話	고려대학교	392p	종합서
		藤木敦實, 麻喜正吾	綜合支那語發音字典	성균관대학교 중앙학술정보관	面數複雜	사전류
		宮越健太郎, 內之宮金城 共著	最新支那語教科書 : 讀本篇	영남대학교	3 冊	독해류
	1938	渡會貞輔	支那語叢話	영남대학교	392p	종합서
	1939	杉武夫	日文對譯支那語演說挨拶式辭集	국도관	330p	기타
		宮越健太郎, 杉武夫	支那語基準會話. 下卷	연세대학교 열운문고	120, 18p	회화류
		宮越健太郎, 杉武夫 共著	最新支那語教科書 : 作文篇	영남대학교	122p	작문류

출판사	발행/ 필사연도	저자	도서명	소장도서관	형태 사항	도서 유형
	1940	宮越健太郎	支那語基準會話 : 教授用備考書.上	단국대학교 천안캠	83p	회화류
		宮越健太郎 著	支那語基準會話 : 教授用備考書.上	단국대학교 퇴계기념 중앙도서관죽전	83p	회화류
		宮越健太郎, 杉武夫	支那語基準會話 : 教授用備考書.上	연세대학교 열운문고	190p	회화류
		宮越健太郎, 杉武夫 共著	支那語基準會話	경북대학교	2v.	회화류
		宮越健太郎, 杉武夫 共著	支那語基準會話 : 教授用備考書.上	영남대학교	190p	회화류
	1941	宮越健太郎	華語文法提要 : 及附錄	국도관	151p	어법류
		香坂順一	支那語難語句集解	국도관	213p	회화류
	1943	宮越健太郎, 杉武夫	支那語基準會話/上卷	서울대학교 농학도서관 고문헌자료실	83p	회화류
	1933-	?	支那語	영남대학교	?	회화류 간행물
	1939/ 1941	宮越健太郎, 清水元助, 杉武夫 共著	最新支那語教科書 : 時文篇, 會話篇	단국대학교 천안캠	2册	독해 회화류
外語學院 出版部	1935	宮越健太郎, 井上義澄	最新支那語教科書 : 風俗篇	연세대학교 열운문고	127p	기타
	1936	宮越健太郎, 內之宮金城 共著	最新支那語教科書 上卷 : 讀本篇	고려대학교	83p	독해류
	1937	外語學院出版部 編.	受驗參考滿洲語問題捉ヘ 方再版	고려대학교	149p	기타
		宮越健太郎, 杉武夫 共著	最新支那語教科書 2: 會話篇昭和12年度改訂版	고려대학교	24p	회화류
		宮越健太郎, 內之宮金城 共著	最新支那語教科書 上卷 : 讀本篇	고려대학교	130p	독해류
	1938	宮越健太郎, 內之宮金城 共著	最新支那語教科書 上卷 : 讀本篇改政版	고려대학교	83p	독해류
			最新支那語教科書 中卷 : 讀本篇	고려대학교	101p	독해류
	1939	宮越健太郎, 杉武夫 共著	支那語基準會話.上卷	고려대학교	83p	회화류
			支那語基準會話.下卷	고려대학교	120, 18p	회화류

출판사	발행/필사연도	저자	도서명	소장도서관	형태사항	도서유형
	1943	有馬健之助	新聞支那語の研究	서울대학교 중앙도서관 고문헌자료실	335, 10p	어법류
	1939	藤木敦實, 麻喜正吾	標準支那語會話教科書	연세대학교 열운문고	2책	회화류
	1940	藤木敦實, 麻喜正吾	標準支那語會話教科書	부산대학교	108p	회화류
			標準支那語會話教科書 : 御教授用參考書	연세대학교 열운문고	2책	회화류
	1941	藤木敦實, 麻喜正吾	標準支那語會話教科書,1 : 基礎編	전남대학교	108p	회화류
		藤木敦實, 麻喜正吾 共著	標準支那語會話教科書,1 : 基礎篇	영남대학교	108p	회화류
	1945	中國建設朶誌社	入門中國語	인제대학교	96p	회화류
光生館	1960	?	중국어テキスト	단국대학교 천안캠	38p	회화류
			中國語テキスト	단국대학교 율곡기념 중앙도서관천안	38p	회화류
		北京語言學院	中國語教科書	경북대학교	2v. : ill.	미분류
		北京言語學院 編	中國語教科書上卷	평택대학교 중앙도서관	330p	미분류
			中國語教科書下卷	평택대학교 중앙도서관	355p	미분류
		伊地智善繼	新しい中國語教本	연세대학교 중앙도서관	84p	종합서
			新しい中國語教本 : 改訂增補基礎編	국도관	84p	종합서
			新しい中國語教本 : 文法・作文篇	국도관	95p	종합서
		光生館編輯部	注音中國語テキスト	경상대학교	94p	미분류
	1939/ 1941	藤木敦實, 麻喜正吾 共著	標準支那語會話教科書	고려대학교	上卷. 基礎編 ii,108p -- 下卷. 應用編 2,4,85,7p	회화류
	1959- 1960	伊地智善繼 等編	新しい中國語教本	성균관대학교 중앙학술정보관	4冊	종합서
	1960/ 1967	光生館編集部 編	中國語テキスト : 文字改革出版社版複製	고려대학교	94p	미분류

출판사	발행/ 필사연도	저자	도서명	소장도서관	형태 사항	도서 유형
光生館	1940	藤木敦實, 麻喜正吾 共著	標準支那語會話敎科書,下卷: 應用篇御敎授用參考書	고려대학교	45p	회화류
	1960	北京大學外國留學生中國語文 專修班 編	中國語敎科書上	고려대학교	330p	미분류
		北京大學外國留學生中國語文 專修班 編.	中國語敎科書下	고려대학교	355p	미분류
	1960/ 1966	伊地智善繼, 香坂順一 大原信一, 太田辰夫, 鳥居久靖 共著	新しい中國語敎本 2: 文法・作文篇	고려대학교	95p	종합서
滿書堂書店	1928	村上信太郎, 陳德安	新式標點華語演說集	국도관	172p	기타
六合館	1915	濱野知三郎 輯著	新譯漢和大辭典	경북대학교	84p	사전류
同和出版社	1948	尹永春	新編中國語敎本	울산대학교	80p	회화류
			新編中國語敎本, 卷1	연세대학교 열운문고	80p	회화류
	1949	尹永春	新編中國語敎本, 2卷	연세대학교 열운문고	79p	회화류
			新編中國語敎本. 卷三/ 尹永春著	국도관	86p	회화류
同和出版社	1948	尹永春	新編中國語敎本	한국교원대학교	80p	회화류
			新編中國語敎本, 卷1	고려대학교	80p	회화류
	1949	尹永春	新編中國語敎本, 卷3	고려대학교	86p	회화류
鷄林社	1952	尹永春	新編中國語敎本, 一卷	단국대학교 천안캠	80p	회화류
		尹永春 著	新編中國語敎本	단국대학교 율곡기념 중앙도서관천안	80p	회화류
東京開成館	1938	宮原民平, 土屋明治	初等支那語敎科書敎授必携	연세대학교 열운문고	113p	회화류
		宮原民平, 土屋明治 共著	初等支那語敎科書	서울대학교 중앙도서관 고문헌자료실	101,2p	회화류
				성균관대학교 중앙학술정보관	101p	회화류
	1939	包象寅・包翰華	最新華語敎本	연세대학교 열운문고	96p	회화류
		宮島吉敏, 包翰華	日常華語會話	연세대학교 열운문고	148p	회화류
		宮島吉敏, 包翰華 共著	日常華語會話	고려대학교 세종캠	148p	회화류
				고려대학교	148p	회화류

출판사	발행/ 필사연도	저자	도서명	소장도서관	형태 사항	도서 유형
	1940	宮原民平	新編中等支那語敎本 敎授必携	연세대학교 열운문고	1책	회화류
	1943	加賀谷林之助	日常支那語圖解	연세대학교 중앙도서관	246p	기타
	1938/ 1941	宮原民平, 土屋明治	初等支那語教科書	연세대학교 열운문고	111p	회화류
	1939	表文化	初等支那語教本 : 發音と文法詳解を中心とした	영남대학교	208p	회화류
	1940	宮越健太郎	支那語基礎單語4000	충북대학교	199p	어휘집
タイムス 出版社			支那語文法詳解	국도관	247p	어법류
	1941	香坂順一		영산선학대학교	247p	어법류
			支那語文法詳解 : 黎錦熙氏, 周有光氏の著書を基とせる	충남대학교	247p	어법류
	1942	香坂順一	新編支那語發音辭典	국도관	284p	사전류
實生活社	1935	金東淳 著述; 曲俊鄕 校閱	實用官話滿洲語問答會話集	고려대학교	154p	회화류
江南書院	1957	中国語学研究会 編	実用中国語.I : 発音と解釈	영남대학교	189p	음운류
大文館	1933	堀井仁	實際的研究支那語の自修	경남대학교	26p	독해류
	1938	佐藤三郎治	實際支那語會話獨習 : 支那語辭典入	충남대학교	52p	회화류
巧人社	1940	佐藤三郎治	實際支那語會話獨習	영산선학대학교	52p	회화류
		佐藤三郎治	支那語會話獨習	대구가톨릭대학교	52p	회화류
	1941	Hitoshi, Horii	學び方入門滿洲語の第一步	서울대학교 중앙도서관 고문헌자료실	686, 26p	회화류
	1912	京都大學文學部 國語學國文學硏究室	兒學編日語類解·漢語初步	단국대학교 천안캠	1册	회화류
				단국대학교 율곡기념 중앙도서관천안	1册 면수복잡	회화류
		完内鴻	華語要訣	국도관	213p	어법류
三省堂	1938	宗内鴻	華語要訣	서울대학교 중앙도서관 고문헌자료실	213p	어법류
			華語要訣	연세대학교 중앙도서관	213p	어법류
		宗内鴻	華語要訣	고려대학교	213p	어법류
	1939	武田寧信	興亜支那語読本	연세대학교 열운문고	88p	회화류

출판사	발행/ 필사연도	저자	도서명	소장도서관	형태 사항	도서 유형
		魚返善雄	華語基礎讀本	경남대학교	134	종합서
				중앙대학교 서울캠퍼스 중앙도서관	134p	종합서
	1941	魚返善雄	華語基礎讀本	경북대학교	134p	종합서
				고려대학교	134p	종합서
		王化, 魚返善雄	雙譯華日語法讀本	연세대학교 중앙도서관	165p	어법류
		宗内鴻	華語要訣	한양대학교 백남학술정보관	4, 16, 213p	어법류
	1942	魚返善雄	支那語の發音と記號	국도관	27p	음운류
		魚返善雄	華語基礎讀本	건국대학교 상허기념도서관	133p	종합서
	1943	熊野正平	現代支那語法入門	단국대학교 천안캠	145p	어법류
		熊野正平 著	現代支那語法入門	단국대학교 율곡기념 중앙도서관천안	145p	어법류
京都大學 國文學會	1912	京都大學文學部 國語學國文學研究室	兒學編日語類解.漢語初步	울산대학교	340p	회화류
三星堂書店	1956	京都大學文學部 國語學國文學研究室	兒學編日語類解.漢語初步	강릉원주대학교	1책	회화류
日本放送出 版協會	1932	清水元助	語學講座支那語講座	연세대학교 열운문고	68p	회화류
	1939	内之宮金城	初等支那語會話	국도관	1책	회화류
甲文堂	1943	黎錦熙 原著 ; 大阪外國語學校 大陸語學研究所 譯	黎氏支那語文法	서울대학교 중앙도서관 고문헌자료실	400p	어법류
		黎錦洪 ; 大阪 外國語學校 大陸語學研究所 譯	黎氏支那語文法	고려대학교	414p	어법류
德興書林	1921	宋憲奭	自習完璧支那語集成	연세대학교 중앙도서관	371p	회화류
				전남대학교	371p	회화류
			自習完璧支那語集成	연세대학교 열운문고	371p	회화류
		宋憲奭	自習完璧支那語集成	고려대학교	371p	회화류
		宋憲奭	自習完璧支那語集成	동국대학교경주	371p	회화류
	1932	宋憲奭	自習完璧支那語集成	동국대학교 경주캠퍼스 도서관	371p	회화류
	1933	校閱者 : 宋憲奭	五個月速成中國語自通	연세대학교 중앙도서관	164p	회화류

출판사	발행/ 필사연도	저자	도서명	소장도서관	형태 사항	도서 유형
	1939	宋憲奭	自習完璧支那語集成	서원대학교	371p	회화류
		宋憲奭	自習完璧支那語集成	서울대학교 학과 및 연구소 중어중문학과	371p	회화류
慶應義塾大學語 學研究所	1944	魚返善雄	日本語と支那語	서울대학교 중앙도서관 고문헌자료실	398p	기타류
慶應出版社	1944	魚返善雄	日本語と支那語	국도관	398p	기타류
日本實業 出版社	1960	劉曉民	日本語中國語慣用語法辭典/ 見開き對照式 : 日漢慣用句型例解辭典	서울여자대학교 중앙도서관	27, 445, 24p	어법류
原書房	1958	ジヤパン. タイムズ社 編	日本語中心六カ國語辭典 : 日.英.獨.佛.露.中國語	고려대학교	678p	사전류
東京開城館	1943	加賀谷林之助	日常支那語圖解	국도관	246p	기타
原書房	1959	Japan Times 편집국	日英華語辭典	국민대학교 성곡도서관	356p	사전류
			日英華語辭典 : 英語索引付	단국대학교 퇴계기념 중앙도서관죽전	356p	사전류
		Japan Times (ジャパン・タイムズ社)	日英華語辭典 : 英語索引付	단국대학교 천안캠	356p	사전류
大阪屋號書店	1926	權寧世	日用支那語 : 羅馬字發音及假名附	서울대학교 중앙도서관 고문헌자료실	14, 216p	회화류
	1932	李仲剛	現代華語讀本 : 正編	고려대학교	146p	회화류
	1933	李仲剛	現代華語讀本 : 續編	고려대학교	181p	회화류
外語学院	1941	杉武夫 編著	日支對譯支那語演說 挨拶式辭集	대구가톨릭대학교	330p	기타
滿書堂	1926	中谷鹿二	日支合辯語から正しき 支那語へ	국도관	169p	종합서
東亞公司	1906	井上翠	日華語學辭林	연세대학교 열운문고	619p	사전류
螢雲書院	1941	岩井武男 ; 近藤子周	自修華語會話	국도관	235p	회화류
傳培蔭	1927	傳培蔭	傳氏華語教科書	국도관	81p	회화류
文夫堂	1932	石山福治	支那語辭彙	고려대학교	8, 318, 8p	사전류
	1939	井上翠	井上ポケット支那語辭典	고려대학교	754p	사전류
新雅社	1960	中國語學會	綜合中國語	국도관	364p	종합서

출판사	발행/ 필사연도	저자	도서명	소장도서관	형태 사항	도서 유형
	1961	中國語學會	綜合中國語	연세대학교 중앙도서관	364p	종합서
新雅社	1960	中國語學會 編	綜合中國語	강남대학교 중앙도서관	364p	종합서
				경북대학교	364p	종합서
				서울대학교 학과 및 연구소 중어중문학과	12, 364p	종합서
				인천대학교 학산도서관	364p	종합서
				포항공과대학교	364p	종합서
東洋文化社	1931	戶川芳郞	中國語	부산대학교	?	회화류
우종사	1956- 1959	車柱環, 金正祿, 車相轅	중국어 1,2	이화여자대학교 중앙도서관	1책	종합서
장문사	1951	盧東善 ; 權浩淵	中國語上	전남대학교	280p	회화류
		盧東善, 權浩淵	中國語 上	전남대학교	280p	회화류
聚英庵	1939	金敬琢	中國語發音解釋	연세대학교 중앙도서관	32p	음운류
	1940	金敬琢	中國語 第1輯	연세대학교 열운문고	39p	회화류
聚英庵出版部	1940	金敬琢	中國語 第2輯	서원대학교	46p	회화류
	1953	朴魯胎 著	中國語講座	경희대학교 중앙도서관	193p	회화류
		朴魯胎	中國語講座	광주교육대학교	193p	회화류
一韓圖書出版社	1956		初級中國語講座	단국대학교 천안캠	193p	어법류
				서울시립대학교 도서관	193p	어법류
		朴魯胎 著	初級中國語講座	단국대학교 퇴계기념 중앙도서관죽전	193p	어법류
一韓圖書	1956	朴魯胎	中國語講座	대구가톨릭대학교	193p	회화류
一韓圖書	1956	朴魯胎	中國語講座 : 初級篇	전남대학교	193p	회화류
韓圖出版社	1956	朴魯胎	中國語講座 : 初級篇	충북대학교	193p	회화류
一韓圖書出版社	1956	朴魯胎	中國語講座 : 初級篇	충남대학교	193p	회화류
第三書房	1953	宮越健太郎 ; 杉武夫 共著	中國語教科書 : 作文篇	한국외국어대학교 서울캠퍼스 도서관	vii, 122p	작문류
			中國語教科書 : 會話篇	국민대학교 성곡도서관	122p	회화류
	1954	宮越健太郎 ; 杉武夫 共著	中國語教科書 : 會話篇	국민대학교 성곡도서관	144, 25p	회화류

출판사	발행/필사연도	저자	도서명	소장도서관	형태사항	도서유형
				한국외국어대학교 서울캠퍼스 도서관	iii, 168p	회화류
		宮越健太郎, 內之宮金城 共著	中國語教科書	국민대학교 성곡도서관	83p	회화류
				한국외국어대학교 서울캠퍼스 도서관	vi, 83p	회화류
	1955	宮越健太郎;內之宮金城 共著	中國語教科書 : 讀本篇	건국대학교 상허기념도서관	83p	독해류
			中國語教科書 : 會話篇	홍익대학교 중앙도서관	144, 24p	회화류
	1957	宮越健太郎	中國語教科書	전북대학교	122p	회화류
	1958	宮越健太郎;杉武夫	中國語教科書 : 會話篇	국도관	24p	회화류
石村書店	1949	金昌國	中國語教科書全	성균관대학교 중앙학술정보관	96, 15p	미분류
육군사관학교	1960	육군사관학교	중국어교본	경희대학교 중앙도서관	317p	미분류
육군사관학교	1960	육군사관학교	중국어교본	영남대학교	317p	미분류
乙酉文化社	1948	尹炳喜	中國語教編	단국대학교 천안캠	98p	회화류
		尹炳喜	中國語教編	계명대학교	1冊194p	회화류
		尹炳喜 著	中國語教編	단국대학교 퇴계기념 중앙도서관죽전	2, 2, 98p	회화류
乙酉文化社	1948	尹炳喜	中國語教編	서원대학교	98p	회화류
大潮出版文化社	1948	金泰明	中國語基礎讀本	국도관	96p	독해류
조선대학교	195?	金永淵	中國語讀本	조선대학교	114p	미분류
邦光書房	1956	大塚恒雄	中國語文法入門	한국외국어대학교 서울캠퍼스 도서관	297p	어법류
酒井書店	1957	宮島吉敏;矢野藤助 共著	中國語辭典	한양대학교 백남학술정보관	75, 1007p	사전류
	1958	宮島吉敏;矢野藤助 共著	中國語辭典	동국대학교 경주캠퍼스 도서관	1책	사전류
	1960	宮島吉敏;矢野藤助	中國語辭典	전남대학교	1007p	사전류
		宮島吉敏;矢野藤助 共著	中國語辭典	성균관대학교 중앙학술정보관	1007p	사전류
酒井書店	1958	宮島吉敏;矢野藤助 [共著]	中國語辭典	동국대학교 경주	1책	사전류

출판사	발행/필사연도	저자	도서명	소장도서관	형태사항	도서유형
大學書林	1932	宮島吉敏 編	標準支那語講座 下卷	고려대학교	344p	종합서
	1938	宮島吉敏	標準支那語講座 下券	서울대학교 중앙도서관 고문헌자료실	344p	종합서
	1953	宮島吉敏	中國語四週間	연세대학교 원주	285p	회화류
	1954	宮島吉敏, 鐘ケ江信光 共著	中國語四週間 : 四個星期中國語	서울대학교 중앙도서관 단행본자료실	306p	회화류
白水社	1954	長谷川寬	中國語作文	서울대학교 중앙도서관 수원보존도서관	312p	작문류
韓國敎授協會	1957	노태준;韓昌洙 共著	中國語正則入門 : 發音敎本	경기대학교서울 금화도서관	142p	회화류
백수사	1953	徐仁怡	中國語第一步	대구가톨릭대학교	319p	회화류
대동사	1958	中國語研究會	中國語첫걸음	진주교육대학교	1책	회화류
大阪外國語大學中國研究會	1949	大阪外國語大學 中國研究會 編	中國語表現文型	고려대학교	105p	어법류
江京書院	1958	中國語學研究會 編	中國語學事典	고려대학교	1129p	사전류
同學社	1957	李元植	中國語解釋	광주교육대학교	186p	종합서
				국도관	186p	종합서
				국민대학교 성곡도서관	186p	종합서
				동국대학교 중앙도서관	186p	종합서
				부경대학교	186p	종합서
				서울대학교 중앙도서관 수원보존도서관	186p	종합서
				전남대학교	186p	종합서
				전북대학교	186p	종합서
			中國語解釋 : 中國語敎材	건국대학교 상허기념도서관	186p	종합서
				성균관대학교 중앙학술정보관	186p	종합서
			中國語解釋 : 中國語敎材	충남대학교	186p	종합서
		李元植	中國語解釋	충북대학교	186p	종합서
			中國語解釋 : 中國語敎材	영남대학교	176p	종합서

출판사	발행/ 필사연도	저자	도서명	소장도서관	형태 사항	도서 유형
		李元植 編	中國語解釋	청주대학교	186p	종합서
		李原植 編	中國語解釋	대구가톨릭대학교	186p	종합서
	1960	李元植	中國語解釋 : 中國語教材	영남대학교	186p	종합서
同學社	1957	李元植	中國語解釋 : 中國語教材	고려대학교	186p	종합서
豊國學園 出版部	1954	金卿 ; 遜雲	中國語會話獨習	국도관	206p	회화류
群書堂	1939	張志暎	中國語會話全書	단국대학교 천안캠	492p	회화류
				단국대학교 퇴계기념 중앙도서관죽전	492p	회화류
群書堂書店	1939	張志暎	中國語會話全書	연세대학교 열운문고	492p	회화류
	1940	張志暎	中國語會話全書	경상대학교	492p	회화류
群堂書店	1939	張志暎	中國語會話全書	고려대학교	492p	회화류
群書堂書店	1939	張志暎	中國語會話全書	서원대학교	492p	회화류
東京開成觀	1940	宮原民平	中等支那語教本	경북대학교	v. : ill.	회화류
				연세대학교 열운문고		회화류
한성도서	1934	李祖憲	中語大全	가톨릭관동대학교	313p	회화류
小林新兵衛	1877	張儒珍 ; 高第丕	支那文典卷上,下	서울대학교 중앙도서관 고문헌자료실	?	어법류
同文社	1924	櫻井德兵衛	支那語慣用句用法	국도관	109p	회화류
		佐騰留雄	華語教程詳註	부산대학교	64p	회화류
	1931	櫻井德兵衛, 십原八二三 共著	華語文法教程	단국대학교 동양학 도서실	54, 12p	어법류
				단국대학교 천안캠	54, 12p	어법류
	1938	佐藤留雄	支那時文大字彙	삼육대학교 중앙도서관	1067p	사전류
弘文堂書房	1938	傅藝子	支那語會話編	국도관	152p	회화류
		倉石武四郎	支那語繹譯篇.卷1	서울대학교 중앙도서관 고문헌자료실	78p	회화류
			支那語語法篇	국도관	112p	어법류
	1939	倉石武四郎	支那語發音篇	영산선학대학교	80p	음운류
			支那語法入門	서울대학교 중앙도서관 고문헌자료실	108p	어법류

출판사	발행/ 필사연도	저자	도서명	소장도서관	형태 사항	도서 유형
		倉石武四郎	支那語法入門	고려대학교	108p	어법류
	1940	倉石武四郎	支那語:飜譯篇	숙명여자대학교 도서관	100p	회화류
			支那語發音篇	서울대학교 중앙도서관 고문헌자료실	80p	음운류
				전북대학교	80p	음운류
			支那語法入門	영산선학대학교	108p	어법류
			支那語語法篇	서울대학교 중앙도서관 고문헌자료실	112p	어법류
	1942	倉石武四郎	支那語讀本. 卷1	국도관	130p	독해류
			支那語讀本. 卷1	연세대학교 열운문고	130p	회화류
			支那語發音入門	국도관	90p	음운류
	1.9E+ 07	倉石武四郎	支那語讀本. 卷1,2	국도관	2책	독해류
	1938/ 1940	倉石武四郎	支那語飜譯篇. 卷1,2	국도관	2책	회화류
	1938- 1940	倉石武四郎	支那語讀本	경북대학교	2v	독해류
松雲堂	1929	堀井仁	支那語の自修:及索引	국도관	712p	회화류
	1932	佐藤三郎治	標準支那語會話獨習	수원대학교 도서관	169, 52p	회화류
象山閣	1941	張源祥	支那語の會話	영남대학교	250p	회화류
東方學藝社	1939	張源祥	支那語の會話	영남대학교	8, 冊	회화류
第一書院	1937- 1938	奈良和夫	支那語教科書	서울대학교 학과 및 연구소 중어중문학과 외	2-3卷 2冊零本	회화류
s.n.	1929	岡本正文著, 木全德太郎譯	支那語教科書總譯	서울대학교 중앙도서관 고문헌자료실	1v	회화류
東亞同文書院支 那 研究部	1938	鈴木擇郎	支那語教本:高級編	연세대학교 열운문고	1책	회화류
	1939	鈴木擇郎	標準支那語教本:初級編	연세대학교 열운문고	115p	회화류
		鈴木擇郎	支那語教本:高級編	경북대학교	170p	회화류
향산당서방	1939	法本義弘	支那語教典	대구가톨릭대학교	148p	회화류
近代文藝社	1932	西島良爾	支那語教程	계명대학교	416p	회화류

출판사	발행/ 필사연도	저자	도서명	소장도서관	형태 사항	도서 유형
陸軍豫科 士官學校	1941	陸軍豫科士官學校	支那語教程 卷1	국도관	86p	회화류
教育總監部	1942	教育總監部	支那語教程 : 陸軍豫科士官學校用	국도관	26p	회화류
	1943	教育總監部	支那語教程 : 陸軍豫科士官學校用	국도관	36p	회화류
春陽堂書店	1936	武田寧信, 岡本吉之助	支那語基本語彙	서울대학교 학과 및 연구소 국어교육과	10, 225, 27p	어휘집
第一書房	1935	石山福治	支那語大辭典	목포대학교	1746p	사전류
		石山福治 編著	最新支那語大辭典	서울대학교 중앙도서관 고문헌자료실	1746p	사전류
	1943	石山福治 編	最新支那語大辭典	충남대학교	1746p	사전류
第一書房	1935	石山福治	最新支那語大辭典	부산대학교	1책	사전류
	1938	石山福治 編著	最新支那語大辭典	명지대학교 자연도서관	[64], 1746, 20p	사전류
				서울대학교 중앙도서관 고문헌자료실	[64], 1746, 20p	사전류
	1940	石山福治	最新支那語大辭典	연세대학교 중앙도서관	51, 1746, [46]p	사전류
		石山福治 編著	最新支那語大辭典	성균관대학교 중앙학술정보관	1746p	사전류
	1943	石山福治	最新支那語大辭典	부산대학교	1801p	사전류
				전남대학교	1746, 20, 25p	사전류
		石山福治	支那語大辭典	경북대학교	1746p	사전류
		石山福治 編著	最新支那語大辭典	명지대학교 인문도서관	1746p	사전류
				수원대학교 도서관	1책	사전류
	1935/ 1940	石山福治 編著	最新支那語大辭典	고려대학교	1746, 26, 20p	사전류
등進社	1944	小原一雄	支那語讀本	건국대학교 상허기념도서관	142p	독해류
日本評論社	1938	魚返善雄	支那語讀本	계명대학교	189, 63p	회화류

출판사	발행/ 필사연도	저자	도서명	소장도서관	형태 사항	도서 유형
		魚返善雄Nihon Hyōronsha	支那語讀本	서울대학교 중앙도서관 고문헌자료실	189, 53p	회화류
日本評論社	1938	日本評論社 編	支那語讀本	고려대학교	179, 180p	회화류
	1955	日本評論社 編	支那語讀本	고려대학교	189, 63p	회화류
弘文堂書房	1938- 40,	倉石武四郎	支那語讀本. 卷1-2	서울대학교 중앙도서관 고문헌자료실	2v	독해류
博多成象堂	1940	吉野美彌雄	支那語讀本A	연세대학교 열운문고	88p	독해류
文求堂書店	1920	皆川秀孝	支那語動詞形容詞用法	서울대학교 학과 및 연구소 중어중문학과	1v,various spagings	어법류
	1929- 1930	杉武夫	最新支那語講座. 第1-6卷	서울대학교 중앙도서관 고문헌자료실	6v	종합서
東江堂書店	1939	陳清金, 宗內鴻 共著	支那語滿洲語講座	영남대학교	3冊	종합서
		陳清金, 宗內鴻	支那語滿洲語講座	울산대학교	3책	종합서
巧人社書店	1940	陳清金, 宗內鴻	支那語滿州語講座 : 基礎及會話文法篇	건국대학교 상허기념도서관	297p	종합서
外語研究社	1933	何盛三	支那語發音の研究	국도관	84p	음운류
外國語研究社	1932	支那語研究會 著	支那語發音早わかり	영남대학교	84p	음운류
駸駸堂	1937	岡田博	支那語小音聲學	서울대학교 학과 및 연구소 중어중문학과	111p	음운류
東方文化會	1930	飯河道雄	支那語速成講座	국도관	761p	회화류
			支那語速成講座. 續	국도관	761p	회화류
弘道館	1939	土屋明治, 鮑啓彰	支那語新教科書	연세대학교 열운문고	2책	회화류
弘道館	1939	土屋明治, 鮑啓彰	支那語新教科書 上,下卷	서울대학교 중앙도서관 고문헌자료실	2v.	회화류
太陽堂	1933	江口良吉 著	支那語一二三の讀み方から	건국대학교 상허기념도서관	345p	회화류
	1937	江口良吉 著	支那語一二三の讀み方から	한국외국어대학교 서울캠퍼스 도서관	345p	회화류
東亞實進社	1917	東亞實進社	支那語自習完璧	국도관	414p	회화류
富士書店	1942	牛窪愛之進;蘇鴻麟	支那語自在	국도관	642p	회화류
		牛窪愛之進, 蕭鴻麟	支那語自在	충남대학교	642p	회화류
富士書店	1942	牛窪愛之進, 蕭鴻麟 共著	支那語自在	영남대학교	642p	회화류

출판사	발행/ 필사연도	저자	도서명	소장도서관	형태 사항	도서 유형
尚文堂	1933	矢野藤助	支那語作文 : 初級編	연세대학교 열운문고	84p	작문류
螢雪書院	1931	?	支那語雜誌	계명대학교	?	간행물
樂石社	1915	伊澤修三	支那語正音發微	국도관	473p	음운류
樂石社	1915	伊澤修二	支那語正音發微	서울대학교 중앙도서관 고문헌자료실	1v	음운류
				성균관대학교 중앙학술정보관	473p	음운류
白永社	1940	徐仁怡	支那語第一步	국도관	319p	회화류
	1942	徐仁怡	支那語第一步	단국대학교 천안캠	319p	회화류
				단국대학교 퇴계기념 중앙도서관죽전	319p	회화류
タイムス	1942	宮越健太郎	支那語重要單語集	한양대학교 백남학술정보관	xxxi, 314p	어휘류
		表文化	支那語會話鍊習帳	한양대학교 백남학술정보관	i, vii, 198p	회화류
덕흥서림	1939	宋憲奭	支那語集成	선문대학교	371p	회화류
德興書林	1921/ 1939	宋憲奭	支那語集成 : 自習完璧	영남대학교	371p	회화류
平野書店	1933	吉野美彌雄	支那語會話敎科書	연세대학교 열운문고	111p	회화류
		岡田博(Okada, Hiroshi)	最新華語初步	서울대학교 중앙도서관 고문헌자료실	42p	회화류
	1938	岡田博	最新華語中級編	연세대학교 열운문고	47p	회화류
			最新華語初步	연세대학교 열운문고	42p	회화류
	1939	吉野美弥雄	華語敎程	연세대학교 열운문고	124p	회화류
		石橋哲爾	支那語捷徑新訂增補版	고려대학교	325p	회화류
熊本縣支那 語學校	1937	渡會貞輔	支那語叢話	연세대학교 열운문고	392p	종합서
	1939	金邦彦	最新會話華語初階	연세대학교 열운문고	176p	회화류
興文社	1942	高木宣	支那語學入門	국도관	205p	어법류
日滿語學會	1938	土屋申一	支那語會話 上編	국회도서관	28p	회화류
침침堂	1939	甲斐靖	支那語會話 : わかりやすい	영남대학교	234p	회화류
광생관	1932	麻喜正吾	支那語會話敎程	대구가톨릭대학교	111p	회화류

출판사	발행/ 필사연도	저자	도서명	소장도서관	형태 사항	도서 유형
滿洲文化 普及會	1934	三原增水	初等滿洲語會話	인하대학교 중앙도서관	250, 10p	회화류
	1940	三原增水	支那語會話獨習	서울시립대학교 도서관	50p	회화류
				성균관대학교 중앙학술정보관	11, 328, 50p	회화류
	1941	三原增水 著 ; 詳註對	初等支那語會話	부산대학교	312p	회화류
巧人社	1933	佐藤三郎治	支那語會話獨習 : 支那語辭典入	서울대학교 학과 및 연구소 국어교육과	2, 169, 52p	회화류
弘文堂	1938	傅芸子	支那語會話篇	건국대학교 상허기념도서관	158p	회화류
				서울대학교 중앙도서관 고문헌자료실	158p	회화류
弘文堂	1955	倉石武四郎	倉石中國語敎本	한국외국어대학교 서울캠퍼스 도서관	冊	회화류
中等學校 敎科書	19--	倉石武四郎 編	倉石中等支那語	충남대학교	冊	회화류
嵩山堂	1897	西島良爾	淸語30日間速成	이화여자대학교 중앙도서관	212p	회화류
大阪石塚 書鋪	1959	서도함남	淸語敎科書	건국대학교 상허기념도서관	408p	회화류
博潮社書店	1937	支那語普及會	初めて學ふ人の支那語独習 より会話迄	부산대학교	26p	회화류
五月書房	1956	香坂順一	初級中國語文法	한국외국어대학교 서울캠퍼스 도서관	276p	어법류
博潮社	1938	滿洲語普及會	初等滿洲語の第1步	성균관대학교 중앙학술정보관	686p	회화류
功人社	1936	滿洲語普及會 編	初等滿洲語の第一步	대구가톨릭대학교	686p	회화류
	1942	滿洲語普及會	初等滿洲語の第一步	부산대학교	670p	회화류
광동서방	1908	元泳義, 李起馨	초등작문법	가톨릭관동대학교	55p	작문류
崇文堂	1932	石山福治 ; 江口良吉	初等支那語硏究	국도관	1책, 290p	회화류
崇文堂出版部	1937	石山福治 ; 江口良吉	初等支那語硏究	경성대학교	1책	회화류
積善館	1940	加藤克巳 ; 韓恒久	初等支那語作文講義	부산대학교	230p	작문류
日本放送 出版協會	1939	内之宮金城	初等支那語會話	경남대학교	134p	회화류

출판사	발행/필사연도	저자	도서명	소장도서관	형태사항	도서유형
宇鍾社	1955	서울大學校文理科大學中國語文學科語文研究會	最新中國語教科書.第1卷	연세대학교 중앙도서관	136p	회화류
		서울大學校文理科大學中國語文學科語文研究會 編	最新中國語教科書	성결대학교 학술정보관	136p	회화류
			最新中國語教科書/第1卷	서울대학교 중앙도서관 수원보존도서관	136p	회화류
				한국외국어대학교 서울캠퍼스 도서관	ii, 136p	회화류
		宇鍾社	最新中國語教科書 第1卷 : 初級用	국도관	136p	회화류
宇種社	1955	서울大學校 文理科大學 中國語文學科 語文研究會 編.	最新中國語教科書.第1卷	고려대학교	136p	회화류
東光堂書店	1941	李相殷	最新華語教科書 2	영남대학교	64, 15 p	회화류
		李相殷	最新華語教科書 1	영남대학교	71, 9, p	회화류
東光堂	1941	李相殷	最新華語教科書 下卷	고려대학교	64, 15 p	회화류
발행자불명	1940	李相殷	最新華語教科書/上-下	서울대학교 중앙도서관 고문헌자료실	2冊	회화류
泰山房	1943	永持德一	趣味の支那語	국도관	1책	어법류
松邑三松堂	1939	靑柳篤恒, 吳主憲 共著	標準商業支那語教科書	고려대학교	128p	회화류
松邑三松堂	1939	靑柳篤恒, 吳主惠 共著	標準商業支那語教科書	한국교원대학교	128p	회화류
同文社書房	1926	佐藤留雄	標準支那語辭典	국도관	373p	사전류
同文社書房	1926	佐藤留雄	標準支那語辭典	고려대학교	373p	사전류
丸善株式會社	1939	橋本泰治郎	標準支那語會話	국민대학교 성곡도서관	214p	회화류
				성균관대학교 중앙학술정보관	214p	회화류
				연세대학교 중앙도서관	214p	회화류
人文社	1939	李相殷 著	標準支那語會話	고려대학교	216p	회화류
右文書院	1939	松枝茂夫	標準支那語會話初級篇	연세대학교 열운문고	62, 22p	회화류
華北交通株式會社	1944	華北交通株式會社	標準華語教本	부산대학교	142p	회화류
廣益書館	1924	宋憲奭	漢語獨學	원광대학교	109p	회화류
	1926	宋憲奭	漢語獨學,全	이화여자대학교 중앙도서관	2, 6, 109p	회화류

출판사	발행/ 필사연도	저자	도서명	소장도서관	형태 사항	도서 유형
龍泉書屋	1900	?	漢語音韻	순천향대학교	209p	음운류
大安	1963	高橋君平	漢語形體文法論	연세대학교 중앙도서관	637p	어법류
延禧大學校 出版部	1956	閔泳珪, 延禧大學校出版部	韓漢清文鑑	목원대학교	471p	사전류
永和出版社	1951	서울永和出版社編輯部	現代中國語獨學	전남대학교	142p	회화류
	1958	姜槿馨	現代中國語獨學	대구가톨릭대학교	142p	회화류
				충북대학교	142p	회화류
		永和出版社 編輯部	現代中國語獨學	경성대학교	142p	회화류
共同文化社	1954	共同文化社, 김인성, 姜槿馨	現代中國語獨學	서원대학교	142p	회화류
		共同文化社 編輯部	現代中國語獨學	국도관	144p	회화류
		共同文化社 編輯部 編	現代中國語獨學	고려대학교	142p	회화류
		공동문화사편집부	現代中國語獨學	전북대학교	142p	회화류
共同文化社	1954	金寅性	現代中國語獨學	대구대학교	142p	회화류
태화서관	1945	李永燮 編述 ; 邵樹洲中國 校閱	現代中國語獨學	대구가톨릭대학교	176p	회화류
三一書房	1952	さねとうけいしゅう	現代中國語入門	고려대학교	316p	어법류
江南書店	1957	楊秩華, 坂本一郎 共著	現代中國語會話	성균관대학교 중앙학술정보관	4,106p	회화류
育生社	1938	藤枝丈夫	現代支那語の發音指導	국도관	300p	음운류
東方文化機關聚 英庵出版部	1928	金敬琢	現代支那語公式會話	국도관	1책	회화류
聚英庵出版部	1938	金敬琢 著 ; 劉作舟 校閱	現代支那語公式會話	조선대학교	221p	회화류
目黑書店	1941	王化, 王之淳 共編	現代華語新編	충남대학교	159,7p	회화류
外語學院	1940	杉武夫	現地携行支那語軍用會話	연세대학교 열운문고	286p	회화류
亞世亞文化社	1934	樂韶鳳	洪武正音	공주교육대학교	940p	음운류
高麗出版社	1947	김득초	華語教本	서원대학교	66p	회화류
奎光書院	1935	包翰華・宮島吉敏	華語教本	연세대학교 열운문고	163p	회화류
	1936	宮島吉敏	華語教本譯本	연세대학교 열운문고	124p	회화류
同文社	1930	佐藤留雄	華語教程	고려대학교	38p	회화류
	1934	佐藤留雄	華語教程	경희대학교 중앙도서관	38p	회화류

출판사	발행/ 필사연도	저자	도서명	소장도서관	형태 사항	도서 유형
東亞同文會	1908	御幡雅文	華語跬步	경북대학교	352p	회화류
東亞同文會	1908	御幡雅文	華語跬步增補第20版	고려대학교	350p	회화류
裕鄰師	1907	伴直之助	華語跬步總譯	국도관	1책	회화류
外語學院 出版部	1941	宮越健太郎	華語文法提要	연세대학교 중앙도서관	130, 30p	어법류
海軍士官學校	1960	해군사관학교	중국어교본	서울대학교 중앙도서관 단행본자료실	178p	미분류
국립문학예술 서적출판사	1959	윤병찬 저	중국어자습독본.상	인하대학교 중앙도서관	428p	회화류
甲文堂書店	1940	吉野美彌雄 著	支那語講習會敎本	고려대학교	82p	회화류
春陽堂	1931	神谷衡平, 淸水元助 共著	支那語獨習書	고려대학교	247p	회화류
陸軍士官學校	1940	陸軍士官學校	支那語學校程 : 昭和15年版.乙,丙	국도관	2책	회화류
大坂尾號書房	1941	田中淸之助	華語辭典	경북대학교	652p	사전류
東方印書館	1930	飯河道雄	支那語の基礎と會話大全 : 全			

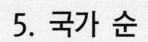

5. 국가 순

국가	발행/ 필사연도	저자	도서명	출판사	소장도서관	형태 사항	도서 유형
미상	1900	?	漢語音韻	發行地不明: 龍泉書屋	순천향대학교	209p	음운류
	?	初級漢語編委會	初級漢語課本下册	?	덕성여자대학교 도서관	135p	회화류
	미상	미상	滿洲語筆法	필사본	부산대학교	14장	기
			中國語教本	필사본	부산대학교	15장	회화류
일본	1876	志貴瑞芳	漢語用文作文自在/上	大阪: 출판사불명	서원대학교	48p	작문류
			漢語用文作文自在/下	大阪: 출판사불명	서원대학교	42p	작문류
	1877	張儒珍; 高第丕	支那文典卷上,下	東京日本: 小林新兵衛	서울대학교 중앙도서관 고문헌자료실	?	어법류
	1881	吳啓太, 鄭永邦	官話指南	東京: 文求堂書店	연세대학교 열운문고	148p	회화류
		吳啓太, 鄭永邦	官話指南	[발행지불명]: [발행지불명]	서원대학교	1책	회화류
				日本: [刊寫者未詳]	계명대학교	東裝1册	회화류
			官話指南鉛印	[발행지불명]	고려대학교	1册 148頁	회화류
		吳啓太, 鄭永邦	官話指南		장서각	4권1책	회화류
		吳啓太日本, 鄭永邦日本	官話指南鉛印本日本	刊寫地未詳	고려대학교	1册 148p	회화류
	1892	廣部精 日 編輯	亞細亞言語集 上	日本木版本	국회도서관	1책	회화류
	1897	西島良爾	清語30日間速成	東京: 嵩山堂	이화여자대학교 중앙도서관	212p	회화류
	1904	青島巴陵會 公訂	官話黜虚崇正論	上海: 德國教士安保羅藏板	고려대학교	120p	기타
	1905	張廷彦	支那語動字用法	東京: 文求堂	연세대학교 열운문고	137p	어법류
				東京: 文求堂書店	국도관	137p	어법류
		吳泰壽 著	官話指南總譯	東京: 文求堂	고려대학교	264p	기타
		小路眞平, 茂木一郎	北京官話常言用例	東京: 文求堂書店	연세대학교 열운문고	155p	회화류
		小路眞平, 茂本一郎	北京官話常言用例	東京: 文求堂書店	국도관	155p	회화류
	1906	岩村成允	北京正音支那新字典	東京: 博文館	국도관	408p	사전류
		英繼 著; 宮島吉敏	官話北京事情	東京: 文求堂書店	국도관	1책	회화류

국가	발행/ 필사연도	저자	도서명	출판사	소장도서관	형태 사항	도서 유형
		吳泰壽	官話指南總譯	東京：文求堂書店	국도관	264p	기타
		井上翠	日華語學辭林	東京：東亞公司	연세대학교 열운문고	619p	사전류
		馮世傑, 野村幸太郎	北京官話淸國風俗會話篇	東京：靑木嵩山堂	연세대학교 열운문고	56p	회화류
		伴直之助	華語跬步總譯	京都：裕隣師	국도관	1책	회화류
	1907	靑柳篤恒	支那語助辭用法	東京：文求堂	연세대학교 열운문고	157p	어법류
				東京：文求堂書店	국도관	151p	어법류
		鄭永邦, 吳啓太	改訂官話指南	東京：文求堂書店	국도관	230p	회화류
		御幡雅文	華語跬步	發行地不明： 東亞同文會	경북대학교	352p	회화류
			增補華語跬步	東京：文求堂	국도관	352p	회화류
	1908	御幡雅文	華語跬步增補第20版	發行地不明： 東亞同文會	고려대학교	350p	회화류
		後藤朝太郎	現代支那語學	東京：博文館	연세대학교 열운문고	286p	어법류
		後藤朝太郎 著	現代支那語學	東京：博文館	고려대학교	286p	어법류
		鄭永邦, 吳啓太	改訂官話指南	東京：文求堂書局	국도관	230p	회화류
	1909	鄭永邦, 吳啓太 共著; 金國璞 改訂	改訂官話指南	東京：文永堂書局	고려대학교	230p	회화류
		吳啓太, 鄭永邦	官話指南	東京：文永堂書局	부산대학교	230p	회화류
	1910	鄭永邦, 吳啓太; 金國璞 改訂	改訂官話指南	東京：文永堂書局	연세대학교 열운문고	230p	회화류
	1911	吳泰壽	官話指南總譯	東京：文求堂書局	단국대학교 천안캠	264p	기타
		京都大學文學部 國語學國文學研究室	兒學編日語類解. 漢語初步	東京： 京都大學國文學會	울산대학교	340p	회화류
			兒學編日語類解 · 漢語初步	東京：三省堂	단국대학교 천안캠	1册	회화류
	1912				단국대학교 율곡기념 중앙도서관천안	1册면수 복잡	회화류
		宮錦舒	支那語文典	東京：文求堂	건국대학교 상허기념도서관	270p	어법류
	1913	岡本正文	支那語敎科書	東京：文求堂	연세대학교 열운문고	164p	회화류
			支那語大辭彙	東京：文求堂	연세대학교 중앙도서관	924p	사전류
	1914	石山福治	支那語新會話篇	東京：文求堂	고려대학교	296p	회화류

국가	발행/ 필사연도	저자	도서명	출판사	소장도서관	형태 사항	도서 유형
		濱野知三郎 輯著	新譯漢和大辭典	東京 : 六合館	경북대학교	84p	사전류
		伊澤修三	支那語正音發微	東京 : 樂石社	국도관	473p	음운류
	1915	伊澤修二	支那語正音發微	東京 : 樂石社	서울대학교 중앙도서관 고문헌자료실	1v.	음운류
					성균관대학교 중앙학술정보관	473p	음운류
			支那語正音練習書	東京 : s.n.	서울대학교 중앙도서관 고문헌자료실	1v.	음운류
		皆川秀孝	支那語動詞形容詞用法	東京 : s.n.	서울대학교 중앙도서관 고문헌자료실	1v.	어법류
	1917	東亞實進社	支那語自習完璧	東京 : 東亞實進社	국도관	414p	회화류
		御幡雅文	華語跬步	東京 : 文求堂	단국대학교 퇴계기념 중앙도서관죽전	xiv, 352p	회화류
			華語跬步增補12版	東京 : 文求堂	단국대학교 천안캠	352p	회화류
	1918	御幡雅文	華語跬步總譯	東京 : 文求堂書店	국도관	202p	회화류
		宮脇賢之介	北京官話支那語文法	大連 : 大阪屋號書店	국도관	122p	어법류
		石山福治	支那語大辭典	東京 : 文求堂	부경대학교	63p	사전류
	1919		支那語大辭彙 : 及補遺	東京 : 文求堂書店	국도관	956p	사전류
		石川福治	最新支那語學研究法	東京 : 文求堂書店	경상대학교	1책	기타
		鄭永邦, 吳啓太 共著 ; 金國璞 改訂	改訂官話指南	東京 : 文永堂書局	인천대학교 학산도서관	230p	회화류
	1920	皆川秀孝	支那語動詞形容詞用法	東京 : 文求堂書店	서울대학교 학과 및 연구소 중어중문학과	1v.variou spagings	어법류
		御幡雅文	增補華語跬步	東京 : 文求堂	국도관	352p	회화류
	1922	大橋末彦	官話急就篇詳譯	東京 : 文求堂	연세대학교 열운문고	203p	회화류
	1923	飯河道雄	支那語分類會話讀本	大連 : 大阪屋號書店	고려대학교	163p	회화류
		足立忠入郎	北京官話支那語學捷徑	東京 : 金刺芳流堂	국도관	294p	회화류
		文求堂編輯局	華語教科書	東京 : 文求堂書店	연세대학교 열운문고	125p	회화류
	1924	미상	支那語難語句例解	미상	국도관	217p	회화류
		飯河道雄	支那語難語句例解 : 譯註, 聲音重念附	大連 : 大阪屋號書店	한림대학교	217p	회화류

국가	발행/ 필사연도	저자	도서명	출판사	소장도서관	형태 사항	도서 유형
		石山福治	支那語大辭彙	東京 : s.n.	서울대학교 중앙도서관 고문헌자료실	1v.	사전류
			華語教科書譯本	東京 : 文求堂	연세대학교 열운문고	86p	회화류
		櫻井德兵衛	支那語慣用句用法	大阪 : 同文社	국도관	109p	회화류
		張廷彦	華語捷徑	東京 : s.n.	서울대학교 중앙도서관 고문헌자료실	59p	회화류
		佐騰留雄	華語教程詳註	大阪 : 同文社	부산대학교	64p	회화류
		打田重治郎	急就篇を基礎とせる支那語 獨習	大連 : 大阪屋號書店	국도관	318p	회화류
	1925	石山福治	支那語辭彙	東京 : s.n.	서울대학교 중앙도서관 고문헌자료실	1v.	사전류
				東京 : 文求堂	영남대학교	8, 318, 8p	사전류
		常静仁	官話新編	東京 : 尙文堂	건국대학교 상허기념도서관	122p	회화류
		鈴江萬太郎, 下永憲次	北京官話俗諺集解	東京 : 大阪屋號	국도관	1책, 6149p	회화류
	1926	權寧世	日用支那語 : 羅馬字發音及假名附	東京 : 大阪屋號書店	서울대학교 중앙도서관 고문헌자료실	14, 216p	회화류
		大橋末彦	官話急就篇詳譯/全	東京 : 文求堂	건국대학교 상허기념도서관	230p	회화류
		渡部薫太郎	滿洲語文典	大阪 : 大阪東洋學會	동국대학교 경주캠퍼스 도서관	1책	종합서
					연세대학교 중앙도서관	102p	종합서
					이화여자대학교 중앙도서관	102p	종합서
					동국대학교경주	1책	종합서
				大阪 : 大阪東洋學會	고려대학교	iv	종합서
		渡部薫太郎 編	滿洲語文典	大阪 : 大阪東洋學會	경북대학교	1v.	종합서
		飯河道雄	ポケット形日本語から支那 語の字引	大連 : 大阪屋號	국도관	589p	사전류
		張廷彦	支那語動字用法	東京 : s.n.	서울대학교 중앙도서관 고문헌자료실	1册	어법류

국가	발행/ 필사연도	저자	도서명	출판사	소장도서관	형태 사항	도서 유형
		佐藤留雄	標準支那語辭典	東京 : 同文社書房	국도관	373p	사전류
		佐藤留雄	標準支那語辭典	大阪 : 同文社書房	고려대학교	373p	사전류
		張廷彦 ; 田中慶太郎 譯	支那語動字用法	東京 : 文求堂書店	성균관대학교 중앙학술정보관	2, 123, 10p	어법류
	1927	岡本正文	支那語敎科書	東京 : 文求堂	서울대학교 학과 및 연구소 중어중문학과 외	2, 3, 164p	회화류
					성균관대학교 중앙학술정보관	164p	회화류
		福島正明	註釋關東廳滿鐵支那語獎 勵試驗問題集	大連 : 大阪屋號書店	국도관	410p	기타
		霜島勇氣南	高等漢文漢語詳解 : 及附錄	東京 : 大同館	단국대학교 천안캠	48p	미분류
		張廷彦	華語捷徑	東京 : 文求堂	연세대학교 열운문고	59p	회화류
		宮脇賢之介	新體華語階梯全	東京 : 大阪屋號書店	성균관대학교 중앙학술정보관	188, 85p	회화류
		金敬琢	現代支那語公式會話	東京 : 東方文化機關 聚英庵出版部	국도관	1책	회화류
	1928	井上翠	井上支那語辭典	東京 : 文求堂	국도관	1740p	사전류
		何盛三	北京官話文法	東京 : 太平洋書房	국도관	1책	어법류
				東京 : 太平洋書房	서울대학교 중앙도서관 고문헌자료실	2, 6, 2, 9, 360p	어법류
		村上信太郎, 陳德安	新式標點華語演說集	大連 : 滿書堂書店	국도관	172p	기타
		江口良吉	正しく覺えられる 支那語入門	東京 : 太陽堂書店	국도관	126p	회화류
		堀井仁	支那語の自修 : 及索引	大阪 : 松雲堂	국도관	712p	회화류
	1929	宮島大八	官話急就篇	東京 : s.n.	서울대학교 중앙도서관 고문헌자료실	1v.	회화류
			官話急就篇/終	東京 : 文求堂	건국대학교 상허기념도서관	182p	회화류
		杉武夫	最新支那語講座 第1卷 : 會話篇	東京 : 文求堂書店	국도관	2책	회화류
			最新支那語講座 第2卷 : 會話篇	東京 : 文求堂書店	국도관	254p	회화류

국가	발행/ 필사연도	저자	도서명	출판사	소장도서관	형태 사항	도서 유형
			最新支那語講座 第3卷: 文法篇	東京:文求堂書店	국도관	314p	어법류
			最新支那語講座 第4卷: 文法篇;作文篇	東京:文求堂書店	국도관	155p	어법/ 작문류
		井上翠	井上支那語辭典	東京:文求堂	국도관	1754p	사전류
		井上翠 編著	井上支那語辭典	東京:文求堂	서울대학교 중앙도서관 고문헌자료실	1643p	사전류
		青柳篤恒	支那語助辭用法	東京:s.n.	서울대학교 중앙도서관 고문헌자료실	1v.	어법류
		宮島吉敏, 하성삼	詳註對譯中華國語讀本	東京:太平洋書房	국도관	223p	독해류
		岡本正文著, 木全德太郎譯	支那語敎科書總譯	東京:s.n.	서울대학교 중앙도서관 고문헌자료실	1v.	회화류
	1930	渡部薰太郎	滿洲語俗語讀本	大阪 大阪東洋學會: 三島開文堂	서울대학교 중앙도서관 고문헌자료실	1v.	회화류
		渡部薰太郎 編輯	滿洲語綴字全書	大阪:大阪東洋學會	단국대학교 천안캠	1冊	기타
					단국대학교 퇴계기념 중앙도서관죽전	1冊	기타
		飯河道雄	支那語の基礎と會話大全: 全	奉天:東方印書館	경북대학교	550, 6p	회화류
		杉武夫	最新支那語講座 第6卷: 時文篇;文學篇	東京:文求堂書店	국도관	123p	독해류
		石山福治	支那語新式學習法	東京:文求堂	광주교육대학교	346p	회화류
		佐藤留雄	華語敎程	大阪:同文社	고려대학교	38p	회화류
		中谷鹿二	新らしい支那語を硏究せよ	大連:大阪屋號書店	국도관	244p	미분류
		?	支那語雜誌	東京:螢雪書院	계명대학교	?	간행물
		宮島吉敏	支那語四週間: 4個星期中華國語	東京:大學書林	국도관	238p	회화류
	1931	宮島大八	官話急就篇	東京:文求堂	고려대학교	182p	회화류
		今西龍	滿洲語のはなし	미상	국도관	40p	미분류
				京城:발행자불명	고려대학교	40p	미분류
		神曲衡平;淸水元助	高級中華通用門讀本	東京:文求堂	국도관	1책	독해류

국가	발행/ 필사연도	저자	도서명	출판사	소장도서관	형태 사항	도서 유형
		神谷衡平, 淸水元助 共著	支那語獨習書	[發行地不明]: 春陽堂	고려대학교	247p	회화류
		櫻井德兵衛,십原八二三 共著	華語文法敎程	大版 : 同文社	단국대학교 동양학 도서실	54, 12p	어법류
					단국대학교 천안캠	54, 12p	어법류
		저자불명	現代支那語講座	東京 : 太平洋書房	연세대학교 열운문고	8책	종합서
		江口良吉	支那語一二三の讀み方	東京 : 太陽堂書店	국도관	345p	회화류
		高木宣	簡要支那語敎程	東京 : 文淵閣	부산대학교	71p	회화류
				東京 : 文淵閣	서울대학교 중앙도서관 고문헌자료실	71p	회화류
		宮島吉敏	最新支那語講座 上,下卷	東京 : 大學書林	국도관	2책	종합서
			標準支那語講座 上	東京 : 大學書林	상명대학교 중앙도서관	391p	종합서
		宮島吉敏;鍾江信光 共著	中國語四潮間	東京 : 大學書林	상명대학교 중앙도서관	306p	회화류
		宮島吉敏 編	標準支那語講座 下卷	東京 : 大學書林	고려대학교	344p	종합서
		宮島吉敏, 矢野藤助 共著	ポケット支那語辭典	東京 : 尙文堂	충남대학교	748p	사전류
	1932		支那語辭典	東京 : 尙文堂	대구가톨릭대학교	748p	사전류
		宮島吉敏, 矢野藤助 共著	支那語辭典	東京 : 尙文堂	고려대학교	748p	사전류
					서울대학교 중앙도서관 고문헌자료실	748p	사전류
		麻喜正吾	支那語會話敎程	東京 : 광생관	대구가톨릭대학교	111p	회화류
		三科樂山	滿洲語一週間	東京 : 內外社	국도관	172p	회화류
		西島良爾	支那語敎程	大阪 : 近代文藝社	계명대학교	416p	회화류
		石山福治	支那語辭彙	東京 : 文夫堂	고려대학교	8, 318, 8, p	사전류
		石山福治;江口良吉	初等支那語硏究	東京 : 崇文堂	국도관	1책, 290p	회화류
		松浦珪三	支那語發音五時間	東京 : 大學書林	국도관	76p	음운류
					연세대학교 열운문고	76p	음운류
					영남대학교	76p	음운류

국가	발행/ 필사연도	저자	도서명	출판사	소장도서관	형태 사항	도서 유형
		矢野藤助	實用支那語會話	東京：大學書林	성균관대학교 중앙학술정보관	6, 162p	회화류
		吳泰壽 譯	官話指南總譯	東京：文求堂書店	경북대학교	264p	기타
		李仲剛	現代華語讀本：正編	大運：大阪屋號書店	연세대학교 열운문고	146p	회화류
				大運：大阪屋號書店	고려대학교	146p	회화류
		佐藤三郎治	標準支那語會話獨習	大阪：松雲堂	수원대학교 도서관	169, 52p	회화류
		支那語研究會 著	支那語發音早わかり	東京：外國語研究社	영남대학교	84p	음운류
		清水元助	語學講座支那語講座	東京： 日本放送出版協會	연세대학교 열운문고	68p	회화류
		宮島吉敏, 矢野藤助 共著	Shobundo's Pocket Chinese Japanesedictionary	東京：尙文堂	고려대학교 세종캠	71p	사전류
					고려대학교	71p	사전류
		宮島吉敏, 矢野藤助	尙文堂支那語辭典： 及支那歷代紀元對照表	東京：尙文堂	국도관	756p	사전류
		ザイデル 著；奧平定世	ザイデル簡易支那語文典	東京：尙文堂	국도관	150p	어법류
		江口良吉 著	支那語一二三の讀み方から	東京：太陽堂	건국대학교 상허기념도서관	345p	회화류
		岡本正文	支那語教科書	東京：文求堂	영남대학교	164p	회화류
		堀井仁	實際的研究支那語の自修	東京：大文館	경남대학교	26p	독해류
		宮島吉敏	支那語の輪廓	東京：尙文堂	연세대학교 열운문고	115p	회화류
	1933	宮越健太郎	支那語作文教程	東京： 外語學院出版部	원광대학교	119p	작문류
			最新支那語教科書作文篇： 敎授用備考	東京：文求堂	연세대학교 열운문고	39p	작문류
		宮越健太郎 著； 內之宮金城	袖珍支那語速習	東京：太陽堂書店	국도관	280p	회화류
		權寧世	華語大辭典	東京：大阪屋號書店	국도관	587p	사전류
			華語發音辭典：及附錄	東京：大阪屋號書店	국도관	160p	사전류
		吉野美彌雄	支那語會話教科書	京都：平野書店	연세대학교 열운문고	111p	회화류
		石山福治	新支那大辭典	東京：文求堂書店	연세대학교 열운문고	1746?	사전류
			日支大辭彙	東京：文求堂	연세대학교 열운문고	154p	사전류
		矢野藤助	支那語作文：初級編	東京：尙文堂	연세대학교 열운문고	84p	작문류

국가	발행/ 필사연도	저자	도서명	출판사	소장도서관	형태 사항	도서 유형
		李仲剛	現代華語讀本 : 續編	大運 : 大阪屋號書店	고려대학교	181p	회화류
		佐藤三郎治	支那語會話獨習 : 支那語辭典入	大阪 : 巧人社	서울대학교 학과 및 연구소 국어교육과	2, 169, 52p	회화류
		何盛三	支那語發音の研究	東京 : 外語研究社	국도관	84p	음운류
		宮越健太郎, 杉武夫	最新支那語教科書作文篇	東京 : 外語學院出版部	연세대학교 열운문고	122p	작문류
		宮越健太郎, 杉武夫 共著	最新支那語教科書 1 : 作文篇	東京 : 外語學院	고려대학교	122p	작문류
		岡田博(Okada, Hiroshi)	最新華語初步	東京 : 平野書店	서울대학교 중앙도서관 고문헌자료실	42p	회화류
		宮越健太郎	支那語の系統	東京 : 岩波書店	영남대학교	56p	개론서
		杉武夫	最新支那語講座 第5卷 : 作文篇 ; 時文篇	東京 : 文求堂書店	국도관	146p	작문독 해류
		三原增水	初等滿洲語會話	奉天 : 滿洲文化普及會	인하대학교 중앙도서관	250, 10p	회화류
			標準支那語讀本 上	東京 : 尙文堂	연세대학교 중앙도서관	120p	미분류
		奧平定世	標準支那語讀本 中卷	東京 : 尙文堂	연세대학교 중앙도서관	120p	미분류
			標準支那語讀本 下卷	東京 : 尙文堂	연세대학교 중앙도서관	118p	미분류
	1934	李祖憲	中語大全	경성 : 한성도서	가톨릭관동대학교	313p	회화류
		井上翠	支那語辭典	東京 : 文求堂	연세대학교 열운문고	1643p	사전류
		佐藤留雄	華語教程	大阪 : 同文社	경희대학교 중앙도서관	38p	회화류
			支那語教科書 : 會話篇	東京 : 外語學院出版部	국도관	144p	회화류
		宮越健太郎, 杉武夫	最新支那語教科書	東京 : 外語學院出版部	전남대학교	144p	회화류
			最新支那語教科書 : 會話篇	東京 : 外語學院出版部	연세대학교 열운문고	24p	회화류
		宮越健太郎, 杉武夫 共著	支那語教科書 : 會話篇	東京 : 外語學院出版部	경북대학교	144p	회화류
		宮越健太郎, 杉武夫 共著	最新支那語教科書 : 會話篇	東京 : 外語學院出版部	영남대학교	24p	회화류

국가	발행/ 필사연도	저자	도서명	출판사	소장도서관	형태 사항	도서 유형
		宮越建太郎, 淸水元助	最新支那語敎科書 : 時文編	東京 : 外語學院出版部.	연세대학교 열운문고	131p	기타
		岡井愼吾	國語科學講座.4.8 : 國語學B : 漢語と國語	東京 : 明治書院	고려대학교	1冊	기타
		宮越健太郎	華語發音全表	東京 : 外語學院出版部	연세대학교 열운문고	1책	음운류
			最新支那語敎科書 : 慣用語句應用篇	東京 : 外語学院出版部	연세대학교 열운문고	107p	회화류
			最新支那語敎科書會話篇 : 敎授用備考	東京 : 外語学院出版部	연세대학교 열운문고	123p	회화류
		吉野美彌雄	滿洲語基礎	大阪 : 甲文堂書店	국도관	286	회화류
		藤木敦實 · 麻喜正吾	支那語敎科書 : 發音篇	東京 : 外語學院出版部	연세대학교 열운문고		음운류
		木全德太郎	適用支那語解釋 : 及附錄	東京 : 文求堂	국도관	1책, 458p	회화류
		石山福治	支那語大辭典	東京 : 第一書房	목포대학교	1746p	사전류
			最新支那語大辭典	東京 : 第一書房	부산대학교	1책	사전류
	1935	石山福治 編著	最新支那語大辭典	東京 : 第一書房	서울대학교 중앙도서관 고문헌자료실	1746p	사전류
		外語學院出版部	受驗參考滿洲語問題の捉 へ方	東京 : 外語學院出版部	국도관	149p	기타
		井上翠	井上ポケット支那語辭典	東京 : 文求堂	충남대학교	754p	사전류
		竹田復	支那語新辭典	[발행지불명] : 博文館	단국대학교 천안캠	852p	사전류
		包翰華 · 宮島吉敏	華語敎本	東京 : 奎光書院	연세대학교 열운문고	163p	회화류
		何盛三	北京官話文法	東京 : 東學社	충북대학교	360p	어법류
				東京 : 東學社	서울대학교 학과 및 연구소 중어중문학과	360p	어법류
		宮越健太郎, 井上義澄	最新支那語敎科書 : 風俗篇	東京 : 外語學院出版部	연세대학교 열운문고	127p	기타
				東京 : 外語學院出版部	연세대학교 열운문고	127p	기타
		宮島吉敏	華語敎本譯本	東京 : 奎光書院	연세대학교 열운문고	124p	회화류
		宮原民平	支那語講座	東京 : 文求堂	경북대학교	v.	회화류

국가	발행/ 필사연도	저자	도서명	출판사	소장도서관	형태 사항	도서 유형
		宮越健太郎	支那語の系統	東京 : 岩波書店	경성대학교	1책	개론서
		宮越健太郎	支那語の系統	東京 : 岩波書店	경북대학교	84p	개론서
					영남대학교	84p	개론서
		內之宮金城	現代実用支那講座 第1卷 : 會話編	東京 : 文求堂	국도관	267p	회화류
		滿洲語普及會 編	初等滿洲語の第一步	大阪 : 功人社	대구가톨릭대학교	686p	회화류
		武田寧信, 岡本吉之助	支那語基本語彙	東京 : 春陽堂書店	서울대학교 학과 및 연구소 국어교육과	10, 225, 27p	어휘집
		吳主惠	華語文法研究	東京 : 文求堂書店	국도관	195p	어법류
		張廷彦	最新官話談論集	東京 : 文求堂	인하대학교 중앙도서관	214p	회화류
		井上翠	現代實用支那語講座 7 : 時文篇	東京 : 文求堂	연세대학교 중앙도서관	254p	종합서
			現代實用支那語講座 第7卷 時文篇	東京 : 文求堂	국도관	254p	종합서
		諸岡三郎	尺牘編.第8卷	東京 : 文求堂	국도관	302p	작문류
			現代實用支那語講座 8 : 尺牘篇	東京 : 文求堂	연세대학교 중앙도서관	302p	종합서
		土屋明治	現代実用支那講座 第2卷 : 會話編	東京 : 文求堂	국도관	299p	회화류
	1936	土屋申一	現代実用支那講座 第3卷 : 會話編	東京 : 文求堂	국도관	262p	회화류
			現代實用支那語講座 4 : 會話篇	東京 : 文求堂	연세대학교 중앙도서관	262p	종합서
		【ア】麼徒	滿洲國語文法 : 現代支那語-北京官話	東京 : 東學社	부산대학교	403p	어법류
		宮越健太郎, 內之宮金城 共著	最新支那語教科書 上卷 : 讀本篇	東京 : 外語學院出版部	고려대학교	83p	독해류
		宮越健太郎, 內之宮金城	最新支那語教科書 : 讀本篇	東京 : 外語學院出版部	연세대학교 열운문고	83p	독해류
		神谷衡平, 有馬健之助 共編	現代實用支那語講座 1 : 基本篇	東京 : 文求堂	고려대학교	252, 28p	종합서
		神谷衡平, 有馬健之助	現代實用支那語講座 第1卷 基本篇	東京 : 文求堂	국도관	380p	종합서

국가	발행/ 필사연도	저자	도서명	출판사	소장도서관	형태 사항	도서 유형
		江口良吉 著	支那語一二三の讀み方から	東京：太陽堂	한국외국어대학교 서울캠퍼스 도서관	345p	회화류
		岡田博	支那語小音聲學	大阪：駸駸堂	서울대학교 학과 및 연구소 중어중문학과	111p	음운류
		奈良一雄	支那語教科書	第一書院	울산대학교	?	회화류
		渡會貞輔	支那語叢話	東京： 外語學院出版部	국도관	392p	종합서
				熊本： 熊本縣支那語學校	연세대학교 열운문고	392p	종합서
		渡會貞輔	支那語叢話	東京： 外語學院出版部	고려대학교	392p	종합서
		木全德太郎	支那語旅行會話	東京：文求堂書店	국도관	292p	회화류
		石山福治；江口良吉	初等支那語研究	東京：崇文堂出版部	경성대학교	1책	회화류
	1937	外語學院出版部 編.	受驗參考滿洲語問題捉へ方 再版	東京： 外語學院出版部	고려대학교	149p	기타
		羽田亨 編	滿和辭典	京都：京都帝國大學 滿蒙調査會	숭실대학교 중앙도서관	viiI, 478p	사전류
		支那語普及會	初めて學ふ人の支那語獨習 より会話迄	大阪：博潮社書店	부산대학교	26p	회화류
		淸水元助；有馬建之助	現代實用支那語講座 第6卷 作文編	東京：文求堂	국도관	272p	종합서
		藤木敦實, 麻喜正吾	綜合支那語發音字典	東京： 外語學院出版部	성균관대학교 중앙학술정보관	面數複 雜	사전류
		宮越健太郎, 杉武夫 共著	最新支那語教科書 2： 會話篇昭和12年度改訂版	東京： 外語學院出版部	고려대학교	24p	회화류
		宮越健太郎, 內之宮金城 共著	最新支那語教科書：讀本篇	東京： 外語學院出版部	영남대학교	3 冊	독해류
		宮越健太郎, 內之宮金城 共著	最新支那語教科書 上卷： 讀本篇	東京： 外語學院出版部	고려대학교	130p	독해류
		岡本正文	支那語教科書	東京：文求堂	강남대학교 중앙도서관	2,3,164p	회화류
	1938		最新華語中級編	京都：平野書店	연세대학교 열운문고	47p	회화류
		岡田博	最新華語初步	東京：平野書店	연세대학교 열운문고	42p	회화류

국가	발행/ 필사연도	저자	도서명	출판사	소장도서관	형태 사항	도서 유형
		宮島吉敏	標準支那語講座 下券	東京 : 大學書林	서울대학교 중앙도서관 고문헌자료실	344p	종합서
		宮越健太郎, 杉武夫	支那語教科書	東京 : 外國語學院	충남대학교	144p	회화류
		渡會貞輔	支那語叢話	東京 : 外語學院出版部	영남대학교	392p	종합서
		藤木敦實, 麻喜正吾	支那語發音字典	東京 : 外國語學院	충남대학교	178p	사전류
		藤枝丈夫	現代支那語の發音指導	東京 : 育生社	국도관	300p	음운류
		滿洲語普及會	初等滿洲語の第1步	大阪 : 博潮社	성균관대학교 중앙학술정보관	686p	회화류
		傅藝子	支那語會話編	東京 : 弘文堂書房	국도관	152p	회화류
		傅芸子	支那語會話篇	東京 : 弘文堂	건국대학교 상허기념도서관	158p	회화류
					서울대학교 중앙도서관 고문헌자료실	158p	회화류
		杉武夫	日支對譯支那語演說埃拶 式辭集	東京 : 外語學院出版部	국도관	330p	기타
		西島良爾	滿洲語會話 : 支那語獨習	大阪 : 송영관	대구가톨릭대학교	351p	회화류
		石山福治 編著	最新支那語大辭典	東京 : 第一書房	명지대학교 자연도서관	[64], 1746, 20p	사전류
					서울대학교 중앙도서관 고문헌자료실	[64], 1746, 20p	사전류
		神谷衡平, 有馬健之助	新法支那語教本. 第一卷	東京 : 文求堂	연세대학교 열운문고	4, 152, [28]p	종합서
		魚返善雄	支那語讀本	東京 : 日本評論社	계명대학교	189, 63p	회화류
		鈴木擇郎	支那語教本 : 高級編	東京 : 東亞同文書院 支那研究部	연세대학교 열운문고	1책	회화류
		吳主憲	華語文法研究 : 會話應用發音添府	東京 : 文求堂書店	부산대학교	196p	어법류
		完內鴻	華語要訣	東京 : 三省堂	국도관	213p	어법류
		日本評論社 編	支那語讀本	東京 : 日本評論社	고려대학교	179, 180p	회화류
		井上翠	井上ポケット支那語辭典	東京 : 文求堂	단국대학교 천안캠	803p	사전류

국가	발행/ 필사연도	저자	도서명	출판사	소장도서관	형태 사항	도서 유형
		井上翠 編著	井上ポケット支那語辭典	東京：文求堂	단국대학교 동양학 도서실	803p	사전류
		帝國書院編輯部	支那語教科書： 基礎・會話文の作り方	東京：帝國書院	연세대학교 열운문고	37p	회화류
		宗內鴻	華語要缺	東京：三省堂	서울대학교 중앙도서관 고문헌자료실	213p	어법류
			華語要訣	東京：三省堂	연세대학교 중앙도서관	213p	어법류
		宗內鴻	華語要訣	東京：三省堂	고려대학교	213	어법류
		佐藤留雄	支那時文大字彙	東京：同文社	삼육대학교 중앙도서관	1067p	사전류
		佐藤三郎治	實際支那語會話獨習： 支那語辭典入	大阪：巧人社	충남대학교	52p	회화류
		倉石武四郎	支那語繙譯篇.卷1	東京：s.n.	서울대학교 중앙도서관 고문헌자료실	78p	회화류
			支那語語法篇	東京：弘文堂書房	국도관	112p	어법류
		鄭永邦, 吳啓太 共著； 金國璞 改訂	改訂官話指南	東京：s.n.	서울대학교 중앙도서관 고문헌자료실	230p	회화류
		大石進海, 柿崎進 [共著	軍事日常支那語	東京：大阪屋號書店	경북대학교	326p	회화류
		魚返善雄Nihon Hyōronsha	支那語讀本	東京：s.n.	서울대학교 중앙도서관 고문헌자료실	189, 53p	회화류
		宮原民平, 土屋明治	初等支那語教科書教授必 携	東京：東京開成館	연세대학교 열운문고	113p	회화류
		宮原民平, 土屋明治 共著	初等支那語教科書	東京：s.n.	서울대학교 중앙도서관 고문헌자료실	101,2p	회화류
				東京：東京開成館	성균관대학교 중앙학술정보관	101p	회화류
		宮越健太郎, 內之宮金城 共著	最新支那語教科書 上卷： 讀本篇改政版	東京： 外語學院出版部	고려대학교	83p	독해류
			最新支那語教科書 中卷： 讀本篇	東京： 外語學院出版部	고려대학교	101p	독해류
		Zōin, Hō Hō Fumika	支那語新軌範	東京：s.n.	서울대학교 중앙도서관 고문헌자료실	100p	미분류
		Denzel Carr 著； 魚返善雄 譯	現代支那語科學	東京：文求堂書店	명지대학교 인문도서관	134p	어법류

국가	발행/ 필사연도	저자	도서명	출판사	소장도서관	형태 사항	도서 유형
		ザイデル 著 ; 奧平定世 譯註	ザイデル簡易支那語文典	東京 : 三修社	국도관	150p	어법류
		甲斐靖	支那語會話 : わかりやすい	大阪 : 침침堂	영남대학교	234p	회화류
		橋本泰治郎	標準支那語會話	東京 : 丸善株式會社	국민대학교 성곡도서관	214p	회화류
					성균관대학교 중앙학술정보관	214p	회화류
					연세대학교 중앙도서관	214p	회화류
		宮越健太郎, 青水元助, 杉武夫 共監修	短期支那語講座	東京 : 外國語學院 出版部	성균관대학교 중앙학술정보관	1册	회화류
		吉野美弥雄	華語教程	京都 : 平野書店	연세대학교 열운문고	124p	회화류
		金邦彦	最新會話華語初階	熊本 : 熊本縣支那語學校	연세대학교 열운문고	176p	회화류
		內之宮金城	初等支那語會話	東京 : 日本放送出版協會	경남대학교	134p	회화류
		內之宮金城	初等支那語會話	東京 : 日本放送出版協會	국도관	1책	회화류
	1939	瀧麟太郎	獨習自在支那語の學び方	東京 : 京文社書店	경상대학교	237p	미분류
		木全德太郎	官話指南精解	東京 : 文求堂	국도관	384p	기타
			適用支那語解釋	東京 : 文求堂	서울대학교 중앙도서관 고문헌자료실	458p	회화류
		武田寧信	興亞支那語読本	東京 : 三省堂	연세대학교 열운문고	88p	회화류
		法本義弘	支那語教典	東京 : 향산당서방	대구가톨릭대학교	148p	회화류
		石橋哲爾	支那語捷徑新訂增補版	京都 : 平野書店	고려대학교	325p	회화류
		松枝茂夫	標準支那語會話初級篇	東京 : 右文書院	연세대학교 열운문고	62, 22p	회화류
		矢野藤助 編	中國語基礎1500語	東京 : 大學書林	청주대학교	115p	회화류
		神谷衡平	支那語基本教科書	東京 : 文求堂書店	경성대학교	1책	회화류
		神谷衡平, 有馬健之助	新法支那語教本	東京 : 文求堂	서울대학교 중앙도서관 고문헌자료실	1册	종합서
			新法支那語教本2	東京 : 文求堂	전남대학교	160p	종합서
		神谷衡平, 有馬健之助 共編	新法文支那語教本	東京 : 文求堂	경북대학교	v. : ill.	종합서
			新法支那語教本. 第1-2卷	東京 : 文求堂	충남대학교	2 v?	종합서

국가	발행/ 필사연도	저자	도서명	출판사	소장도서관	형태 사항	도서 유형
		神谷衡平, 有馬健之助 共編	現代實用支那語講座1： 基本篇	東京：文求堂	이화여자대학교 중앙도서관	252, 27p	종합서
		神谷衡平·岩井武男	支那語教科書： 基礎·會話文の作り方	東京：帝國書院	연세대학교 열운문고	68, 12p	회화류
		鈴木擇郎	標準支那語敎本：初級編	東京：東亞同文書院 支那研究部	연세대학교 열운문고	115p	회화류
		鈴木擇郎	支那語敎本：高級編	上海：東亞同文書院 支那研究部	경북대학교	170p	회화류
		吳主惠	華語文法研究	東京：文求堂	서울대학교 중앙도서관 고문헌자료실	195p	어법류
						196p	어법류
		劉光	對譯實用支那語會話篇	東京：文求堂	성균관대학교 중앙학술정보관	152p	회화류
		李相殷 著	標準支那語會話	京城：人文社	고려대학교	216p	회화류
		張源祥	支那語の會話	大阪：東方學藝社	영남대학교	8, 冊	회화류
		張志暎	中國語會話全書	京城：群書堂	단국대학교 천안캠	492p	회화류
					단국대학교 퇴계기념 중앙도서관죽전	492p	회화류
		張志暎	中國語會話全書	京城：群書堂書店	연세대학교 열운문고	492p	회화류
		張志暎	中國語會話全書	京城：群堂書店	고려대학교	492p	회화류
				京城：群書堂書店	서원대학교	492p	회화류
		井上翠	井上ポケット支那語辭典	東京：文夫堂	고려대학교	754p	사전류
			井上支那語辭典	東京：文求堂	부경대학교	1643, 98p	사전류
		井上翠	井上ポケット支那語辭典	東京：文求堂	충북대학교	754p	사전류
		井上翠 編著	井上ポケット支那語辭典	東京：文求堂	서울대학교 중앙도서관 고문헌자료실	754, 46, 3, 3p	사전류
		倉石武四郎	支那語發音篇	東京：	영산선학대학교	80p	음운류
			支那語法入門	東京：s.n.	서울대학교 중앙도서관 고문헌자료실	108p	어법류
		倉石武四郎	支那語法入門	東京：弘文堂書房	고려대학교	108p	어법류
		包象寅·包翰華	最新華語教本	東京：東京開成館	연세대학교 열운문고	96p	회화류

국가	발행/ 필사연도	저자	도서명	출판사	소장도서관	형태 사항	도서 유형
		表文化	初等支那語教本：發音と 文法詳解とした	東京： タイムス出版社	영남대학교	208p	회화류
		宮越健太郎, 杉武夫	模範滿支官話敎程	東京： 外語学院出版部	서울대학교 중앙도서관 고문헌자료실	119p	회화류
			支那語基準會話. 下卷	東京： 外語學院出版部	연세대학교 열운문고	120, 18p	회화류
		宮島吉敏, 包翰華	日常華語會話	東京：東京開成館	연세대학교 열운문고	148p	회화류
		宮島吉敏, 包翰華 共著	日常華語會話	東京：東京開成館	고려대학교 세종캠	148p	회화류
					고려대학교	148p	회화류
		Nihon Hōsō Kyōkai.	支那語講座	東京：s.n.	서울대학교 중앙도서관 고문헌자료실	63, 40p	회화류
		宮越健太郎, 杉武夫 共著	支那語基準會話. 上卷	東京： 外語學院出版部	고려대학교	83p	회화류
			支那語基準會話. 下卷	東京： 外語學院出版部	고려대학교	120, 18p	회화류
		宮越健太郎, 杉武夫 共著	最新支那語敎科書：作文篇	東京： 外語學院出版部	영남대학교	122p	작문류
		陳淸金, 宗內鴻 共著	支那語滿洲語講座	東京：東江堂書店	영남대학교	3冊	종합서
		陳淸金, 宗內鴻	支那語滿洲語講座	東京：東江堂書店	울산대학교	3책	종합서
		土屋明治, 鮑啓彰	支那語新敎科書	東京：弘道館	연세대학교 열운문고	2책	회화류
			支那語新敎科書 上,下卷	東京：弘道館	서울대학교 중앙도서관 고문헌자료실	2v.	회화류
		長谷川正直	支那語作文敎科書 前編	東京：文求堂	서울대학교 학과 및 연구소 중어중문학과	2, 4, 133p	작문류
		靑柳篤恒, 吳主憲 共著	標準商業支那語敎科書	東京：松邑三松堂	고려대학교	128p	회화류
		靑柳篤恒, 吳主惠 共著	標準商業支那語敎科書	東京：松邑三松堂	한국교원대학교	128p	회화류
		藤木敦實, 麻喜正吾	標準支那語會話敎科書	東京：光生館	연세대학교 열운문고	2책	회화류
		Denzel Carr 著(デンツエル.カ)	現代支那語科學	東京：文求堂書店	국도관	134p	어법류
		Zōin. Hō Hō, Fumika ?	支那語新軌範敎授資料	東京：s.n.	서울대학교 중앙도서관 고문헌자료실	102p	미분류
			支那會話敎科書	東京：文求堂書店	서울대학교 학과 및 연구소 중어중문학과	3, 1, 124p	회화류

국가	발행/ 필사연도	저자	도서명	출판사	소장도서관	형태 사항	도서 유형
	1940	宮原民平	新編中等支那語教本教授 必携	東京：東京開成館	연세대학교 열운문고	1책	회화류
			中等支那語教本	東京：東京開成觀	경북대학교	v. : ill.	회화류
					연세대학교 열운문고		회화류
		宮越健太郎	支那語基準會話： 教授用備考書.上	東京： 外語學院出版部	단국대학교 천안캠	83p	회화류
			支那語基礎單語4000	東京： タイムス出版社	충북대학교	199p	어휘집
			支那語基礎單語四〇〇〇	東京：s.n.	서울대학교 중앙도서관 고문헌자료실	199p	어휘집
				東京： タイムス出版社	건국대학교 상허기념도서관	199p	어휘집
		宮越健太郎 著	支那語基準會話： 教授用備考書.上	東京： 外語學院出版部	단국대학교 퇴계기념 중앙도서관죽전	83p	회화류
		吉野美彌雄	支那語讀本A	東京：博多成象堂	연세대학교 열운문고	88p	독해류
		吉野美彌雄 著	支那語講習會教本	[발행지불명]： 甲文堂書店	고려대학교	82p	회화류
		木全德太郎	支那語旅行會話	東京：s.n.	서울대학교 중앙도서관 고문헌자료실	292p	회화류
		山田孝雄	國語の中に於ける漢語の研 究	東京：寶文館	고려대학교	538, 35p	미분류
		杉武夫	現地携行支那語軍用會話	東京：外語學院	연세대학교 열운문고	286p	회화류
		三原增水	支那語會話獨習	奉天： 滿洲文化普及會	서울시립대학교 도서관	50p	회화류
					성균관대학교 중앙학술정보관	11, 328, 50p	회화류
		上野光次郎	初年生の支那語	東京：太陽堂書店	국도관	1책	회화류
					부산대학교	301p	회화류
		徐仁怡	支那語第一步	東京：白永社	국도관	319p	회화류
		石山福治	最新支那語大辭典	東京：第一書房	연세대학교 중앙도서관	51, 1746, [46]p	사전류
		石山福治 編著	最新支那語大辭典	東京：第一書房	성균관대학교 중앙학술정보관	1746p	사전류
		櫻庭巖	警務支那語會話	東京：大阪屋號書店	연세대학교 열운문고	530p	회화류

국가	발행/ 필사연도	저자	도서명	출판사	소장도서관	형태 사항	도서 유형
		奥平定世	模範支那語教程	東京 : 開隆堂	연세대학교 열운문고	2책	회화류
		外語學院出版部	支那語文法研究號	東京 : s.n.	서울대학교 중앙도서관 고문헌자료실	90p	어법류
		栗山茂	支那語發音要義	東京 : 甲文堂書店	국도관	106p	음운류
		李相殷 講議	ラヂオ・テキスト支那語講座	京城 : 朝鮮放送協會	고려대학교	66p	미분류
		張志暎	中國語會話全書	경성 : 群書堂書店	경상대학교	492p	회화류
		井上翠	井上ポケット支那語辭典	東京 : 文求堂	경성대학교	754p	사전류
		佐藤三郎治	實際支那語會話獨習	大阪 : 巧人社	영산선학대학교	52p	회화류
		佐藤三郎治	支那語會話獨習	大阪 : 巧人社	대구가톨릭대학교	52p	회화류
		陳文彬	支那語自修讀本	東京 : 大阪屋號書店	부산대학교	107p	미분류
		倉石武四郎	支那語 : 飜譯篇	東京 : 弘文堂書房	숙명여자대학교 도서관	100p	회화류
			支那語發音篇	東京 : s.n.	서울대학교 중앙도서관 고문헌자료실	80p	음운류
				東京 : 弘文堂書房	전북대학교	80p	음운류
			支那語法入門	東京 : 弘文堂書房	영산선학대학교	108p	어법류
			支那語語法篇	東京 : s.n.	서울대학교 중앙도서관 고문헌자료실	112p	어법류
			倉石中等支那語.卷一	東京 : s.n.	서울대학교 중앙도서관 고문헌자료실	120.8p	회화류
		諏訪廣太郎	支那語一二三から會話まで	東京 : 太陽堂書店	국도관	317p	회화류
		表文化	支那語會話鍊習帳	東京 : タイムス出版社	영남대학교	198p	회화류
		宮越健太郎, 淸水元助, 杉武夫	短期支那語講座	東京 : 外國語學院	전남대학교	면수복잡	회화류
		宮越健太郎, 杉武夫	支那語基準會話	東京 : 大阪屋號書店	연세대학교 열운문고	2책	회화류
			支那語基準會話 : 敎授用備考書	東京 : 文求堂	연세대학교 열운문고	2책	회화류
			支那語基準會話 : 敎授用備考書.上	東京 : 外語學院出版部	연세대학교 열운문고	190p	회화류
		朴永瑞	中國語自通 : 日鮮滿最速成	京城 : 新興書館	영남대학교	160p	회화류

국가	발행/ 필사연도	저자	도서명	출판사	소장도서관	형태 사항	도서 유형
		宮越健太郎, 杉武夫 共著	支那語基準會話	東京: 外語學院出版部	경북대학교	2v.	회화류
		宮越健太郎, 杉武夫 共著	支那語基準會話: 敎授用備考書.上	東京: 外語學院出版部	영남대학교	190p	회화류
		陳淸金, 宗內鴻	支那語滿州語講座: 基礎及會話文法篇	大阪:巧人社書店	건국대학교 상허기념도서관	297p	종합서
		加藤克巳;韓恒久	初等支那語作文講義	東京:積善館	부산대학교	230p	작문류
		藤木敦實, 麻喜正吾	標準支那語會話教科書	東京:光生館	부산대학교	108p	회화류
			標準支那語會話教科書: 御敎授用參考書	東京:光生館	연세대학교 열운문고	2책	회화류
		藤木敦實, 麻喜正吾 共著	標準支那語會話教科書,下 卷:應用篇御敎授用參考書	東京:光生館	고려대학교	45p	회화류
	1941	Bernhard Karlgren	北京語の發音	東京:文求堂	경상대학교	1책	음운류
		宮越健太郎	華語文法提要	東京: 外語學院出版部	연세대학교 중앙도서관	130, 30p	어법류
			華語文法提要:及附錄	東京: 外語學院出版部	국도관	151p	어법류
		陸軍豫科士官學校	支那語教程 卷1	東京: 陸軍豫科士官學校	국도관	86p	회화류
		木全德太郎	初步北京官話	東京:文求堂書店	부산대학교	273p	회화류
		木全德太郎 編	初步官話字彙	東京:文求堂	충남대학교	611p	사전류
		杉武夫 編著	日支對譯支那語演說挨拶 式辭集	東京:外語学院	대구가톨릭대학교	330p	기타
		三原增水 著;詳註對	初等支那語會話	奉天: 滿洲文化普及會	부산대학교	312p	회화류
		上田萬年 等編	大字典.1941.華語增補版	東京:啓哉社	단국대학교 천안캠	2812p	사전류
					단국대학교 퇴계기념 중앙도서관죽전	2812p	사전류
		岩井武男;近藤子周	自修華語會話	東京:螢雲書院	국도관	235p	회화류
		魚返善雄	北京語の發音	東京:文求堂	전북대학교	72p	음운류
			華語基礎讀本	東京:三省堂	경남대학교	134	종합서
					중앙대학교 서울캠퍼스 중앙도서관	134p	종합서

국가	발행/ 필사연도	저자	도서명	출판사	소장도서관	형태 사항	도서 유형
		魚返善雄	華語基礎讀本	東京：三省堂	경북대학교	134p	종합서
					고려대학교	134p	종합서
		吳主憲	華語文法研究 An Elementary Grammar of Chinese Language	早稻：文求堂書店	영산선학대학교	186p	어법류
		吳主惠	華語文法研究	東京：文求堂	한양대학교 백남학술정보관	5, 196, 10p	어법류
		王化 編	高級華語新集	東京：文求堂書店	단국대학교 천안캠	150p	회화류
					단국대학교 퇴계기념 중앙도서관죽전	150p	회화류
		王化, 魚返善雄	雙譯華日語法讀本	東京：三省堂	연세대학교 중앙도서관	165p	어법류
		王化, 王之淳 共編	現代華語新編	東京：目黑書店	충남대학교	159, 7p	회화류
		隅田直則	最新支那語解釋法	東京：大阪屋號書店	국도관	1책	미분류
		李顚塵	實用中國語文法	東京：文求堂	충남대학교	432p	어법류
		張源祥	支那語の會話	東京：象山閣	영남대학교	250p	회화류
		저자 없음	支那語講座	東京：文求堂	충남대학교	12v?	회화류
		田中清之助	華語辭典	大坂：大坂尾號書房	경북대학교	652p	사전류
		井上翠	井上ポケット支那語辭典	東京：文求堂	연세대학교 열운문고	754p	사전류
		宗內鴻	華語要訣	東京：三省堂	한양대학교 백남학술정보관	4, 16, 213p	어법류
		竹田復	支那語新辭典	東京：博文館	연세대학교 열운문고	1책	사전류
					충남대학교	1册	사전류
						852p	사전류
		竹田復	支那語新辭典	東京：博文館	고려대학교	1册面數 複雜	사전류
		倉石武四郎	支那語敎育の理論と實際	東京：岩波書店	국도관	1책	어법류
					전남대학교	300p	어법류
					충남대학교	260p	어법류
		倉石武四郎	支那語敎育の理論と實際	東京：岩波書店	고려대학교	260p	어법류
					영남대학교	260p	어법류

국가	발행/필사연도	저자	도서명	출판사	소장도서관	형태사항	도서유형
		香坂順一	黎錦熙氏・周有光氏の著書を基とせる支那語文法詳解	東京:タイムス出版社	서울대학교 중앙도서관 고문헌자료실	247p	어법류
			支那語難語句集解	東京:外語學院出版部	국도관	213p	회화류
			支那語文法詳解	東京:タイムス出版社	국도관	247p	어법류
					영산선학대학교	247p	어법류
			支那語文法詳解:黎錦熙氏,周有光氏の著書を基とせる	東京:タイムス出版社	충남대학교	247p	어법류
		岩井武男, 近藤子周	簡易支那語會話敎本	東京:螢雪書院	연세대학교 열운문고	105p	회화류
		藤木敦實, 麻喜正吾	標準支那語會話敎科書,1:基礎編	東京:光生館	전남대학교	108p	회화류
		藤木敦實, 麻喜正吾 共著	標準支那語會話敎科書,1:基礎篇	東京:光生館	영남대학교	108p	회화류
		Hitoshi, Horii	學び方入門滿洲語の第一步	大阪:巧人社	서울대학교 중앙도서관 고문헌자료실	686, 26p	회화류
		Denzel Carr 著(デンツエル.カ- 著);魚返善雄 譯	現代支那語科學	東京:文求堂	영남대학교	134p	어법류
	1942	高木宣	支那語學入門	東京:興文社	국도관	205p	어법류
		敎育摠監部	支那語敎程:陸軍豫科士官學校用	東京:敎育摠監部	국도관	26p	회화류
		宮越健太郎	支那語重要單語集	東京:タイムス	한양대학교 백남학술정보관	xxxi, 314p	어휘류
		滿洲語普及會	初等滿洲語の第一步	大阪:功人社	부산대학교	670p	회화류
		徐仁怡	支那語第一步	東京:白永社	단국대학교 천안캠	319p	회화류
					단국대학교 퇴계기념 중앙도서관죽전	319p	회화류
		岩井武男	現代實用支那語講座 第15卷 讀本編	東京:文求堂	국도관	193p	종합서
		野口正之	系統的支那語會話	東京:國華書籍株式會社	국도관	557p	회화류
		魚返善雄	支那語の發音と記號	東京:三省堂	국도관	27p	음운류

국가	발행/ 필사연도	저자	도서명	출판사	소장도서관	형태 사항	도서 유형
		牛窪愛之進 ; 蘇鴻麟	支那語自在	東京 : 富士書店	국도관	642p	회화류
		牛窪愛之進, 蕭鴻麟	支那語自在	東京 : 富士書店	충남대학교	642p	회화류
		牛窪愛之進, 蕭鴻麟 共著	支那語自在	東京 : 富士書店	영남대학교	642p	회화류
		井上翠	井上ポケット支那語辭典	東京 : 文求堂	계명대학교	754p	사전류
					대구가톨릭대학교	754p	사전류
		井上翠 編著	井上支那語辭典	東京 : 文求堂	한국외국어대학교 서울캠퍼스 도서관	1643, 98p	사전류
		陳彦博 著 ; 菱川八郎	中日對譯支那語文法綱要	東京 : 大阪屋號書店	국도관	268p	어법류
		倉石武四郎	支那語讀本.1卷	東京 : 弘文堂書房	국도관	130p	독해류
			支那語讀本.卷1	東京 : 弘文堂書房	연세대학교 열운문고	130p	회화류
			支那語發音入門	東京 : 弘文堂書房	국도관	90p	음운류
		表文化	支那語會話鍊習帳	東京 : タイムス	한양대학교 백남학술정보관	i, vii, 198p	회화류
		香坂順一	新編支那語發音辭典	東京 : タイムス出版社	국도관	284p	사전류
				東京 : タイムス出版社	중앙대학교 서울캠퍼스 중앙도서관	314p	사전류
		加賀谷林之助	日常支那語圖解	東京 : 東京開成館	연세대학교 중앙도서관	246p	기타
				東京 : 東京開城館	국도관	246p	기타
		敎育摠監部	支那語敎程 : 陸軍豫科士官學校用	東京 : 敎育摠監部	국도관	36p	회화류
		黎錦熙 原著 ; 大阪外國語學校大陸語 學研究所 譯	黎氏支那語文法	大阪 : 甲文堂	서울대학교 중앙도서관 고문헌자료실	400p	어법류
	1943	文夢我	商業會話編 第16卷	東京 : 文求堂	국도관	188p	회화류
		石山福治	最新支那語大辭典	東京 : 第一書房	부산대학교	1801p	사전류
					전남대학교	1746, 20, 25p	사전류
		石山福治	支那語大辭典	東京 : 第一書房	경북대학교	1746p	사전류
		石山福治 編	最新支那語大辭典	東京 : 第一書房	충남대학교	1746p	사전류
		石山福治 編著	最新支那語大辭典	東京 : 第一書房	명지대학교 인문도서관	1746p	사전류
					수원대학교 도서관	1책	사전류

국가	발행/ 필사연도	저자	도서명	출판사	소장도서관	형태 사항	도서 유형
		魚返善雄	華語基礎讀本	東京:三省堂	건국대학교 상허기념도서관	133p	종합서
		黎錦熙	黎氏支那語文法	大阪:甲文堂書店	국도관	414p	어법류
		永持德一	趣味の支那語	東京:泰山房	국도관	1책	어법류
		熊野正平	現代支那語法入門	東京:三省堂	단국대학교 천안캠	145p	어법류
		熊野正平 著	現代支那語法入門	東京:三省堂	단국대학교 율곡기념 중앙도서관천안	145p	어법류
		有馬健之助	新聞支那語の研究	東京: 外語學院出版部	서울대학교 중앙도서관 고문헌자료실	335, 10p	어법류
		井上翠	井上ポケット支那語辭典	東京:文求堂	한국해양대학교	754, 40, 3p	사전류
		武田寧信, 中澤信三	軍用支那語大全	東京:帝國書院	국도관	602p	회화류
		武田寧信, 中澤信三 共著	軍用支那語大全	東京:帝國書院	경북대학교	602p	회화류
		野副重勝 著	滿日銀行會話	東京:巖松堂書店	동아대학교	237p	회화류
		宮越健太郎, 杉武夫	支那語基準會話/上卷	東京: 外語學院出版部	서울대학교 농학도서관 고문헌자료실	83p	회화류
		黎錦洪;大阪外國語學校 大陸語學研究所 譯	黎氏支那語文法	大阪:甲文堂	고려대학교	414p	어법류
	1944	魚返善雄	日本語と支那語	東京:慶應義塾大學 語學研究所	서울대학교 중앙도서관 고문헌자료실	398p	기타류
				東京:慶應出版社	국도관	398p	기타류
			支那語注音符號の發音	東京:帝國書院	서울대학교 중앙도서관 고문헌자료실	208p	음운류
		魚返善雄	支那語注音符號の發音	東京:帝國書院	세종대학교 학술정보원	208p	음운류
		魚返善雄.	支那語注音符號の發音	東京:帝國書院	영산선학대학교	208p	음운류
		李顚塵	實用中國語文法	東京:文求堂	단국대학교 천안캠	538p	어법류
					충남대학교	538p	어법류
					단국대학교 퇴계기념 중앙도서관죽전	538p	어법류
		李顚塵 等著	實用中國語文法	東京:文求堂	국도관	538p	어법류
		足立忠八郎	北京官話支那語學捷徑	東京:金刺芳流堂	전남대학교	294p	회화류

국가	발행/ 필사연도	저자	도서명	출판사	소장도서관	형태 사항	도서 유형
		小原一雄	支那語讀本	大連 : 등進社	건국대학교 상허기념도서관	142p	독해류
	1945	中國建設朶誌社	入門中國語	東京 : 光生館	인제대학교	96p	회화류
	1946	隅田直則	最新支那語解釋法	東京 : 大阪屋號書店	충남대학교	658p	미분류
	1949	大阪外國語大學 中國硏究會 編	中國語表現文型	大阪 : 大阪外國語 大學中國硏究會	고려대학교	105p	어법류
	1951	盧東善 ; 權浩淵	中國語上	서울 : 장문사	전남대학교	280p	회화류
	1952	さねとうけいしゅう	現代中國語入門	東京 : 三一書房	고려대학교	316p	어법류
		宮島吉敏	中國語四週間	東京 : 大學書林	경희대학교 중앙도서관	285p	회화류
					대구가톨릭대학교	285p	회화류
			中國語四周間 : 四個星期中華國語	東京 : 大學書林	단국대학교 천안캠	285p	회화류
					단국대학교 퇴계기념 중앙도서관죽전	285p	회화류
		尹旿重	中國語四週間	서울 : 大東社	경희대학교 중앙도서관	478p	회화류
	1953	宮島吉敏	中國語四週間	東京 : 大學書林	연세대학교 원주	285p	회화류
		宮越健太郎 ; 杉武夫 共著	中國語教科書 : 作文篇	東京 : 第三書房	한국외국어대학교 서울캠퍼스 도서관	vii, 122p	작문류
			中國語教科書 : 會話篇	東京 : 第三書房	국민대학교 성곡도서관	122p	회화류
		徐仁怡	中國語第一步	東京 : 白水社	영남대학교	319p	회화류
				東京 : 백수사	대구가톨릭대학교	319p	회화류
		徐仁怡 著	中國語第一步	東京 : 白水社	한국외국어대학교 서울캠퍼스 도서관	5, 319p	회화류
		鐘ケ江信光	中國語講座	東京 : 白水社	명지대학교 인문도서관	3卷1冊	회화류
		倉石武四朗	中國語初級敎本	東京 : 岩波書店	부산외국어대학교	174p	회화류
		宮島吉敏, 鐘ケ江信光	中國語四週間 : 四個星期中國話	東京 : 大學書林	연세대학교 중앙도서관	306p	회화류
	1954	宮越健太郎 ; 杉武夫 共著	中國語教科書 : 會話篇	東京 : 第三書房	국민대학교 성곡도서관	144, 25p	회화류
					한국외국어대학교 서울캠퍼스 도서관	iii, 168p	회화류
		金卿 ; 遜雲	中國語會話獨習	서울 : 豊國學園出版部	국도관	206p	회화류

국가	발행/ 필사연도	저자	도서명	출판사	소장도서관	형태 사항	도서 유형
		呂叔湘 著; 大原信一, 伊地智善繼 共譯	中國語法學習	東京：江南書院	영남대학교	200p	어법류
		長谷川寬	中國語作文	東京：白水社	계명대학교	301p	작문류
					성균관대학교 중앙학술정보관	312p	작문류
					전남대학교	301p	작문류
					한국외국어대학교 서울캠퍼스 도서관	312p	작문류
				東京：白水社	서울대학교 중앙도서관 수원보존도서관	312p	작문류
		長谷川寬	中國語作文	東京：白水社	대구가톨릭대학교	301p	작문류
		井上翠	井上中國語新辭典	東京：江南書院	연세대학교 중앙도서관	63p	사전류
					한국외국어대학교 서울캠퍼스 도서관	1174p	사전류
			中國語新辭典	東京：江南書院	국민대학교 성곡도서관	1111, 64p	사전류
		井上翠	中國語新辭典	東京：江南書院	고려대학교	1111p	사전류
		宮島吉敏, 鐘ケ江信光 共著	四個星里期中國語	東京：大學書林	충북대학교	306p	회화류
			中國語四週間 : 四個星期中國語	東京：大學書林	서울대학교 중앙도서관 단행본자료실	306p	회화류
		宮越健太郎, 內之宮金城 共著	中國語敎科書	東京：第三書房	국민대학교 성곡도서관	83p	회화류
					한국외국어대학교 서울캠퍼스 도서관	vi, 83p	회화류
		東文社編輯部 編	中國語自通	서울：東文社	국민대학교 성곡도서관	104p	회화류
			中國語自通 : 三十日速成	서울：東文社	충북대학교	104p	회화류
	1955	宮越健太郎 ; 內之宮金城 共著	中國語敎科書 : 讀本篇	東京：第三書房	건국대학교 상허기념도서관	83p	독해류
			中國語敎科書 : 會話篇	東京：第三書房	홍익대학교 중앙도서관	144, 24p	회화류
		大阪外國語大學 中國語學硏究室	中國常用字典	東京：江南書院	성균관대학교 중앙학술정보관	141p	사전류
		藤堂明保	中國語語源漫筆	東京：大學書林	고려대학교	148p	어법류
					동국대학교 중앙도서관	148p	어법류

국가	발행/ 필사연도	저자	도서명	출판사	소장도서관	형태 사항	도서 유형
		石山福治	支那語の手紙	東京 : 大學書林	경상대학교	133p	작문류
		日本評論社 編	支那語讀本	東京 : 日本評論社	고려대학교	189, 63p	회화류
		鐘ケ江信光	白水社中國語講座	東京 : 白水社	경희대학교 국제C 중앙도서관	3冊133 ; 146 ;126p	회화류
		鐘ケ江信光	中國語講座	東京 : 白水社	충북대학교	146p	회화류
		倉石武四郎	倉石中國語敎本	東京 : 弘文堂	한국외국어대학교 서울캠퍼스 도서관	冊	회화류
		宮島吉敏, 鐘ケ江信光 共著	中國語四週間 : 四個星期中國語	東京 : 大學書林	인하대학교 중앙도서관	306p	회화류
			中國語四週間 : 四個星期中國語/第3改訂版	東京 : 大學書林	대구한의대학교	306p	회화류
			四個星期中國語 : 中國語四週間	東京 : 大學書林	대구가톨릭대학교	306p	회화류
		京都大學文學部 國語學國文學研究室	兒學編日語類解.漢語初步	東京 : 三星堂書店	강릉원주대학교	1책	회화류
		古屋二夫	簡明中國語解析	東京 : 江南書院	성균관대학교 중앙학술정보관	3 冊	어법류
		宮島吉敏 ; 鐘ケ江信光 共著	中國語四週間	東京 : 大學書林	성균관대학교 중앙학술정보관	306p	회화류
		大原信一, 伊地智善經 共著	中國語法現文型	東京 : 江南書院	성균관대학교 중앙학술정보관	201p	어법류
		大塚恒雄	中國語文法入門	東京 : 邦光書房	한국외국어대학교 서울캠퍼스 도서관	297p	어법류
	1956	大阪市立大學 中國語學研究室	中國發音小字典	東京 : 江南書院	성균관대학교 중앙학술정보관	222p	사전류
		大阪市立大學中國語學 研究室	中國發音小字典	東京 : 江南書院	국민대학교 성곡도서관	222p	사전류
			中國常用字典	東京 : 江南書院	국민대학교 성곡도서관	141p	사전류
		呂叔湘 ; 大原信一, 伊地智善經 共譯	中國語法學習	東京 : 江南書院	성균관대학교 중앙학술정보관	200p	어법류
		미상	中國語學習雙書	東京 : 江南書院	국민대학교 성곡도서관		총서- 종합서
		実藤惠秀	あたらしい中國語の學習	東京 : 日本評論新社	성균관대학교 중앙학술정보관	201p	회화류

국가	발행/ 필사연도	저자	도서명	출판사	소장도서관	형태 사항	도서 유형
		鈴木直治, 望月八十吉, 山岸共 共著	中國語常用虛詞辭典	東京：江南書院	성균관대학교 중앙학술정보관	160p	사전류
		鈴木直治, 望月八十吉, 山岸共 共著	中國語常用虛詞辭典	東京：江南書院	한국외국어대학교 서울캠퍼스 도서관	160p	사전류
		有田忠弘	簡明中國語作文	東京：江南書院	성균관대학교 중앙학술정보관	107p	작문류
					한국외국어대학교 서울캠퍼스 도서관	107p	작문류
		尹昐重	中國語四週間	서울：大東社	단국대학교 천안캠	478p	회화류
					단국대학교 퇴계기념 중앙도서관죽전	478p	회화류
				서울： 大東社	광주교육대학교	478p	회화류
		尹昐重 著	中國語四週間	서울：大東社	침례신학대학교	478p	회화류
		丁秀山, 香坂順一, 柴垣芳太郎 共著	中國語會話入門： 小苹の學習	東京：江南書院	영남대학교	159, 13 p	회화류
		中國科學院 言語研究所 編；實藤惠芳, 北浦藤郎 共譯	中國語文法講話	東京：江南書院	경북대학교	325p	어법류
		中國科學院語言研究所 編；實藤惠秀, 北浦藤郎 共譯	中國語文法講話	東京：江南書院	성균관대학교 중앙학술정보관	325p	어법류
		中國科學院言語研究所 編； 實藤惠秀；北浦藤郎 [共]譯	中國語文法講話	東京：江南書院	계명대학교	325p	어법류
		中國科學院言語研究所 編；實藤惠秀, 北浦藤郎 共譯	中國語文法講話	東京：江南書院	한국외국어대학교 서울캠퍼스 도서관	iv, 341p	어법류
		中國語研究會	中國語四週間	서울：大東社	국민대학교 성곡도서관	478p	회화류
		中國語學習雙書 編集委員會	現代中國語作文	東京：江南書院	성균관대학교 중앙학술정보관	137p	작문류
		中國語學習雙書 編輯委員會 編	現代中國語の發音	東京：江南書院	영남대학교	3, 66, 11p	음운류
			現代中國語初級讀本	東京：江南書院	영남대학교	133, 19p	총서- 종합서

국가	발행/ 필사연도	저자	도서명	출판사	소장도서관	형태 사항	도서 유형
		中國語學習雙書 編集委員會 編	現代中國語中級讀本	東京：江南書院	영남대학교	127, 16p	총서- 종합서
		香坂順一	簡明中國語文法	東京：江南書院	성균관대학교 중앙학술정보관	188p	어법류
			簡明中國語文法	東京：江南書院	한국외국어대학교 서울캠퍼스 도서관	188p	어법류
			初級中國語文法	東京：五月書房	한국외국어대학교 서울캠퍼스 도서관	276p	어법류
			中國語四周間：舞師自修	서울：大東社	연세대학교 중앙도서관	478	회화류
		水世姮, 中山時子 編	生活與會話： 趣味と生活の中國語會話學 習書	東京： 書籍文物流通會	계명대학교	144, 10p	회화류
		呂叔湘 著；大原信一, 伊地智善繼 譯	中國語法學習	東京：江南書院	계명대학교	200p	어법류
		志賀正年, 小林武三, 太田辰夫 共著	現代中國語作文	東京：江南書院	한국외국어대학교 서울캠퍼스 도서관	iv, 137p	작문류
		俞敏；牛島德次 譯	現代漢語語法縮編	東京：江南書院	서울대학교 중앙도서관 단행본자료실	101, 6p	어법류
			現代漢語語法縮編	東京：江南書院	성균관대학교 중앙학술정보관	101p	어법류
	1957	太田辰夫	現代中國語入門	東京：江南書院	성균관대학교 중앙학술정보관	93, 14, 6p	어법류
		宮島吉敏；失野藤助 共著	中國語辭典	東京：酒井書店	한양대학교 백남학술정보관	75, 1007p	사전류
		宮越健太郎	中國語教科書	東京：第三書房	전북대학교	122p	회화류
		金子二郎	中國語のはなし方.下卷,初 級中國語讀本	東京：江南書院	국도관	197p	회화류
			初級中國語讀本： 中國語のはなし方.上卷	東京：江南書院	국도관	154p	회화류
		金子二郎	中國語のはなし方	東京：江南書院	건국대학교 상허기념도서관	197, 23, 6p	회화류
		金子二郎	初級中國語讀本： 中國語のはなし方	東京：江南書院	성균관대학교 중앙학술정보관	2冊 (154+197)	회화류

국가	발행/ 필사연도	저자	도서명	출판사	소장도서관	형태 사항	도서 유형
		藤堂明保	中國語音韻論	東京 : 江南書院	건국대학교 상허기념도서관	358p	음운류
					고려대학교 세종캠	358p	음운류
					국민대학교 성곡도서관	358p	음운류
					단국대학교 천안캠	358p	음운류
					부산교육대학교	358p	음운류
					성균관대학교 중앙학술정보관	358p	음운류
					중앙대학교 서울캠퍼스 중앙도서관	358p	음운류
					충남대학교	358p	음운류
					한국외국어대학교 서울캠퍼스 도서관	358p	음운류
					단국대학교 퇴계기념 중앙도서관죽전	358p	음운류
		藤堂明保	中國語音韻論	東京 : 江南書院	계명대학교	358p	음운류
					고려대학교	358p	음운류
					대구가톨릭대학교	358p	음운류
		藤堂明保	中國語音韻論	東京 : 江南書院	영남대학교	358p	음운류
		楊秩華, 坂本一郎 共著	現代中國語會話	東京 : 江南書店	성균관대학교 중앙학술정보관	4, 106p	회화류
		王育德	臺灣語常用語彙	東京 : 永和語學社	경북대학교	475p	어휘집
		李元植	中國語解釋	서울 : 同學社	광주교육대학교	186p	종합서
					국도관	186p	종합서
					국민대학교 성곡도서관	186p	종합서
					동국대학교 중앙도서관	186p	종합서
					부경대학교	186p	종합서
					서울대학교 중앙도서관 수원보존도서관	186p	종합서
					전남대학교	186p	종합서
					전북대학교	186p	종합서

국가	발행/ 필사연도	저자	도서명	출판사	소장도서관	형태 사항	도서 유형
			中國語解釋 : 中國語教材	서울 : 同學社	건국대학교 상허기념도서관	186p	종합서
					성균관대학교 중앙학술정보관	186p	종합서
			中國語解釋 : 中國語教材	서울 : 同學社	충남대학교	186p	종합서
		李元植	中國語解釋	서울 : 同學社	충북대학교	186p	종합서
			中國語解釋 : 中國語教材	서울 : 同學社	영남대학교	176p	종합서
		李元植 編	中國語解釋	서울 : 同學社	청주대학교	186p	종합서
		李原植 編	中國語解釋	서울 : 同學社	대구가톨릭대학교	186p	종합서
		伊地智善繼; 십本春彦[共著]	現代中國語の發音	東京 : 江南書院	계명대학교	3, 66, 11p	음운류
		長谷川寬	中國語作文入門	東京 : 江南書院	국도관	123p	작문류
					성균관대학교 중앙학술정보관	123, 6p	작문류
		鍾ケ江信光	初級中國語會話讀本	東京 : 江南書院	성균관대학교 중앙학술정보관	121p	회화류
		鐘ケ江信光	白水社中國語講座	東京 : 白水社	성균관대학교 중앙학술정보관	冊	회화류
		中國語研究會 編	新しい中國語單語	東京 : 江南書院	경북대학교	236p	어휘류
			實用中國語, 1 : 發音と解釋	東京 : 江南書院	경북대학교	154p	음운류
			中國語槪論	東京 : 江南書院	경북대학교	138p	어법류
			中國語研究史	東京 : 江南書院	경북대학교	180p	어법류
			中國語研究資料	東京 : 江南書院	경북대학교	77, 2p	어법류
			實用中國語, 2 : 會話と手紙・挨拶	東京 : 江南書院	경북대학교	154p	회화류
		中國語友の會	やさしい中國語	東京 : 江南書院	성균관대학교 중앙학술정보관	1冊	종합서
			やさしい中國語 : 中國語とは發音のしかた.1	東京 : 江南書院	국도관	2, 90, 6p	종합서
			新しい中國語單語	東京 : 江南書院	국민대학교 성곡도서관	236p	어휘류
			實用中國語 : 發音と解釋	東京 : 江南書院	전남대학교	189p	음운류

국가	발행/ 필사연도	저자	도서명	출판사	소장도서관	형태 사항	도서 유형
		中國語學研究會	中國語槪論	東京 : 江南書院	국도관	138p	어법류
					서울대학교 중앙도서관 단행본자료실	138, 2p	어법류
					성균관대학교 중앙학술정보관	138p	어법류
			中國語比較研究	東京 : 江南書院	국민대학교 성곡도서관	154p	어법류
					서울대학교 학과 및 연구소 국어국문학과 외	154, 2p	어법류
					성균관대학교 중앙학술정보관	154p	어법류
					전남대학교	154p	어법류
					단국대학교 퇴계기념 중앙도서관죽전	154p	어법류
			中國語研究史	東京 : 江南書院	국민대학교 성곡도서관	180p	어법류
					서울대학교 중앙도서관 단행본자료실	180, 2p	어법류
					중앙대학교 서울캠퍼스 중앙도서관	180p	어법류
			中國語學事典	東京 : 江南書院	국민대학교 성곡도서관	1129p	사전류
					한국외국어대학교 서울캠퍼스 도서관	6冊	사전류
			實用中國語I : 發音と解釋	東京 : 江南書院	국민대학교 성곡도서관	189p	음운류
			實用中國語II會話と手紙· 挨拶	東京 : 江南書院	국민대학교 성곡도서관	154p	회화류
		中國語學研究會	中國語槪論	東京 : 江南書院	국민대학교 성곡도서관	138p	어법류
		中國語學研究會 編	新しい中國語單語	東京 : 江南書院	계명대학교	236p	어휘류
			中國語比較研究	東京 : 江南書院	단국대학교 천안캠	154p	어법류
		中國語學研究會 編	中國語槪論	東京 : 江南書院	영남대학교	138p	어법류
			中國語比較研究	東京 : 江南書院	영남대학교	154p	어법류
			中國語研究史	東京 : 江南書院	영남대학교	180p	어법류
			實用中國語 1 : 發音と解釋	東京 : 江南書院	영남대학교	189p	음운류

국가	발행/ 필사연도	저자	도서명	출판사	소장도서관	형태 사항	도서 유형
			實用中國語 2: 會話と手紙·挨拶	東京 : 江南書院	영남대학교	154p	회화류
			實用中國語 Ⅱ: 會話と手紙·挨拶	東京 : 江南書院	영남대학교	154p	회화류
		中国語学研究会 編	実用中国語 Ⅰ : 発音と解釈	東京 : 江南書院,	영남대학교	189p	음운류
		中國語學研究會 編	新しい中國語單語	東京 : 江南書院	영남대학교	236p	어휘류
		中局語學研究會 編	中國語研究資料	東京 : 江南書院	영남대학교	77, 2p	어법류
		太田辰夫	中國歷代國語文中國歷代 口語文을 잘못 표기한 듯	東京 : 江南書院	성균관대학교 중앙학술정보관	155p	회화류
		中國語友の會 編	やさしい中國語 1: 中國語とは.發音のしかた	東京 : 江南書院	영남대학교	2, 90, 6 p	종합서
			やさしい中國語 2 : Ⅲ讀本	東京 : 江南書院	영남대학교	129, 6 p	종합서
			やさしい中國語 3	東京 : 江南書院	영남대학교	2, 2, 170, 6p	종합서
		노태준 ; 韓昌洙 共著	中國語正則入門 : 發音敎本	서울 : 韓國敎授協會	경기대학교서울 금화도서관	142p	회화류
	1958	ジヤパン. タイムズ社 編	日本語中心六カ國語辭典 : 日.英.獨.佛.露.中國語	東京 : 原書房	고려대학교	678p	사전류
		宮島吉敏	中國語四週間	東京 : 大學書林	영산대학교	306p	회화류
		宮島吉敏 ; 失野藤助 共著	中國語辭典	東京 : 酒井書店	동국대학교 경주캠퍼스 도서관	1책	사전류
		宮越健太郎 ; 杉武夫	中國語敎科書 : 會話篇	東京 : 第三書房	국도관	24p	회화류
		藤堂明保	中國語語源漫筆	東京 : 大學書林	한국외국어대학교 서울캠퍼스 도서관	148p	어법류
		山田孝雄	國語の中に於ける漢語の研 究	東京 : 寶文館	영남대학교	504, 39p	미분류
				東京 : 寶文館出版	선문대학교	504p	미분류
			國語の中に於ける漢語の研 究訂正版	東京 : 寶文館	고려대학교	504p	미분류
		矢野藤助	實用中國語會話	東京 : 大學書林	성균관대학교 중앙학술정보관	162p	회화류
		井上翠	井上中國語新辭典	東京 : 江南書院	성균관대학교 중앙학술정보관	1111p	사전류

국가	발행/ 필사연도	저자	도서명	출판사	소장도서관	형태 사항	도서 유형
		中國語研究會	中國語첫걸음	서울：大東社	경기대학교 금화도서관	478p	회화류
					경기대학교서울 금화도서관	478p	회화류
				서울：대동사	진주교육대학교	1책	회화류
			中國語첫걸음： 初步부터會話까지	서울：大東社	한국외국어대학교 서울캠퍼스 도서관	478p	회화류
					단국대학교 퇴계기념 중앙도서관죽전	478p	회화류
		中國語研究會 編	中國語첫걸음： 初步부터會話까지	서울：大東社	단국대학교 천안캠	478p	회화류
		中國語學研究會	中國語學事典	東京：江南書院	성균관대학교 중앙학술정보관	1129p	사전류
					전남대학교	1128p	사전류
					한국외국어대학교 서울캠퍼스 도서관	xxiii, 1129p	사전류
			中国語学事典	東京：江南書院	성균관대학교 중앙학술정보관	1129p	사전류
		中国語学研究会	中国語学事典	東京：江南書院	연세대학교 중앙도서관	1129p	사전류
		中國語學研究會 編	中國語學事典	東京：江京書院	고려대학교	1129p	사전류
		倉石武四朗	中國語初級敎本： ラテン化新文字による	東京：岩波書店	한국외국어대학교 서울캠퍼스 도서관	iii, 174p	회화류
		倉石武四郎	ロ-マ字中國語：初級	東京：岩波書店	경상대학교	85p	회화류
		太田辰夫	中國語歷史文法	東京：江南書院	명지대학교 인문도서관	439p	어법류
					충남대학교	439p	어법류
					한국외국어대학교 서울캠퍼스 도서관	ix, 439p	어법류
		宮島吉敏；失野藤助 [共著]	中國語辭典	東京：酒井書店	동국대학교경주	1책	사전류
		宮島吉敏, 鐘江信光	中國語四週間： 四個星期中國語	東京：大學書林	조선대학교	306p	회화류
		尹旿重 著； 中國語研究會	中國語첫걸음： 初步부터會話까지	서울：大東社	조선대학교	478p	회화류

국가	발행/ 필사연도	저자	도서명	출판사	소장도서관	형태 사항	도서 유형
	1959	Japan Times 편집국	日英華語辭典	東京 : 原書房	국민대학교 성곡도서관	356p	사전류
			日英華語辭典 : 英語索引付	東京 : 原書房	단국대학교 퇴계기념 중앙도서관죽전	356p	사전류
		宮島吉敏	中國語四週間	東京 : 大學書林	중앙대학교 서울캠퍼스 중앙도서관	306p	회화류
		서도함남	淸語敎科書	大阪 : 大阪石塚書鋪	건국대학교 상허기념도서관	408p	회화류
		윤병찬 저	중국어자습독본.상	평양 : 국립 문학 예술 서적 출판사	인하대학교 중앙도서관	428p	회화류
		車哲南	中國語發音의理論과實際油 印本	[발행지불명] : [발행자불명]	고려대학교	82p	음운류
		神谷衡平, 有馬健之助 共著	新法支那語敎本.第1卷	東京 : 文求堂	고려대학교 세종캠	179p	종합서
					고려대학교	179p	종합서
		Japan Times (ジャパン・タイムズ社)	日英華語辭典 : 英語索引付	東京 : 原書房	단국대학교 천안캠	356p	사전류
	1960	?	중국어テキスト	東京 : 光生館	단국대학교 천안캠	38p	회화류
			中國語テキスト	東京 : 光生館	단국대학교 율곡기념 중앙도서관천안	38p	회화류
		宮島吉敏 ; 矢野藤助	中國語辭典	東京 : 酒井書店	전남대학교	1007p	사전류
		宮島吉敏 ; 矢野藤助 共著	中國語辭典	東京 : 酒井書店	성균관대학교 중앙학술정보관	1007p	사전류
		北京大學外國留學生中 國語文專修班 編	中國語敎科書上	東京 : 光生館	고려대학교	330p	미분류
		北京大學外國留學生中 國語文專修班 編.	中國語敎科書下	東京 : 光生館	고려대학교	355p	미분류
		北京語言學院	中國語敎科書	東京 : 光生館	경북대학교	2v. : ill.	미분류
		北京言語學院 編	中國語敎科書上卷	東京 : 光生館	평택대학교 중앙도서관	330p	미분류
			中國語敎科書下卷	東京 : 光生館	평택대학교 중앙도서관	355p	미분류
		李元植	中國語解釋 : 中國語敎材	서울 : 同學社	영남대학교	186p	종합서
		伊地智善繼	新しい中國語敎本	東京 : 光生館	연세대학교 중앙도서관	84p	종합서
			新しい中國語敎本 : 改訂增補基礎編	東京 : 光生館	국도관	84p	종합서

국가	발행/ 필사연도	저자	도서명	출판사	소장도서관	형태 사항	도서 유형
			新しい中國語教本: 文法・作文篇	東京:光生館	국도관	95p	종합서
		鍾ケ江信光	中國語辭典	東京:大學書林	건국대학교 상허기념도서관	1157p	사전류
					경희대학교 중앙도서관	1157p	사전류
					국도관	1157p	사전류
					서울대학교 사범대교육정보도서관 단행본서가	viii, 1157p	사전류
					한국외국어대학교 서울캠퍼스 도서관	viii, 1155p	사전류
						viii, 1157p	사전류
					단국대학교 퇴계기념 중앙도서관죽전	viii, 1157p	사전류
		鐘ケ江信光	白水社中國語講座	東京:白水社	한국외국어대학교 서울캠퍼스 도서관	3冊	회화류
			中國語辭典	東京:大學書林	성균관대학교 중앙학술정보관	1157p	사전류
					연세대학교 중앙도서관	1157p	사전류
					전남대학교	1157p	사전류
					조선대학교	1157p	사전류
					한양대학교 백남학술정보관	viii, 1157p	사전류
		鍾ケ江信光	中國語辭典	東京:大學書林	단국대학교 천안캠	1157p	사전류
			中國語辭典:大學書林	東京:大學書林	영남대학교	1157p	사전류
		鐘ケ江信光	中國語講座	東京:白水社	경북대학교	2v.	회화류
		倉石武四郎	ロ-マ字中國語初級	東京:岩波書店	성균관대학교 중앙학술정보관	85p	회화류
		劉曉民	日本語中國語慣用語法辭 典/見開き對照式: 日漢慣用句型例解辭典	東京: 日本實業出版社	서울여자대학교 중앙도서관	27, 445, 24p	어법류
		光生館編輯部	注音中國語テキスト	東京:光生館	경상대학교	94p	미분류

국가	발행/ 필사연도	저자	도서명	출판사	소장도서관	형태 사항	도서 유형
	1963	高橋君平	漢語形體文法論	東京 : 大安	연세대학교 중앙도서관	637p	어법류
	1969	山本謙吾	滿洲語口語基礎語彙集	東京 : 東京外國語大學	연세대학교 중앙도서관	234p	사전류
	1.9E+ 07	倉石武四郎	支那語讀本.卷1,2	東京 : 弘文堂書房	국도관	2책	독해류
	19--	倉石武四郎 編	倉石中等支那語	東京 : 中等學校教科書	충남대학교	冊	회화류
	1920 추정	李泂鎔	支那語日用單語講義案	油印版	장서각	1冊16張	회화류
	1929- 1930	杉武夫	最新支那語講座.第1-6卷	東京 : 文求堂書店	서울대학교 중앙도서관 고문헌자료실	6v	종합서
	1933-	?	支那語	東京 : 外語學院出版部	영남대학교	?	회화류 간행물
	1934- 1936	宮越健太郎 著, 岩波武雄 編輯	東洋言語の系統 : 支那語の系統	東京 : 岩波書店	충남대학교	冊	미분류
	1935/ 1940	石山福治 編著	最新支那語大辭典	東京 : 第一書房	고려대학교	1746, 26, 20p	사전류
	1937- 1938	奈良和夫	支那語教科書	東京 : 第一書院	서울대학교 학과 및 연구소 중어중문학과 외	2-3卷 2冊零本	회화류
	1938/ 1940	倉石武四郎	支那語飜譯篇.卷1,2	東京 : 弘文堂書房	국도관	2책	회화류
	1938/ 1941	宮原民平, 土屋明治	初等支那語教科書	東京 : 東京開成館	연세대학교 열운문고	111p	회화류
	1938- 1940	倉石武四郎	支那語讀本	東京 : 弘文堂書房	경북대학교	2v	독해류
	1938- 1940	倉石武四郎	支那語讀本.卷1-2	東京 : 弘文堂書房	서울대학교 중앙도서관 고문헌자료실	2v	독해류
		宮越健太郎, 淸水元助,杉武夫 共著	最新支那語教科書 : 時文篇, 會話篇	東京 : 外語學院出版部	단국대학교 천안캠	2冊	독해회 화류
	1939/ 1941	藤木敦實, 麻喜正吾 共著	標準支那語會話教科書	東京 : 光生館	고려대학교	上卷. 基礎編 ii, 108p. --下卷. 應用編 2,4,85,7 p	회화류

국가	발행/ 필사연도	저자	도서명	출판사	소장도서관	형태 사항	도서 유형
	1954/ 1971	宮島吉敏, 鍾ケ江信光 共著	中國語四週間第3改訂版	東京：大學書林	고려대학교	306p	회화류
	1954- 1957	鍾ケ江信光	白水社中國語講座	東京：白水社	경북대학교	2v.	회화류
	1959- 1960	伊地智善繼 等編	新しい中國語教本	東京：光生館	성균관대학교 중앙학술정보관	4冊	종합서
	1960/ 1966	伊地智善繼, 香坂順一, 大原信一, 太田辰夫, 鳥居久靖 共著	新しい中國語教本 2： 文法・作文篇	東京：光生館	고려대학교	95p	종합서
	1960/ 1967	光生館編集部 編	中國語テキスト： 文字改革出版社版複製	東京：光生館	고려대학교	94p	미분류
		金元明	中華正音	필사본	연세대학교 열운문고		회화류
		미상	官話指南	필사본	부산대학교	72장	회화류
			中華正音	필사본	장서각	1卷 1冊	회화류
		石山福治	支那現在事情	正則支那語學會	연세대학교 열운문고	264p	미분류
			普通支那語講義	正則支那語學會	연세대학교 열운문고	228p	회화류
	미상	張志暎	中國語字典	필사본	연세대학교 열운문고	2책	사전류
			中華官話自修卷2	필사본	연세대학교 열운문고	150p	회화류
		宮越健太郎, 杉武夫	模範滿支官話教程： 敎授用備考書	東京： 外語学院出版部	연세대학교 열운문고	209	회화류
		岡本正文, 宮嶋吉敏, 佐藤留雄	支那語法規/支那語分解講 義/北京官話聲音異同辯	正則支那語學會	연세대학교 열운문고		종합서
	1954 1961	長谷川寬	中國語作文	東京：白水社	고려대학교	301p	작문류
	1917c 1903	御幡雅文	華語跬步	東京：文求堂書店	동국대학교 중앙도서관	6, 2, 4, 352p	회화류
중국	1898	狄考文	官話類編	上海：美華書館	연세대학교 열운문고	160p	회화류
	1924	飯河道雄	官話指南自修書： 應對須知篇/使令通話篇	大連：大阪室號書店	국도관	194p	회화류
		金堂文雄	白話體支那語の手紙	上海：至誠堂	부산대학교	399p	기타
	1926	飯河研究室	官話指南自修書： 官話問答篇	大連：大阪室號書店	국도관	170p	회화류

국가	발행/ 필사연도	저자	도서명	출판사	소장도서관	형태 사항	도서 유형
		中谷鹿二	日支合辯語から正しき支那 語へ	大連：滿書堂	국도관	169p	종합서
	1927	傅培蔭	傅氏華語教科書	大連：傅培蔭	국도관	81p	회화류
	1928	秩父固太郎	簡易支那語會話篇： 注音對譯	大連：大阪屋號店	고려대학교	217p	회화류
	1930	飯河道雄	支那語速成講座	大連：東方文化會	국도관	761p	회화류
			支那語速成講座.續	大連：東方文化會	국도관	761p	회화류
		中谷鹿二	日本語から支那語への道	大連：大阪屋號	국도관	578p	어휘집
	1936	秩父固太郎	簡易支那語會話篇	大連：大阪屋號書店	계명대학교	216p	회화류
	1941	植松金枝；鮫島宗範	速成支那語全	大連：滿洲書籍	부산대학교	135p	회화류
		秩父固太郎	簡易支那語會話篇： 主音對譯	大連：大阪屋號書店	영남대학교	216p	회화류
	1944	華北交通株式會社	標準華語教本	北京： 華北交通株式會社	부산대학교	142p	회화류
한국	1864	미상	華語類抄	금속활자본	국도관	60장	어휘집
	1883	李應憲	華音啓蒙		국도관	2卷1冊	회화류
		李應憲 編	華音啓蒙全史字	미상	고려대학교	2卷1冊	회화류
	1908	元泳義, 李起馨	초등작문법	경성：광동서방	가톨릭관동대학교	55p	작문류
	1913	高永完	高等官話華語精選	京城：普書館	경상대학교	288p	회화류
				경성：普書館	국도관	288p	회화류
		柳廷烈	獨習漢語指南	京城：光東書局	연세대학교 중앙도서관	316p	회화류
		柳廷烈	獨習漢語指南	京城：光東書局： 唯一書館	서원대학교	316p	회화류
		柳廷烈	獨習漢語指南	京城：光東書局： 唯一書館	이화여자대학교 중앙도서관	316p	회화류
	1915	李起馨	官話華語教範	京城：普昌書館	국도관	180p	회화류
					서원대학교	180p	회화류
				京城：普昌書館	고려대학교	180p	회화류
		李起馨	官話華語教範	京城：普昌書館	고려대학교	180p	회화류
	1916	宋憲奭	速修漢語自通	京城：漢城書館	연세대학교 열운문고	142p	회화류
	1917	柳廷烈	修正獨習漢語指南	京城：惟一書館	연세대학교 열운문고	317p	회화류

국가	발행/ 필사연도	저자	도서명	출판사	소장도서관	형태 사항	도서 유형
	1918	宋憲奭	速修漢語自通全	京城：唯一書館： 漢城書館	이화여자대학교 중앙도서관	142p	회화류
		柳廷烈	修正獨習漢語指南鉛印	京城：惟一書館	고려대학교	1冊	회화류
		李起馨	官話華語新編	京城：東洋書院	국도관	192p	회화류
	1921	宋憲奭	自習完璧支那語集成	京城：德興書林	연세대학교 중앙도서관	371p	회화류
					전남대학교	371p	회화류
			自習完璧支那語集成	京城：德興書林	연세대학교 열운문고	371p	회화류
		宋憲奭	自習完璧支那語集成	京城：德興書林	고려대학교	371p	회화류
	1922	宋憲奭	速修漢語自通	京城：博文書館	고려대학교	142p	회화류
	1924	宋憲奭	漢語獨學	京城：廣益書館	원광대학교	109p	회화류
	1926	宋憲奭	漢語獨學,全	京城：廣益書館	이화여자대학교 중앙도서관	2, 6, 109p	회화류
	1931	金東淳	滿洲語問答會話集	京城：實生活社	경북대학교	154p	회화류
		柳廷烈	官話速成篇	京城：淸進書館	서울시립대학교 도서관	244p	회화류
		戶川芳郎	中國語	서울：東洋文化社	부산대학교	?	회화류
	1932	宋憲奭	自習完璧支那語集成	京城：德興書林	동국대학교경주	371p	회화류
		宋憲奭	自習完璧支那語集成	서울：德興書林	동국대학교 경주캠퍼스 도서관	371p	회화류
	1933	校閱者：宋憲奭	五個月速成中國語自通	京城：德興書林	연세대학교 중앙도서관	164p	회화류
		王小林	滿洲語無師自通	京城：新滿蒙社	경상대학교	1冊	회화류
		張志暎	滿州語講座	京城：朝鮮放送協會	연세대학교 열운문고	50p	회화류
	1934	樂韶鳳	洪武正音	서울：亞世亞文化社	공주교육대학교	940p	음운류
		文世榮	速修滿洲語自通	京城：以文堂	서원대학교	474p	회화류
		永昌書館	無先生速修中國語自通	京城：永昌書館	국도관	131p	회화류
		李春一	滿洲語速成會話講義錄合本	京城：新滿蒙社	국도관	1책	회화류
	1935	金東淳	滿洲語問答會話集	京城：實生活社	국도관	154p	회화류
		李春一	滿洲語速成會話講義錄	京城：新滿蒙社	고려대학교	300p	회화류
			無師速修滿洲語大王	京城：新滿蒙社	국도관	4, 150, 16p	회화류
		金東淳 著述；曲俊卿 校閱	實用官話滿洲語問答會話集	京城：實生活社	고려대학교	154p	회화류

국가	발행/ 필사연도	저자	도서명	출판사	소장도서관	형태 사항	도서 유형
	1937	吉野美彌雄	滿洲語基礎	大阪：甲文堂書店	한일장신대학교	286p	회화류
		文世榮	速修滿洲語自通	서울：中國語研究會	영산대학교	474p	회화류
				京城：以文堂	충남대학교	474p	회화류
		李命七	滿音華音新字典	서울：三文堂	한국해양대학교	704p	사전류
	1938	姜義永	支那語大海：北京官話	京城：永昌書館	성균관대학교 중앙학술정보관	313p	회화류
		金敬琢 著；劉作舟 校閱	現代支那語公式會話	서울(京城)： 聚英庵出版部	조선대학교	221p	회화류
		文世榮	官話中國語自通	京城：漢城圖書	국도관	361p	회화류
			速修滿洲語自通	서울：中國語研究會	건국대학교 상허기념도서관	474p	회화류
				京城：以文堂	국도관	474p	회화류
		土屋申一	支那語會話 上編	京城：日滿語學會	국회도서관	28p	회화류
	1939	金敬琢	中國語發音解釋	京城：聚英庵	연세대학교 중앙도서관	32p	음운류
		문세영	支那語大海	京城：永昌書館	영산선학대학교	313p	회화류
		宋憲奭	自習完璧支那語集成	京城：德興書林	서원대학교	371p	회화류
			支那語集成	서울：덕흥서림	선문대학교	371p	회화류
		宋憲奭	自習完璧支那語集成	서울：德興書林	서울대학교 학과 및 연구소 중어중문학과	371p	회화류
		靑嵐文世榮	支那語大海	東京：永昌書館	영남대학교	313p	회화류
		張志暎, 金用賢	高等中國語敎本	正音社	연세대학교 열운문고		회화류
		許도?	滿州語自通：日鮮滿最速成	京城：新興書館	연세대학교 중앙도서관	160p	회화류
	1940	金敬琢	中國語 第1輯	京城：聚英庵	연세대학교 열운문고	39p	회화류
			中國語 第2輯	京城：聚英庵出版部	서원대학교	46p	회화류
		陸軍士官學校	支那語學校程： 昭和15年版.乙,丙	神奈川縣座間： 陸軍士官學校	국도관	2책	회화류
		李相殷	最新華語敎科書/上·下	京城：발행자불명	서울대학교 중앙도서관 고문헌자료실	2冊	회화류
	1941	文世榮	官話中國語自通	京城： 漢城圖書株式會社	영남대학교	361p	회화류
			北京官話支那語大海	경성：永昌書館	경상대학교	313p	회화류

국가	발행/ 필사연도	저자	도서명	출판사	소장도서관	형태 사항	도서 유형
		文世榮	北京官話支那語大海一名 滿洲語	경성 : 永昌書館	목원대학교	313p	회화류
		李相殷	最新華語教科書 2	경성 : 東光堂書店	영남대학교	64, 15 p	회화류
		李相殷	最新華語教科書 1	경성 : 東光堂書店	영남대학교	71, 9, p	회화류
			最新華語教科書 下卷	京城 : 東光堂	고려대학교	64, 15 p	회화류
	1942	文世榮	無師速成目鮮滿洲語自通	경성 : 博文館	경상대학교	278p	회화류
				서울 : 博文館	건국대학교 상허기념도서관	278p	회화류
	1944	金松奎	內鮮滿最速成滿洲語自通	경성 : 광한서림	경북대학교	160p	회화류
					대구가톨릭대학교	160p	회화류
	1945	李永燮 編述 ; 邵樹洲中國 校閱	現代中國語獨學	경성 : 태화서관	대구가톨릭대학교	176p	회화류
	1946	王弼明	기초中國語	서울 : 三榮書館	광주대학교	242p	회화류
	1947	김득초	華語教本	서울 : 高麗出版社	서원대학교	66p	회화류
		表文化	蒙古語滿洲語教科書	서울 : 國學大學 國學研究會	경북대학교	131p	회화류
	1948	金泰明	中國語基礎讀本	서울 : 大潮出版文化社	국도관	96p	독해류
		尹炳喜	中國語教編	서울 : 乙酉文化社	서원대학교	98p	회화류
				서울 : 乙酉文化社	단국대학교 천안캠	98p	회화류
		尹炳喜	中國語教編	京城 : 乙酉文化社	계명대학교	1冊194p	회화류
		尹炳喜 著	中國語教編	서울 : 乙酉文化社	단국대학교 퇴계기념 중앙도서관죽전	2,2,98p	회화류
		尹永春	新編中國語教本	서울 : 同和出版社	울산대학교	80p	회화류
			新編中國語教本,卷1	京城 : 同和出版社	연세대학교 열운문고	80p	회화류
		尹永春	新編中國語教本	서울 : 同和出版社	한국교원대학교	80p	회화류
			新編中國語教本,卷1	서울 : 同和出版社	고려대학교	80p	회화류
	1949	金昌國	中國語教科書全	서울 : 石村書店	성균관대학교 중앙학술정보관	96, 15p	미분류
		尹永春	新編中國語教本,2卷	京城 : 同和出版社	연세대학교 열운문고	79p	회화류

국가	발행/ 필사연도	저자	도서명	출판사	소장도서관	형태 사항	도서 유형
			新編中國語敎本.卷三/尹永春著	서울:同和出版社	국도관	86p	회화류
		尹永春	新編中國語敎本.卷3	서울:同和出版社	고려대학교	86p	회화류
	1951	서울永和出版社編輯部	現代中國語獨學	서울:영화출판사	전남대학교	142p	회화류
		盧東善, 權浩淵	中國語 上	서울:장문사	전남대학교	280p	회화류
	1952	尹永春	新編中國語敎本.一卷	서울:鷄林社	단국대학교 천안캠	80p	회화류
		尹永春 著	新編中國語敎本	서울:鷄林社	단국대학교 율곡기념 중앙도서관천안	80p	회화류
	1953	東文社 編輯部	三十日速成中國語自通	서울:東文社	국도관	104p	회화류
		東文社編輯部	三十日速成中國語自通	서울:東文社	영산대학교	104p	회화류
		朴魯胎 著	中國語講座	서울: 一韓圖書出版社	경희대학교 중앙도서관	193p	회화류
	1954	共同文化社,김인성,姜權馨	現代中國語獨學	서울:共同文化社	서원대학교	142p	회화류
		共同文化社 編輯部	現代中國語獨學	서울:共同文化社	국도관	144p	회화류
		共同文化社 編輯部 編	現代中國語獨學	서울:共同文化社	고려대학교	142p	회화류
		공동문화사편집부	現代中國語獨學	서울:共同文化社	전북대학교	142p	회화류
		金寅性	現代中國語獨學	서울:共同文化社	대구대학교	142p	회화류
		東文社 編輯部 編	三十一速成中國語自通: 三十日速成	서울:東文社	경북대학교	104p	회화류
		동문사편집부	三十月速成中國語自通	서울:東文社	건국대학교 상허기념도서관	104p	회화류
	1955	서울大學校 文理科大學 中國語文學科 語文硏究會 編.	最新中國語敎科書.第1卷	서울:宇種社	고려대학교	136p	회화류
		서울大學校文理科大學 中國語文學科語文硏究會	最新中國語敎科書.第1卷	서울:宇鍾社	연세대학교 중앙도서관	136p	회화류
			最新中國語敎科書	서울:宇鍾社	성결대학교 학술정보관	136p	회화류
		서울大學校文理科大學中 國語文學科語文硏究會 編	最新中國語敎科書/第1卷	서울:宇鍾社	서울대학교 중앙도서관 수원보존도서관	136p	회화류
					한국외국어대학교 서울캠퍼스 도서관	ii, 136p	회화류

국가	발행/필사연도	저자	도서명	출판사	소장도서관	형태사항	도서유형
		宇鍾社	最新中國語敎科書 第1卷：初級用	서울：宇鍾社	국도관	136p	회화류
		金卿, 遜雲	中國語基礎完成	서울：豊國學園	전남대학교	206p	회화류
		遜雲, 金卿	中國語基礎完成	서울：豊國學園	국도관	206p	회화류
		遜雲, 金鄕	中國語基礎完成	서울：豊國學園	경희대학교 중앙도서관	206p	회화류
		閔泳珪, 延禧大學校出版部	韓漢淸文鑑	서울：延禧大學校出版部	목원대학교	471p	사전류
			中國語講座	서울：一韓圖書出版社	광주교육대학교	193p	회화류
				서울：一韓圖書	대구가톨릭대학교	193p	회화류
			初級中國語講座	서울：一韓圖書出版社	단국대학교 천안캠	193p	어법류
		朴魯胎		서울：一韓圖書	전남대학교	193p	회화류
			中國語講座：初級篇	서울：韓圖出版社	충북대학교	193p	회화류
				서울：一韓圖書出版社	충남대학교	193p	회화류
	1956	朴魯胎 著	初級中國語講座	서울：一韓圖書出版社	서울시립대학교 도서관	193p	어법류
					단국대학교 퇴계기념 중앙도서관죽전	193p	어법류
		遜雲, 金鄕 共著	敎材中國語基礎完成	서울：豊國學園	이화여자대학교 중앙도서관	206p	회화류
		尹旿重	無師自習中國語四週間	서울：大東社	국도관	478p	회화류
		中國語研究會	無師自習短紀速成中國語四週間	서울：大東社	서울시립대학교 도서관	478p	회화류
		車哲男	中國語基礎構文論	[발행지불명]：[발행자불명]	고려대학교	87p	어법류
		車相轅, 金正祿, 車柱環	高等學敎外國語科中國語讀本.第一-三學年用/車相轅	서울：宇鍾社	국도관	123, 102, 99p	독해류
		尹旿重 著；中國語研究會 編	無師自習短期速成中國語四週間	서울：大東社	경북대학교	478p	회화류
					한남대학교	478p	회화류

국가	발행/ 필사연도	저자	도서명	출판사	소장도서관	형태 사항	도서 유형
	1957	李元植	中國語解釋 : 中國語敎材	서울 : 同學社	고려대학교	186p	종합서
		張志暎 · 金用賢	中國語	서울 : 正音社	연세대학교 열운문고	?	회화류
			中國語. 第一卷 / 金用賢	서울 : 正音社	국도관	101,13p	회화류
	1958	姜槿馨	現代中國語獨學	서울 : 永和出版社	대구가톨릭대학교	142p	회화류
					충북대학교	142p	회화류
		永和出版社 編輯部	現代中國語獨學	서울 : 永和出版社	경성대학교	142p	회화류
		尹旿重	初步부터會話까지中國語첫 걸음	서울 : 大東社	국도관	478p	회화류
				서울 : 大東社	경상대학교	478p	회화류
		張志暎 · 金用賢	中國語	서울 : 正音社	삼육대학교 중앙도서관	?	회화류
		中國語研究會	初步부터會話까지中國語첫 걸음	서울 : 大東社	건국대학교 상허기념도서관	478p	회화류
	1959	慶北大學校大學院 國語國文學研究室 [編].	朴通事 上	대구 : 慶北大學校大學院 國語國文學研究室	대구한의대학교	152p	회화류
		李起馨	官話華語敎範	京城 : 普昌書館	영산선학대학교	180p	회화류
	1960	육군사관학교	중국어교본	서울 : 육군사관학교	경희대학교 중앙도서관	317p	미분류
				서울 : 육군사관학교	영남대학교	317p	미분류
		中國語學會	綜合中國語	서울 : 新雅社	국도관	364p	종합서
		中國語學會 編	綜合中國語	서울 : 新雅社	강남대학교 중앙도서관	364p	종합서
					경북대학교	364p	종합서
					서울대학교 학과 및 연구소 중어중문학과	12,364p	종합서
					인천대학교 학산도서관	364p	종합서
					포항공과대학교	364p	종합서
		해군사관학교	중국어교본	鎭海 : 海軍士官學校	서울대학교 중앙도서관 단행본자료실	178p	미분류
	1961	中國語學會	綜合中國語	서울 : 新雅社	연세대학교 중앙도서관	364p	종합서
	1969	朴恩用	滿洲語文語研究,1	大邱 : 螢雪出版社	연세대학교 중앙도서관	178p	미분류
	1956- 1959	車柱環, 金正祿, 車相轅	중국어 1,2	서울 : 우종사	이화여자대학교 중앙도서관	1책	종합서

국가	발행/ 필사연도	저자	도서명	출판사	소장도서관	형태 사항	도서 유형
	1957- 1958	張志暎·金用賢	중국어.1~3	서울: 正音社	이화여자대학교 중앙도서관	1책	회화류
	1863- 1907	李應憲	華音啓蒙諺解	미상	국도관	2卷1冊	회화류
	1917 추정	張志暎	漢語字彙	필사본	연세대학교 열운문고	1책	사전류
	1921/ 1939	宋憲奭	支那語集成: 自習完璧	京城: 德興書林	영남대학교	371p	회화류
	195?	金永淵	中國語讀本	서울: 조선대학교	조선대학교	114p	미분류
	1957/ 1958	小溪學人 編	語源資料集成.上,中,下	미상	충남대학교	3冊	기타류
	刊寫 年未 詳	編者未詳	華語類抄	[刊寫地未詳]: [刊寫者未詳]	충남대학교	1卷1冊	어휘집
	高宗 年刊	李應憲朝鮮	華音啓蒙諺解.卷上,下	미상	충남대학교	2卷1冊	회화류
미상		미상	華語類抄	필사본	부산대학교	60장	어휘집
					장서각	1冊61張	어휘집
			華語類抄		국도관	60장	어휘집
			華音啓蒙諺解	全史字	부산대학교	75장	회화류
		李應憲	華音啓蒙	活字本	부산대학교	2卷1冊	회화류
		李滉朝鮮 編; 柳希春 編; 鄭瀁 編.	語錄解	미상	충남대학교	1冊 58p	어휘집
		尹泰駿朝鮮	華音啓蒙諺解	목판본	연세대학교 중앙도서관	1책	회화류

延世大學 孔子学院 研究丛书 003
中国研究院

한국 도서관 소장
한국출판 20세기 중국어 교재 목록
20世纪韩版汉语教科书目錄

초판 인쇄   2017년 3월 20일
초판 발행   2017년 3월 30일

저   자 | 김현철·김아영·이준섭·권순자
펴 낸 이 | 하운근
펴 낸 곳 | 學古房

주   소 | 경기도 고양시 덕양구 통일로 140 삼송테크노밸리 A동 B224
전   화 | (02)353-9908 편집부(02)356-9903
팩   스 | (02)6959-8234
홈페이지 | http://hakgobang.co.kr
전자우편 | hakgobang@naver.com, hakgobang@chol.com
등록번호 | 제311-1994-000001호

ISBN 978-89-6071-653-7 94720
         978-89-6071-638-4 (세트)

값 : 19,500원

이 도서의 국립중앙도서관 출판예정도서목록(CIP)은 서지정보유통지원시스템 홈페이지
(http://seoji.nl.go.kr)와 국가자료공동목록시스템(http://www.nl.go.kr/kolisnet)에서 이용
하실 수 있습니다. (CIP제어번호 : CIP2017007924)

■ 파본은 교환해 드립니다.